Berliner Theologische Zeitschrift (BThZ)

33. Jahrgang 2016

Heft 1

Opfer

EVANGELISCHE VERLAGSANSTALT
Leipzig www.eva-leipzig.de

BERLINER THEOLOGISCHE ZEITSCHRIFT (BTHZ)
ISSN 0724-6137

Herausgegeben von der Humboldt-Universität zu Berlin, handelnd durch die Theologische Fakultät

Postadresse: Redaktion der BThZ · Humboldt-Universität zu Berlin · Theologische Fakultät · Unter den Linden 6 · 10099 Berlin
Sitz: Burgstraße 26
Fax (030) 2093-5903
bthz@hu-berlin.de · www.theologie.hu-berlin.de/de/bthz/

Vertrieb: Evangelische Verlagsanstalt GmbH · Blumenstraße 76 · 04155 Leipzig
Bestellservice: Leipziger Kommissions- und Großbuchhandelsgesellschaft (LKG)
Frau Christine Falk, An der Südspitze 1–12, 04579 Espenhain
Tel. +49 (0)34206–65129, Fax +49 (0)34206–651736 · E-Mail: cfalk@lkg-service.de

Bezugsbedingungen: erscheint zweimal jährlich, Frühjahr und Herbst
Preise incl. MWSt.*: Einzelheft: € 18,80; Einzelheft zur Fortsetzung € 16,80 jeweils zuzügl. Versandkosten. Die Fortsetzung läuft immer unbefristet, ist aber jederzeit kündbar.
* gültig ab Januar 2012

Coverentwurf: Kai-Michael Gustmann, Leipzig
Satz: Matthias Müller, Berlin
Druck: Druckerei Böhlau, Leipzig
ISBN 978-3-374-04313-2
www.eva-leipzig.de

Inhalt

II. Dokumentation

III. Biographie im Kontext

Zu diesem Heft

Es ist erstaunlich, wie rasch das psychoanalytische Paradigma in den vergangenen Jahrzehnten an Plausibilität verloren hat. Dementsprechend sind auch Opfertheorien, die sich den Narrativen der Psychoanalyse verdanken, nahezu in Vergessenheit geraten. Die Vorstellung, dass religiös motivierte Opferhandlungen letztlich als die Inszenierung eines traumatisierenden, urzeitlichen „Vatermordes" zu verstehen seien, will nicht mehr recht einleuchten. Aber auch die Vorstellung, dass Opfer der Zivilisierung gesellschaftlicher Gewalt durch die Bestimmung eines „Sündenbockes" dienten – wie etwa René Girard meinte –, wird der Vieldimensionalität von Opferhandlungen nicht mehr gerecht.

Neuere Opfertheorien verfolgen mehrheitlich die von Marcel Mauss gelegte Spur einer allzeit prekären Reziprozitätserwartung. Während eine globale Ökonomie den Austausch von Waren auf der Grundlage von Tauschgeschäften organisiert, verweist der Opferbegriff auf eine Reziprozität transzendierende Dimension menschlicher Sozialität: es gibt Situationen, die durch Tauschgeschäfte nicht bewältigt werden können. „Wiedergutmachung" gegenüber Opfern von Gewalt beispielsweise ist nicht möglich. Auch das Opfer an Zeit und Ressourcen für die eigenen Kinder lässt sich nicht aufrechnen. Das Opfer, das man ist, ebenso wie das Opfer, das man bringt, verweisen auf eine der Ökonomie unzugängliche Sphäre menschlicher Kommunikation. Möglicherweise verdankt sich das Interesse an einer Neuinterpretation des Opferbegriffs jenseits von Gewalt, Schuld, Strafe und Sühne der Tatsache, dass die Reziprozitätserwartungen so selbstverständlich geworden sind, dass eine Erinnerung an deren Grenzen erforderlich geworden ist.

Alle Beiträge in diesem Heft reflektieren den Wandel des Opferverständnisses auf ihre je eigene Weise. *Christian A. Eberhart* zeichnet die Entwicklung des Opferbegriffs im antiken Christentum nach und zeigt überzeugend, dass der jüdische Tempelkult jene Folie ist, auf der sich die Entwicklung der christologischen Opfersemantik zwanglos rekonstruieren lässt. Nicht der Erinnerung von Gewalt und Tod, sondern der Wiederherstellung von Lebensmöglichkeiten dienten sowohl das jüdische Opfer wie auch dessen christologische Transformation. *Christoph Auffarth* fragt danach, wie es zum Ende des Opferrituals in der antiken Welt kam und wie sich Religionen nach dem Ende des rituellen Opfers veränderten, welche Macht die Vorstellung vom Opfer ohne eine reale Anschauung des Opferns gerade in der Moderne gewinnen konnte. Mit der Metaphorisierung des Opferbegriffs ging eine Sakralisierung von Gewalt im 20. Jahrhundert einher, Auffarth spricht von „Hekatomben von Opfern".

Mit diesen beiden historisch orientierten Untersuchungen ist der Boden für ein Nachdenken über subtile Transformationen des Opferverständnisses in der Gegenwart bereitet. Der Rechtswissenschaftler und Schriftsteller *Bernhard Schlink* bringt einen von ihm beobachteten Wandel so auf den Begriff: „Vom Opfer, das man bringt, zum Opfer, das man ist". Während man im Englischen sehr genau zwischen *sacrifice* und *victim* unterscheiden kann, gibt es im Deutschen dafür nur das Wort Opfer. Zuneigung und Sympathie wird heute vornehmlich dem Opfer als *victim* entgegengebracht. Anerkennung als Opfer von Gewalt und Unrecht zu finden, ist zumindest im politischen Diskurs erstrebenswert. Demgegenüber erscheint das Opfer, das man bringt, oft als falscher Heroismus oder als ein Mangel von Durchsetzungskraft. *Marius Timmann Mjaaland* macht zu Recht darauf aufmerksam, dass die Vielzahl von spektakulären Selbstmordattentaten in den vergangenen Jahren die Frage nach dem Opfer aus der religionswissenschaftlichen Sphäre in die der Politik verlagert hat und die Frage nach einer nur scheinbar erledigten „Politischen Theologie" wieder in das Zentrum der Aufmerksamkeit gerückt hat. In der Auseinandersetzung mit der Säkularismuskritik Tala Asads und dessen These von einer christlichen „Kultur des Todes", die mit dem „Selbstmord Jesu" ihren Anfang genommen haben soll, macht Mjaaland auf die bleibende Bedeutung des Opfers – damit aber auch auf die Frage nach Gott im „post-säkularen Zeitalter" – aufmerksam. Mit einem Selbstmordattentat der besonderen Art beschäftigt sich der Beitrag von *Rolf Schieder*. Die zivilreligiöse Trauerfeier im Kölner Dom im April 2015 gedachte einerseits der Opfer des vom Copiloten absichtlich herbeigeführten Absturzes eines Passagierfluges von Barcelona nach Düsseldorf. Andererseits musste aber auch das erschütterte Vertrauen in die gesellschaftliche Ordnung insofern wieder hergestellt werden, als die Vorstellung von einem Selbstmörder, der 149 Menschen mit in den Tod reißt, fassungslos machte und die Frage dringlich macht, wem man sich denn überhaupt noch anvertrauen kann.

Wie wurde der Schock liturgisch codiert? Wie agierten kirchliche und politische Repräsentanten? Tröstete das Ritual? Stellte es Vertrauen wieder her? Schließlich weist *Hans-Martin Gutmann* in einem praktisch-theologischen Essay auf die Bedeutung der Scham für die Opferpraxis hin. Leider konnte der ursprüngliche Plan, einen Beitrag über die Praxis des islamischen Opferfestes in Indien in dieses Heft aufzunehmen, nicht realisiert werden. An dieser Stelle soll deshalb zumindest darauf aufmerksam gemacht werden, dass die europäische Religionsgeschichte, in der es seit Jahrhunderten kein Tieropferritual mehr gibt, deutliche Unterschiede zu islamisch geprägten Lebenswelten aufweist, in der das Opferfest als höchster Feiertag gilt.

Es ist mir eine Freude, auf zwei Beiträge aufmerksam machen zu können, die sich nicht in das Thema des Heftes einfügen, die aber inhaltlich wie stilistisch ein besonderes Lesevergnügen sind. Unter der Rubrik „Dokumentation" findet sich ein Vortrag des emeritierten Berliner Philosophen *Volker Gerhardt* mit dem Titel „Das Göttliche als Sinn des Sinns", in dem Gerhardt die Anschlussfähigkeit des Sinnbegriffs des Berliner Praktischen Theologen Wilhelm Gräb an den philosophischen Diskurs luzide aufweist. Und unter der Rubrik „Biographie im Kontext" führt uns der Göttinger Systematische Theologe *Dietz Lange* kenntnisreich die enorme Bedeutung des Lebens und des Werkes von Nathan Söderblom vor Augen. Sein Beitrag trägt den Titel „Transcending Social, National, and Religious Divisions. Basic Issues in the Work of Nathan Söderblom."

Rolf Schieder (*Berlin*)

I. Beiträge zum Thema

Christian A. Eberhart

Der Opferbegriff im antiken Christentum

Zur Entwicklung und christologischen Applikation einer zentralen Kultkategorie

Wolfgang Kraus mit herzlichen Grüßen zum 60. Geburtstag

1 Hinführung zum Thema

Das antike Christentum entwickelte sich u.a. im religiösen und kulturellen Umfeld des Judentums, welches bis zum Jahre 70 n.Chr. seinerseits vom Tempel in Jerusalem geprägt war. Egal ob einzelne Personen oder Gruppen und Gemeinden dem Tempel zustimmend oder ablehnend gegenüberstanden – er war so oder so eine Bezugsgröße, die theologisches Denken und gottesdienstliche Praktiken in der einen oder anderen Weise bestimmte. Dieser Bezug hat die Zeiten überdauert und ist bis heute aktuell: Die Apostrophierung der Amtsperson, welcher die Leitung des Gottesdienstes und die Durchführung kultischer Handlungen obliegt, als „Priester", die Bezeichnung des zentralen Einrichtungsgegenstandes von Kirchen als „Altar", die Verwendung des Begriffs „Tabernakel" für den Aufbewahrungsort konsekrierter Hostien in der römisch-katholischen Tradition oder die Bezeichnung evangelisch-reformierter Gotteshäuser in Frankreich als „temple" sind nur einige von vielen Beispielen, die die bleibende Relevanz des jüdischen Heiligtums – sei es in der Gestalt des Tempels oder des mosaischen Zeltheiligtums, das als dessen Vorläufer gilt – belegen. Darin zeigt sich, dass sich das Christentum bei der Etablierung und Vergewisserung seiner eigenen Identität von Anfang an am Judentum orientiert hat.

Zu den aus der jüdischen Tradition übernommenen Begriffen gehört selbstverständlich auch derjenige des Opfers. Er wurde u.a. in christologischen Kontexten verwendet, um zu artikulieren, wie Jesus als Heiland der Welt zu verstehen ist. Speziell in Predigten zu Karfreitag hat dieser Begriff heute seinen festen Platz. Auch die sonntägliche Kollekte wird mancherorts als „Opfer" bezeichnet; dabei ist nicht immer klar, wie diese Verwendung des Wortes mit jener zu vereinbaren ist. Die Syrisch-Orthodoxe Kirche bezeichnet außerdem einerseits ihre gottesdienstliche Liturgie insgesamt und andererseits speziell die Abendmahlsfeier als „Qurbana"; dieser syrisch-aramäische Terminus geht auf „Qorban" (קרבן), das hebräische Wort für Opfer, zurück. Hier deutet sich bereits eine gewisse Breite im semantischen Spektrum dieses Begriffes an.

Der vorliegende Beitrag setzt sich zum Ziel, die Entwicklung des Opferbegriffs im antiken Christentum nachzuzeichnen. Dabei soll es auch um die christologisch-soteriologische Verwendung gehen, denn diese ist seit jeher in Theologie und Kirche besonders umstritten und bedarf der Klärung. Zu diesem Zweck wird ein chronologischer Ansatz gewählt, der Texte des Neuen Testaments sichtet und für dieses Thema relevante Passagen untersucht. Allerdings ist in einem ersten Schritt nach der Gestalt des Tempelkultes in Jerusalem zu fragen, auf den sich die neutestamentlichen Aussagen beziehen.

2 Der Tempel in Jerusalem

Das antike Judentum zur Zeit des Jesus von Nazareth kannte den Tempel in Jerusalem aus erster Hand. Juden hatten seit der Kultzentralisation des Josia (um 622 v.Chr.) die religiöse Pflicht, an drei Jahresfesten, nämlich zu Passa (oder Pessach) und dem Fest der ungesäuerten Brote (Mazzot), zum Wochenfest (Schawuot) und zum Laubhüttenfest (Sukkot), in die Heilige Stadt zu pilgern (Ex 23,14–17; 34,23; Dtn 16,16; 2Chr 8,13).[1] Philo von Alexandria (ca. 20 v.Chr.–ca. 45 n.Chr.), einer der einflussreichsten Autoren des hellenistischen Judentums, beschreibt beispielsweise in seinem Werk „Über die Einzelgesetze" (*De specialibus legibus*), dass unzählige Gruppen von Pilgern zu Land und zu See aus allen Himmelsrichtungen, also auch aus dem ca. 150 km nördlich gelegenen Galiläa sowie aus noch weiter entfernten Diaspora-Gemeinden, nach Jerusalem reisten, um dort an den fröhlichen Wallfahrtsfesten teilzunehmen und Gott zu ehren (*Spec.* 1,68–70; s. auch *Leg.* 3,11). Das zu dieser Zeit ca. 40.000 Einwohner zählende Jerusalem beherbergte dann eine Vielzahl von Menschen. Auch die Eltern Jesu nahmen selbstverständlich an solchen Pilgerreisen teil. Aus dem Lukasevangelium etwa geht hervor, dass sie „jedes Jahr nach Jerusalem zum Passafest" reisten (Lk 2,41). Von Nazareth aus war das eine ca. fünftägige Wanderung. Aber auch aus anderen Anlässen war nach den Vorschriften der Tora eine solche Wallfahrt geboten, so z.B. nach der Geburt eines Kindes, da die für die Reinigung vorgeschriebenen Opfer (Lev 12,6–8) eben am Tempel in Jerusalem und nirgends sonst darzubringen waren.

Zwar war, wie gesagt, die Teilnahme an den Pilgerreisen nach Jerusalem eine religiöse Pflicht, solche Fahrten werden jedoch auch ihren ganz eigenen Reiz ge-

1 Vgl. S. Safrai, Die Wallfahrt im Zeitalter des Zweiten Tempels (FJCD 3), Neukirchen-Vluyn 1981; C. Körting, Art. Wallfahrt/Wallfahrtswesen. II. Altes Testament, in: TRE 35 (2003), 416–418; Vgl. zur Kultzentralisation z.B. I. Willi-Plein, Opfer und Kult im alttestamentlichen Israel. Textbefragungen und Zwischenergebnisse (SBS 153), Stuttgart 1993, 128–131.

habt haben, was vor allem mit dem Tempel selbst zu tun hatte. Als Jesus dem Markusevangelium zufolge dort eintraf, schwärmte einer seiner Jünger angesichts der Dimensionen: „Meister, siehe, was für Steine und was für Bauten" (Mk 13,1); nach dem Lukasevangelium ist eher der reiche Schmuck Anlass zur Bewunderung (Lk 21,5). Der Tempel war in der Tat nach beiden Aspekten beachtlich. Der vergleichsweise kleine, unter Serubbabel nach dem babylonischen Exil im Jahre 515 v.Chr. eingeweihte Tempel war nämlich von Herodes (eigentlich Gaius Iulius Herodes, bekannt als Herodes der Große; ca. 73–4 v.Chr.) seit 20 v.Chr. erheblich vergrößert worden. Es gab sicherlich verschiedene und durchaus ambivalente Motive für dessen aufwendige Bauprojekte; darauf weist u.a. der jüdische Historiker Flavius Josephus (37/38–100 n.Chr.) in seinem mehrbändigen Werk „Jüdische Altertümer" (*Antiquitates judaicae*) hin (*A.J.* 16,153). Der Tempel konnte sich nach Abschluss der Bauarbeiten gleichwohl sehen lassen. Herodes hatte zunächst das Tempelareal in seinem Umfang verdoppeln lassen, bis es mit einem Umfang von ca. 1.550 Metern „alle vergleichbaren Kultstätten der Antike an Größe [übertraf]".[2] Außerdem ließ er auch das Tempelgebäude selbst, dessen Grundriss aufgrund der biblisch vorgegebenen Maße unverändert bleiben sollte, in seiner Höhe deutlich vergrößern.[3] Weiterhin scheute er keinen Aufwand, um den renovierten Tempel möglichst prachtvoll, nämlich mit reichlich Silber und Gold, zu verzieren. Die Begeisterung über die Pracht dieses Gebäudes prägt die Beschreibung, welche Josephus in seinem Werk „Der Jüdische Krieg" (*De bello judaico*) gibt: „Die äußere Gestalt des Tempels bot alles, was sowohl die Seele als auch das Auge des Beschauers in großes Erstaunen versetzen konnte. Denn der Tempel war überall mit massiven Goldplatten belegt, und mit Beginn des Sonnenaufgangs strahlte er einen ganz feurigen Glanz von sich aus, so dass die Beschauer, sogar wenn sie durchaus hinsehen wollten, ihre Augen wie von den Sonnenstrahlen abwenden mussten. In der Tat erschien er den nach Jerusalem kommenden Fremden wie eine schneebedeckte Bergkuppe, denn wo man ihn nicht vergoldet hatte, war er blendend weiß" (B.J.

---

2 M. Bachmann, Art. Tempel (NT), in: WiBiLex, https://www.bibelwissenschaft.de/stichwort/54011/ (Abruf 10. September 2015).

3 Vgl. P. Wick, Die urchristlichen Gottesdienste. Entstehung und Entwicklung im Rahmen der frühjüdischen Tempel-, Synagogen- und Hausfrömmigkeit (BWANT 150), Stuttgart 2002, 55; Bart Ehrman zufolge hatte der herodianische Tempel die Größe eines zehnstöckigen Hochhauses (The New Testament. A Historical Introduction to the Early Christian Writings, New York [5]2012, 53).

5,222–224).[4] So durfte der Tempel in Jerusalem als der größte und evtl. auch prachtvollste der antiken Welt gelten.

Dieses Heiligtum war also das Ziel der jüdischen Wallfahrer. Mit seiner Pracht war es eine beeindruckende Kulisse für die festlichen Aktivitäten. Auf dem mitunter mehrtägigen Weg dorthin sangen die Pilger Lieder, nämlich die sogenannten Wallfahrtspsalmen (Ps 120–134). Sie zeugen noch heute von der festlich-fröhlichen und zuversichtlichen Stimmung, die während der Anreise herrschte.[5] Ein solches Wallfahrtslied heißt auf Hebräisch שיר המעלות, also wörtlich „Stufenlied" oder „Lied des Aufstiegs". Diese Gattungsbezeichnung bezieht sich auf den charakteristischen Aufstieg, um vom Umland aus zunächst Jerusalem, die Stadt auf den judäischen Bergen, und dort das erhöhte Tempelareal zu erreichen. Auch innerhalb des äußeren Vorhofes waren die verschiedenen Bereiche über Treppenstufen zu erreichen, sodass sich tatsächlich bis in den unmittelbar am Tempelgebäude gelegenen Vorhof der Priester ein kontinuierlicher Aufstieg ereignete. Dazu passt, dass auch in einigen prophetischen Texten ein eschatologisches Szenario entworfen wird, in dem Juden aus der Diaspora oder sogar alle Völker der Welt zum heiligen Berg kommen, um Gott zu ehren und Opfer darzubringen (Jes 56,4–7; 66,20; Ez 20,40f.).

Aufgrund dieser Verhältnisse waren Juden, egal ob sie in der Nähe von Jerusalem wohnten oder in weiter entfernten Diasporagemeinden, mit zweierlei vertraut: Erstens mit dem Tempel und seinem Inventar, so z.B. dem im Vorhof befindlichen Brandopferaltar. Zweitens kannten Juden natürlich auch Opferrituale, da sie diese nicht nur beobachtet, sondern auch selbst durchgeführt bzw. in Auftrag gegeben hatten. Eine solche intime Kenntnis kultischer Gegebenheiten ist in gleicher Weise für das frühe Christentum anzusetzen; sie gilt also u.a. auch für die authentischen Schriften des Paulus. Es versteht sich von selbst, dass sich diese Voraussetzungen mit der Zerstörung des herodianischen Tempels im Jahre 70 n.Chr. abrupt und unwiederbringlich änderten. Der Schock, den dieses Ereignis für das Judentum mit sich brachte, das Trauma, das es dauerhaft hinterließ, und die Veränderungen in allen Bereichen der Religion können kaum überschätzt werden. Sie führten außerdem zu einem nachhaltigen Traditionsabbruch: Weder Juden noch Christen sollten von nun an das Heiligtum aus erster Hand kennen,

4 Übersetzung nach O. Michel/O. Bauernfeind (Hg.), De bello Iudaico. Der Jüdische Krieg. Griechisch und Deutsch, Bd. 2,1, Darmstadt 1963, 141.

5 Demgegenüber war der sogenannte Große Versöhnungstag (Jom Kippur in der nachbiblischen Tradition) ein Ruhe- und Fastentag (Lev 16,29.31); hier herrschte eine dezidiert andere Stimmung. Allerdings war dieser Tag kein Wallfahrtsfest. Seine Opfer- und Eliminationsrituale wurden von der Jerusalemer Priesterschaft im Namen ihrer selbst und des Volkes durchgeführt, ohne dass letzteres den Aktivitäten direkt beigewohnt hätte.

und da Opferrituale nicht mehr durchgeführt werden konnten, waren sie bald bestenfalls aus biblischen und anderen Texten bekannt, fielen aber doch sukzessive dem Vergessen anheim.

3 Der Opferkult in Jerusalem[6]

Zunächst ist nun allerdings skizzenhaft darzustellen, in welcher Form der jüdische Opferkult durchgeführt wurde. Die konstitutiven Kultvorschriften des Alten Testaments finden sich in Lev 1–7 und unterscheiden folgende fünf Opferarten:

(1) Lev 1 – Brandopfer (עלה/ὁλοκαύτωμα)[7]
(2) Lev 2 – Speisopfer (מנחה/θυσία)
(3) Lev 3 – Gemeinschafts-Schlachtopfer (זבח שלמים/θυσία σωτηρίου)
(4) Lev 4,1–5,13 – Sündopfer (חטאת/περὶ τῆς ἁμαρτίας)
(5) Lev 5,14–26 – Schuldopfer (אשם/περὶ τῆς πλημμελείας)

Diese Opferarten haben gewisse Gemeinsamkeiten, unterscheiden sich aber auch. Zunächst handelt es sich um vier Tieropferarten (1, 3, 4, 5), für die Stiere, Schafe, Ziegen oder Tauben darzubringen sind; das Speisopfer (2) besteht demgegenüber aus Weizenmehl, Öl und Weihrauch. Der Ablauf dieser Opferrituale folgt allgemein einem ähnlichen Schema. Die Opfermaterie soll jeweils von bester Qualität sein. Werden Tieropfer dargebracht, so stemmt der Opfergeber erst eine Hand auf den Kopf des Tieres, dann wird es im Vorhof des Tempels geschächtet (שחט/σφάζω oder θύω). Dabei fängt der Priester das Blut (דם/αἷμα) in einem goldenen Gefäß auf und gießt es an die Basis des Brandopferaltars. Nur das Sündopfer (4) ist

6 Angemerkt sei, dass die folgenden Ausführungen zum Themenkomplex Opfer und Sühne weitgehend eine Zusammenfassung dessen sind, was ich in anderen Veröffentlichungen bereits verschiedentlich dargestellt habe. Vgl. z.B. meine folgenden Publikationen: Studien zur Bedeutung der Opfer im Alten Testament. Die Signifikanz von Blut- und Verbrennungsriten im kultischen Rahmen (WMANT 94), Neukirchen-Vluyn 2002; A Neglected Feature of Sacrifice in the Hebrew Bible. Remarks on the Burning Rite on the Altar, HTR 97,4 (2004), 485–493; Art. Atonement. I. Old Testament/Hebrew Bible, in: EBR 3 (2011), 24–32; Das Opfer als Gabe. Perspektiven des Alten Testaments, in: M. Ebner u.a. (Hg.), Geben und Nehmen (JBTh 27), Neukirchen-Vluyn 2012, 93–120; Kultmetaphorik und Christologie. Opfer- und Sühneterminologie im Neuen Testament (WUNT 306), Tübingen 2013, 35–54. Im vorliegenden Beitrag können nicht alle Referenzen auf diese früheren Arbeiten explizit gekennzeichnet werden.

7 Die komplexe Übersetzungspraxis der Septuaginta ist hier vereinfacht dargestellt, indem lediglich die häufigsten griechischen Äquivalente der fünf Opferarten angeführt werden. Zur ausführlicheren Darstellung vgl. Eberhart, Kultmetaphorik (s. Anm. 6), 208f. (Übersicht B).

anders; hier versprengt der Priester vor dieser Ausgießung einen Teil des Blutes im Bereich des Heiligtums bzw. streicht es an die Hörner des Brandopferaltars. Welche kultische Funktion wird der Tierschächtung und den Blutriten im Alten Testament zugeschrieben? Überraschen mag die Einsicht, dass die Tiertötung nirgends mit einer speziellen Wirkung im Rahmen des Opferkults verbunden wird. Deshalb sollte generell vermieden werden, Opferrituale insgesamt über das Element der Tiertötung zu interpretieren. Anders ausgedrückt: In Opferritualen geht es nicht vorrangig um die Tötung von Tieren, und Gewalt ist keineswegs zentral.[8] Auch eine konkrete Deutung der Blutausgießung an der Basis des Brandopferaltars findet sich nirgends im Alten Testament. Vermutet wird gleichwohl verschiedentlich, dass sie dazu dient, das im Blut befindliche Leben des Tieres an Gott zurückzugeben.[9] (Blut wird im alttestamentlichen Kult also nicht geopfert, weshalb die häufige Rede von „Blutopfern" – auch mit Blick auf Tieropfer – grundsätzlich problematisch ist.) Lediglich den nur beim Sündopfer vorkommenden Riten der Blutbesprengung und -bestreichung schreibt das Alte Testament eine kultische Funktion zu. Sie lassen sich unter Würdigung interpretierender Synonyme wie „reinigen" (טהר Pi./καθαρίζω), „weihen" (קדשׁ Pi./ἁγιάζω) bzw. „entsündigen" (חטא Pi./καθαρίζω, ἐξιλάσκομαι) als Riten zum Zweck der Weihe bzw. Reinigung des Heiligtums und seines Inventars von menschlichen Sünden und Unreinheiten bestimmen (Ex 29,36f.; Lev 8,14–17; 16,11–20a).[10] Jacob Milgrom hat Tierblut im Rahmen des Sündopfers deshalb zutreffend als „ritual detergent" bezeichnet.[11] Es hat diese Wirkung, weil es Sitz des Lebens des Tieres ist (Lev 17,11). Zur Reinigung kommt es durch Blutbesprengung und -bestreichung, also durch Herstellung von physischem Kontakt. Dieser Aspekt ist zu betonen angesichts der häufig geäußerten Auffassung, im Kult ereigne sich Sühne durch den Tod des Opfertieres. Stattdessen wird hier Sühne explizit mit dem Leben des Opfertieres konzeptionell verknüpft.

Nach den Blutriten ist das Opfertier abzuhäuten und zu zerlegen. Zum Abschluss des eigentlichen Opferrituals werden genau bezeichnete Fettportionen des Tieres – bzw. beim Speisopfer eine Handvoll des Getreides samt Öl und Weih-

8 Vgl. dazu allgemein K. McClymond, Beyond Sacred Violence. A Comparative Study of Sacrifice, Baltimore 2008.

9 Vgl. dazu die ausführlichere Darstellung in Eberhart, Studien (s. Anm. 6), 222–229.

10 Vgl. Eberhart, Studien (s. Anm. 6), 229–288; ders., Kultmetaphorik (s. Anm. 6), 210f. (Übersicht C); F. Hartenstein, Zur symbolischen Bedeutung des Blutes im Alten Testament, in: J. Frey/J. Schröter (Hg.), Deutungen des Todes Jesu im Neuen Testament (WUNT 181), Tübingen 2005, 119–137.

11 J. Milgrom, Leviticus 1–16. A New Translation with Introduction and Commentary (AncB 3), New York 1991, 254.

rauch – vom Priester auf dem Brandopferaltar kultisch verbrannt (קטר Hif.). Diese Ritualhandlung kommt also, im Gegensatz zu Blutriten, bei allen fünf Opferarten vor. Wird den alttestamentlichen Texten zufolge auch der kultischen Verbrennung eine Funktion zugeschrieben? In der Tat hat sie sogar eine doppelte Bedeutung: Erstens werden die von Menschen dargebrachten, materiellen Opfergaben durch das Altarfeuer transformiert, sodass sie gewissermaßen die Transzendenzgrenze zwischen Gott und Mensch überwinden. Zweitens werden solche Gaben durch den Rauch zu Gott „transportiert". Jeder dieser beiden Aspekte wird in den Texten jeweils in einem eigenen interpretierenden Zusatz erfasst: Die Transformation bei der kultischen Verbrennung durch den Begriff „Feuergabe" (אִשֶּׁה/θυσία oder κάρπωμα, Lev 1,9.13; 2,2.9.16; 3,3.5.16; 7,5 u.ö.), der Transport hin zu Gott durch die Formel „wohltuender Geruch für JHWH" (ריח ניחוח ליהוה/ὀσμὴ εὐωδίας τῷ κυρίῳ, Lev 1,9.13; 2,2.9.12; 3,5.11.16; 4,31; 8,21 u.ö.).

Wie wichtig dieser Aspekt ist, zeigt sich daran, dass in Texten des Alten Testaments summarische Verweise auf den Opferkult in der Regel unter Bezug auf die kultische Verbrennung erfolgen, wie z.B. in Lev 21,21: „Wer nun unter den Nachkommen Aarons, des Priesters, einen Fehler an sich hat, der soll nicht herzutreten, um die Feuergaben JHWH darzubringen (להקריב את־אשי יהוה/τοῦ προσενεγκεῖν τὰς θυσίας τῷ θεῷ σου), denn er hat einen Fehler" (s. auch Lev 21,6; 22,22; 23,8.36 u.ö.). Solche Formulierungen könnten ihrem Wesen nach sicherlich als *pars-pro-toto*-Referenz verstanden werden. Zum Ausdruck kommt hier aber wohl auch, dass die kultische Verbrennung auf dem Brandopferaltar als konstitutive Ritualhandlung kultischer Opfer galt, d.h. ein Ritual ohne dieses Element, so etwa das Passa (Ex 12,1–13), zählte nicht zu den kultischen Opfern im Alten Testament.

Zwei wichtige Begriffe sind im Zusammenhang kultischer Opfer nun noch zu klären. Das Wort „Sühne" (Wurzel כפר/Wortstamm ἱλάσκ-) erscheint in den Kultvorschriften Lev 1–7 mehrfach, so z.B. im Ritual des Brandopfers (Lev 1) und des Sündopfers (4,1–5,13). Nun wird häufig behauptet, Sühne durch Opfer habe mit Riten der Blutbesprengung und -bestreichung zu tun. Dieses Verständnis ist zwar zutreffend, jedoch um die Beobachtung zu erweitern, dass im Ritualgesetz des Sündopfers die Erwähnung von Sühne (und Vergebung) stets unmittelbar nach der kultischen Verbrennung der Opfermaterie erfolgt (4,20.26 u.ö.). Deshalb legt sich die Schlussfolgerung nahe, dass Sühne sowohl durch Blutritus als auch kultische Verbrennung bewirkt wird. Der Blutritus selbst ist, wie eben dargestellt, als Reinigungsvorgang im Heiligtum zu interpretieren.

Zweitens ist nach der genauen Bedeutung des zentralen hebräischen Begriffs für „Opfer" zu fragen. In den Kultvorschriften von Lev 1–7 und darüber hinaus findet sich dafür das Wort קרבן. Als Aktionsnomen zum Verb קרב („sich nähern") vermittelt es eine dynamische Bewegung hin zum Heiligtum; ein קרבן ליהוה bezeichnet wörtlich „das, was für/zu JHWH dargebracht/hingebracht wird".[12] Seine zeitgenössische Interpretation wird außerdem durch die Wiedergabe der Septuaginta erhellt, nämlich δῶρον („Gabe/Darbringung"; s. dazu auch Mk 7,11: „Qorban, das ist [bedeutet] Gabe"). Aufschlussreich ist nun, dass alle fünf Opferarten in Lev 1–7 als קרבן ליהוה („Gabe für JHWH", Lev 1,2; 7,38 u.ö.) bezeichnet werden. Es ist anzunehmen, dass der Begriff konzeptionell mit der kultischen Verbrennung in Verbindung steht, denn bei dieser Aktivität wird die Opfermaterie, wie oben ausgeführt, durch das Feuer transformiert und durch den Rauch letztlich zu Gott transportiert, wodurch es zur eigentlichen Übergabe kommt.

Die Motivation der Israeliten, bei Wallfahrtsfesten und zu anderen Anlässen ihre Opfer am Tempel in Jerusalem als „Gaben für JHWH" darzubringen, kann grundsätzlich danach unterschieden werden, ob ein gestörtes Gottesverhältnis vorauszusetzen ist oder nicht. Opfergaben sollen dann entweder eine solche Störung, nämlich Sünde oder Unreinheit, beheben, um wieder für Gottes Segen empfänglich zu werden. Im anderen Falle, wenn die Menschen diesen Segen bereits erfahren haben, sollen sie Dank zum Ausdruck bringen. Opfer werden folglich nach dem Prinzip *do ut des* („ich gebe, damit du gibst") oder *do quia dedisti* („ich gebe, weil du gegeben hast") dargebracht. In beiden Fällen liegt eine reziproke Grundstruktur vor, ohne dass damit allerdings eine Entsprechung von Gabe und Gegengabe vorauszusetzen wäre.

Die traditionellen Wallfahrtsfeste wurden jährlich begangen, um bereits erfahrene Heils- und Segenserfahrungen zu kommemorieren und zu feiern, nämlich beim Passa die Befreiung aus der Sklaverei in Ägypten (Ex 12,25–51), beim Wochenfest (Schawuot) die erfolgreiche Weizenernte (Ex 34,22; sowie später zusätzlich den zweiten Empfang der Zehn Gebote am Berg Sinai) und beim Laubhüttenfest (Sukkot) allgemein die gelungene Ernte (Dtn 16,13; sowie später zusätzlich die Wüstenwanderung). Deshalb war die vorherrschende Stimmung – in Übereinstimmung mit den Wallfahrtsliedern – Dankbarkeit und Freude (s. z.B. Dtn 16,9–15).[13] Dementsprechend dominierte hier in der Regel die Motivation *do quia dedisti*.

Eng mit dem Vorgang des reziproken Gabenaustauschs ist das „Wohlgefallen" verbunden. Wer auch immer eine Gabe anbietet, hofft, dass sie dem Empfänger

---

12 Daher wird zur Übersetzung von קרבן gelegentlich auch „Annäherung" an das Heilige (Willi-Plein, Opfer und Kult [s. Anm. 1], 25) gewählt. Zur ausführlicheren Darstellung vgl. Eberhart, Studien (s. Anm. 6), 22–24.375–380; ders., Art. Qorban, in: WiBiLex, https://www.bibelwissenschaft.de/stichwort/23952/ (Abruf 30. August 2015), § 2.

13 Vgl. C. Körting, Art. Laubhüttenfest (AT), in: WiBiLex, https://www.bibelwissenschaft.de/de/stichwort/37040/ (Abruf 18. September 2015), § 3.

gefällt; dieser Aspekt hat seinerseits eine reziproke Struktur, insofern die Wohlgefälligkeit der Gabe wiederum den Geber gefällig macht. Beide Gesichtspunkte werden deshalb in Anweisungen zum Opferkult häufig erwähnt. So ist in den Opfergesetzen von Lev 1–7 gleich eingangs die korrekte Auswahl der Opfermaterie sowie deren Qualität als „fehlerfrei" Voraussetzung dafür, dass die Darbringung des Opfers „zu seinem [*sc.* des Opfergebers] Wohlgefallen vor JHWH" (לרצנו לפני יהוה/δεκτὸν ἐναντίον κυρίου, Lev 1,3) geschieht.[14] Schon im nächsten Satz wird außerdem konkretisiert, dass die vom Opfergeber auszuführende Handaufstemmung auf den Kopf des Opfertieres diesen wohlgefällig macht (V. 4); hier geht es nun darum, dass dieser Gestus die Zuschreibung des Wohlgefallens, aber auch der Sühne bestimmt.

In dieser Hinsicht ist hier wenigstens ansatzweise auf das vieldiskutierte Thema der sogenannten Kultkritik einzugehen. Bekanntlich finden sich in verschiedenen prophetischen Schriften, aber auch in Psalmen verschiedentlich Aussagen, die vordergründig den Opferkult ablehnen. Diese Zurückweisung wird oft durch negatives Wohlgefallen artikuliert: „Eure Brandopfer sind mir nicht zum Wohlgefallen und eure Schlachtopfer sind für mich nicht angenehm" (עלותיכם לא לרצון וזבחיכם לא־ערבו לי/τὰ ὁλοκαυτώματα ὑμῶν οὔκ εἰσιν δεκτά, καὶ αἱ θυσίαι ὑμῶν οὐχ ἥδυνάν μοι, Jer 6,20). Vergleichbare Aussagen finden sich u.a. in Am 5,21–24; Mi 6,6–8; Mal 2,13–16; Ps 69,31; in der Regel wird hier jeweils anstelle von Opfern das Tun von Gutem empfohlen, um vor Gott wohlgefällig zu sein. Eine ethisch verantwortete Lebensführung und eine dementsprechende demütige Geisteshaltung können denn auch ihrerseits metaphorisch als Opfer bezeichnet werden: „die Opfer Gottes (sind) ein geängstigter Geist" (זבחי אלהים רוח נשברה/θυσία [τῷ θεῷ] πνεῦμα συντετριμμένον, Ps 51,19). Diese Beobachtungen lassen vermuten, dass die sogenannte Kultkritik nicht die Institution von Opfern *eo ipso* zum Ziel hat, sondern konkrete zeitlich und/oder lokal begrenzte Missstände, wozu vor allem moralisch-ethische Vergehen der Priester oder der Bevölkerung gehören. Auf diese Weise wird der Opferkult als Mittel eines einseitigen bzw. vordergründigen Gottesdienstes missbraucht.

Die in diesem Beitrag bisher vorrangig thematisierten Kultvorschriften in Lev 1–7 stammen aus der nachexilischen Periode.[15] Kann davon ausgegangen werden,

---

14 Die Auswahl der Opfermaterie und deren Qualität gilt außerdem in Lev 22,19.20.21.23.25.27.29 u.ö. als Voraussetzung für Wohlgefallen.

15 Die komplexe Thematik der Datierung der Pentateuchquellen bzw. des Buches Leviticus kann hier nicht diskutiert werden (vgl. zum jüngeren Forschungsstand z.B. R.G. Kratz, Die Komposition der erzählenden Bücher des Alten Testaments. Grundwissen der Bibelkritik [UTB 2157], Göttingen 2000; K. Schmid, Erzväter und Exodus. Untersuchungen zur doppelten Begründung

dass die hier greifbaren Verhältnisse auch später, speziell im 1. Jahrhundert n.Chr. und damit zur Zeit des antiken Christentums, in ihren Grundzügen noch immer gültig waren?

Zur Beantwortung dieser Frage können zusätzliche Texte der ab ca. 250 v.Chr. im hellenistischen Judentum entstandenen Septuaginta herangezogen werden.[16] Sie legen nahe, dass auch in den Jahrzehnten und Jahrhunderten vor der Zeitenwende die in den konstitutiven Kultvorschriften des Alten Testaments in Lev 1–7 erwähnten Opferrituale bekannt waren. So berichtet das aus dem späten 2. Jahrhundert v.Chr. stammende Baruchbuch[17] von folgender brieflichen Anweisung (Bar 1,10 LXX):

> Siehe, wir [*sc.* die Spender in Babel] senden euch [*sc.* den Briefempfängern in Jerusalem um den Priester Jojakim] Geld; dafür kauft Brandopfer, Sündopfer und Weihrauch und richtet Speisopfer zu und opfert auf dem Altar des Herrn, unseres Gottes. (Ἰδοὺ ἀπεστείλαμεν πρὸς ὑμᾶς ἀργύριον, καὶ ἀγοράσατε τοῦ ἀργυρίου ὁλοκαυτώματα καὶ περὶ ἁμαρτίας καὶ λίβανον καὶ ποιήσατε μαννα καὶ ἀνοίσατε ἐπὶ τὸ θυσιαστήριον κυρίου θεοῦ ἡμῶν.)

Hier werden also einige der in Lev 1–7 unterschiedenen Opferarten erwähnt; dabei ist an den konkreten Vollzug von kultischen Ritualen am Tempel gedacht. Ähnliches gilt z.B. für Sir 7,31 LXX („Erstlinge und Schuldopfer und Schwingopfer und alle Opfergaben und Zehnten")[18] oder 1Makk 1,45 LXX („Brandopfer, Speisopfer und Sündopfer").[19] Aufschlussreich sind aber auch Texte, in denen solche Opferbezeichnungen in anderer Funktion, nämlich als Metaphern, verwendet werden.

der Ursprünge Israels innerhalb der Geschichtsbücher des Alten Testaments [WMANT 81], Neukirchen-Vluyn 1999; H. Liss/A.M. Böckler/B. Landthaler, Tanach. Lehrbuch der jüdischen Bibel, Heidelberg ³2011). Für die finale Redaktion des Pentateuchs ist gleichwohl die Abspaltung der Samaritaner vom Jerusalemer Zentralheiligtum spätestens um 400 v.Chr. wichtig. Seitdem ist die Tora bekanntlich der alleinige heilige Text dieser Gemeinschaft.

16 Zur Entstehung und Datierung der Septuaginta vgl. z.B. S. Kreuzer, Entstehung und Entwicklung der Septuaginta im Kontext Alexandrinischer und Frühjüdischer Kultur und Bildung, in: M. Karrer/W. Kraus (Hg.), Septuaginta Deutsch. Erläuterungen und Kommentare zum griechischen Alten Testament, Bd. 1: Genesis bis Makkabäer, Stuttgart 2011, 3–39: 15–23.

17 Zu dieser Datierung des Baruchbuches vgl. O.H. Steck, Das apokryphe Baruchbuch. Studien zur Rezeption und Konzentration „kanonischer" Überlieferung (FRLANT 160), Göttingen 1993, 245–313. Die zeitliche Ansetzung dieser Schrift ist allerdings umstritten; eine spätere Datierung bis ca. 50 v.Chr. vertritt z.B. O. Plöger, Art. Baruchschriften, apokryphe, in: RGG³ 1 (1957), 900–903.

18 Sir 7,34 in deutschen Übersetzungen.

19 1Makk 1,47 in deutschen Übersetzungen.

So werden in dem ca. 180–175 v.Chr. entstandenen Sirachbuch[20] u.a. kultische Opferarten mit gottgefälligem Verhalten verglichen (Sir 35,1–3 LXX[21]):

> Wer Gottes Gebote hält, bringt viele Opfer dar. Wer Gottes Gebote beachtet, bringt ein Gemeinschaftsopfer dar. Wer einen Gefallen zurückzahlt, bringt ein Speisopfer dar, und wer Barmherzigkeit übt, bringt ein Lobopfer dar. Abkehr vom Bösen findet das Gefallen des Herrn, und die Abkehr vom Unrecht gilt als Sühne. (Ὁ συντηρῶν νόμον πλεονάζει προσφοράς, θυσιάζων σωτηρίου ὁ προσέχων ἐντολαῖς. ἀνταποδιδοὺς χάριν προσφέρων σεμίδαλιν, καὶ ὁ ποιῶν ἐλεημοσύνην θυσιάζων αἰνέσεως. εὐδοκία κυρίου ἀποστῆναι ἀπὸ πονηρίας, καὶ ἐξιλασμὸς ἀποστῆναι ἀπὸ ἀδικίας.)

Interessant ist ferner in den Zusätzen zum Danielbuch das Gebet des Asarja im Feuerofen Nebukadnezars.[22] Es verbindet die Klage darüber, dass die traditionell bekannten Opferarten nicht mehr dargebracht werden können und damit der Kult zum Erliegen gekommen ist, mit der Bitte, Gott möge stattdessen nun die demütige Geisteshaltung der jüdischen Männer als Opfer annehmen. Damit liegt eine metaphorische Verwendung derselben Begriffe vor (Dan 3,38–40 LXX).[23]

> Wir haben in dieser Zeit weder Vorsteher noch Propheten und keinen, der uns anführt, weder Brandopfer noch Speisopfer, weder Feuergaben noch Räucherwerk, noch einen Ort, um vor dir die Erstlingsgaben darzubringen und Gnade zu finden. Mögen wir aber angenommen werden mit zerknirschtem Herzen und demütigem Sinn; wie Brandopfer von Widdern und Stieren, wie Tausende fetter Lämmer, so gelte heute unser Opfer vor dir und verschaffe uns vor dir Sühne. (καὶ οὐκ ἔστιν ἐν τῷ καιρῷ τούτῳ ἄρχων καὶ προφήτης οὐδὲ ἡγούμενος οὐδὲ ὁλοκαύτωσις οὐδὲ θυσία οὐδὲ προσφορὰ οὐδὲ θυμίαμα οὐδὲ τόπος τοῦ καρπῶσαι ἐνώπιόν

---

20 In diesen Zeitraum ist der hebräische Originaltext zu datieren. Mehrere Jahrzehnte später besorgte ein Enkel des Sirach die griechische Übersetzung und versah sie mit einem Vorwort.

21 Sir 35,1–5 in deutschen Übersetzungen.

22 Diese Zusätze gegenüber MT umfassen 66 Verse in Dan 3,24–90 LXX (sowie in der Edition des Theodotion). Das Danielbuch selbst stammt aus der Zeit um 164 v.Chr. (vgl. z.B. H. Koester, Introduction to the New Testament, Bd. 1: History, Culture, and Religion of the Hellenistic Age, New York ²1995, 255); die Zusätze sind einige Jahrzehnte später anzusetzen.

23 Die Opfermetapher bezieht sich hier nicht auf den bevorstehenden – und schließlich vom Engel Gottes auf wundersame Weise abgewendeten – Tod der Männer, wie verschiedentlich behauptet wird (vgl. z.B. J.J. Williams, Martyr Theology in Hellenistic Judaism, in: S.E. Porter/A.W. Pitts [Hg.], Early Christianity in Its Hellenistic Context, Bd. 2: Christian Origins and Hellenistic Judaism. Social and Literary Contexts for the New Testament [Texts and Editions for New Testament Study 10], Leiden 2012, 493–521). Sie beschränkt sich vielmehr allein auf ihre demütige Geisteshaltung. Auch in anderen alttestamentlichen Texten kann eine spezielle Geisteshaltung entsprechend bezeichnet werden, wie oben bereits anhand von Ps 51,19 (s. auch Ps 34,19) dargestellt wurde.

σου καὶ εὑρεῖν ἔλεος, ἀλλ᾽ ἐν ψυχῇ συντετριμμένῃ καὶ πνεύματι τεταπεινωμένῳ προσδεχθείημεν ὡς ἐν ὁλοκαυτώμασι κριῶν καὶ ταύρων καὶ ὡς ἐν μυριάσιν ἀρνῶν πιόνων, οὕτω γενέσθω ἡμῶν ἡ θυσία ἐνώπιόν σου σήμερον καὶ ἐξίλασαι ὄπισθέν σου.)

Dieser Überblick zeigt, dass in Texten der Septuaginta, die erst kurz vor der Zeitenwende entstanden sind, die in Lev 1–7 unterschiedenen Opferarten entweder in Referenzen auf konkrete Rituale oder im Rahmen von Metaphern noch bekannt waren. Dieser Befund soll hier tabellarisch veranschaulicht werden.

	Bar	Sir	Dan	1Makk	2Makk	1Esdras
· *Brandopfer* (עלה/ὁλοκαύτωμα)	1,10		3,38.39	1,45; 4,56	2,10	4,52; 5,49
· *Speisopfer* (מנחה/θυσία)	1,10	35,1–3	3,38.40		1,8	
· *Gemeinschafts-Schlachtopfer* (זבח שלמים/θυσία σωτηρίου)		35,1–3		4,56		
· *Sündopfer* (חטאת/περὶ τῆς ἁμαρτίας)	1,10				2,11.43	
· *Schuldopfer* (אשם/περὶ τῆς πλημμελείας)		7,31				

Übersicht *Das Vorkommen der fünf Opferarten in zusätzlichen Texten der Septuaginta*

Außerdem wäre nun auch nach anderen Aspekten dieses Tempelkults zu fragen. Exemplarisch sollen hier summarische Referenzen auf den Opferkult untersucht werden, so z.B. Sir 45,16 LXX:[24]

Er [*sc.* Aaron, der Hohepriester] wurde durch den Herrn erwählt aus allen Lebenden, damit er ihm Opfer und Räucheropfer und Wohlgeruch zum Gedächtnis darbringen sollte, um für sein Volk Sühne zu schaffen. (ἐξελέξατο αὐτὸν ἀπὸ παντὸς ζῶντος προσαγαγεῖν κάρπωσιν κυρίῳ, θυμίαμα καὶ εὐωδίαν εἰς μνημόσυνον, ἐξιλάσκεσθαι περὶ τοῦ λαοῦ σου.)

Diese und ähnliche Passagen in Sir 35,5;[25] 50,15; Dan 3,38 zeigen, dass derartige Formulierungen nach wie vor auf die kultische Verbrennung auf dem Brandopferaltar verweisen. Dieses Ritualelement kann deshalb auch für die Jahrhunderte vor der Zeitenwende als konstitutiv angesehen werden.

24 Sir 45,20 in deutschen Übersetzungen.

25 Sir 35,8 in deutschen Übersetzungen.

Dieser chronologische Überblick über den Opferbegriff hat bisher zunächst nach dem zentralen Heiligtum der Juden und dann nach kultischen Opfern gefragt. Bis zum Jahre 70 n.Chr. waren Juden allgemein mit Opferritualen vertraut, da sie regelmäßig zum Tempel in Jerusalem pilgerten, dem größten und wohl prächtigsten der antiken Welt. Dieser war als „Haus Gottes" das konzeptionelle Zentrum ihrer Religion; hier fanden deshalb Gottesdienste statt, zu denen traditionell Opferrituale dazu gehörten. Um das Verständnis kultischer Opfer in den Texten des Alten Testaments zu eruieren, wurde hier der Ansatz gewählt, sämtliche Opferarten der normativen Kultvorschriften in Lev 1–7 – einschließlich des aus vegetabilen Substanzen bestehenden Speisopfers – zu berücksichtigen. Diese konvergieren speziell in dem Ritualelement der kultischen Verbrennung: durch das Altarfeuer wird die Opfermaterie zur „Feuergabe" transformiert und im Rauch zu Gott transportiert zum „wohltuenden Geruch". Deshalb gilt in Lev 1–7 auch jede Opferart als „Gabe für JHWH", die speziell bei den regelmäßigen Wallfahrtsfesten zum Ausdruck individueller und korporativer Dankbarkeit für erfahrenen Segen dient. Lediglich beim Sündopfer werden regelmäßig Blutbestreichungsriten im Bereich des Heiligtums zu kultischen Reinigungszwecken vorgenommen. Diese Funktion kann u.a. als „Sühne" bezeichnet werden. Die Durchsicht von in den zwei Jahrhunderten v.Chr. entstandenen Texten belegt, dass diese Kultverhältnisse auch zu diesem Zeitpunkt noch allgemein gültig waren.

4 Der Opferbegriff beim Apostel Paulus

Fragen wir nun nach dem Opferbegriff im antiken Christentum bzw. in den Schriften des Neuen Testaments, dann ist zunächst für die Zeit bis 70 n.Chr. die in dieser Form skizzierte kultische Realität vorauszusetzen. Auch die Nachfolger Jesu kannten den Tempel in Jerusalem und auch sie waren mit kultischen Opferritualen aus eigener Erfahrung vertraut. Nachdem aber unter dem römischen Oberbefehlshaber Titus Jerusalem und der Tempel zerstört wurden, ging sukzessive die Kenntnis dieser Gottesdienstform verloren. Nach diesem Datum entstandene textliche Referenzen auf den Opferkult müssen deshalb kritisch hinterfragt werden, da aufgrund der zeitlichen Distanz mit allmählichen Verfremdungen zu rechnen ist.[26]

26 Texte wie die syrische Baruch-Apokalypse sind ein Versuch, dem Judentum eine kultische Perspektive angesichts der Tempelzerstörung zu geben. Dieser nach 70 n.Chr. (und vor dem Bar-Kochba-Aufstand von 132–135 n.Chr.) verfasste Text thematisiert die Zerstörung Jerusalems unter Nebukadnezar II. im Jahre 586 v.Chr. Dabei wird einerseits dem irdischen Kult ein

Als Paulus im Frühjahr 56 n.Chr. in Korinth dem Schreiber Tertius einen Brief an die Gemeinde in Rom diktierte, um seine Reise in diese Stadt vorzubereiten, verwendete er auch kultische Begriffe und Konzepte. Paulus kannte den herodianischen Tempel und seine Kultverhältnisse; er erklärte in einer in Jerusalem gehaltenen Verteidigungsrede, er stamme zwar aus Tarsus in Zilizien, sei aber „aufgewachsen in dieser Stadt (ἀνατεθραμμένος δὲ ἐν τῇ πόλει ταύτῃ) und akribisch unterwiesen im väterlichen Gesetz zu Füßen Gamaliels (παρὰ τοὺς πόδας Γαμαλιὴλ πεπαιδευμένος κατὰ ἀκρίβειαν τοῦ πατρῴου νόμου)" (Apg 22,3), womit der in Jerusalem wirkende rabbinische Pharisäer Gamaliel I. gemeint ist.[27] Paulus ist darüber hinaus nach seinem Berufungserlebnis auf dem Weg nach Damaskus wenigstens noch zweimal, nämlich in den Jahren 35/36 und 48 n.Chr., in dieser Stadt gewesen (Gal 1,17f.; 2,1–10). Er diktierte später eine Reihe von Briefen, so im Herbst 55 in Makedonien den Galaterbrief und wenige Monate danach denjenigen an die Römer.[28] Beide Texte ähneln sich teilweise und enthalten verwandte Argumentationsstrukturen.[29] Gerade in der Rechtfertigungslehre bestehen inhaltlich-sachliche Analogien. So ist für Paulus hier wie dort die Sünde der „Heuchelei" (ὑπόκρισις) anthropologische Voraussetzung der Argumentation (Gal 2,11–14/Röm 2,1–16); es folgt die Einsicht, dass der Mensch durch Werke des Gesetzes nicht gerecht werden kann (Gal 2,16/Röm 3,20), sondern nur durch den Glauben an Christus (Gal 2,16/Röm 3,23–25). Dieser soteriologische Gesichtspunkt wird im Römerbrief unter Verwendung einiger neuer Begriffe erläutert (Röm 3,24–25):

---

himmlischer gegenübergestellt, der ewig ist und von Engeln durchgeführt wird. Andererseits habe Gott selbst die Gerätschaften aus dem brennenden Tempel in Jerusalem gerettet; Intention dieser Traditionen ist wahrscheinlich, dass der irdische Kult irgendwann fortgesetzt werden soll, was sich mit der Einweihung des Tempels des Serubbabel bewahrheitet hätte (vgl. dazu allgemein H.M. Döpp, Die Deutung der Zerstörung Jerusalems und des Zweiten Tempels im Jahre 70 in den ersten drei Jahrhunderten n.Chr. [TANZ 24], Tübingen 1998, 112–118). Insofern will die syrische Baruch-Apokalypse Hoffnung auf eine Wiederaufnahme des Kults in Jerusalem nach 70 n.Chr. stiften, wozu es aber bekanntlich nicht mehr gekommen ist.

27 Vgl. dazu z.B. H. Hübner, Art. Paulus, Apostel. I. Neues Testament, in: TRE 26 (1996), 133–153: 136; U. Schnelle, Einleitung in das Neue Testament (UTB 1830), Göttingen ^{4}2002, 46; K. Berger, Paulus, München 2002, 12.

28 Zu dieser Datierung des Römerbriefes vgl. Schnelle, Einleitung (s. Anm. 27), 130. Oft wird das Schreiben auch ein Jahr später angesetzt (vgl. R. Jewett, Romans. A Commentary [Hermeneia], Minneapolis 2007, 23).

29 U. Schnelle spricht beispielsweise von „engen Berührungen" zwischen beiden Briefen sowie davon, dass die „Gedankenführung des Röm [...] im Gal in Grundzügen vorgebildet" ist (Einleitung [s. Anm. 27], 113).

> [...] und sie [*sc.* die Menschen] werden umsonst gerechtfertigt durch seine Gnade, durch die Erlösung, die in Christus Jesus ist, den Gott durch Glauben hingestellt hat als Sühneort in seinem Blut zum Erweis seiner Gerechtigkeit, indem er die früher begangenen Sünden vergibt [...]. ([...] δικαιούμενοι δωρεὰν τῇ αὐτοῦ χάριτι διὰ τῆς ἀπολυτρώσεως τῆς ἐν Χριστῷ Ἰησοῦ· ὃν προέθετο ὁ θεὸς ἱλαστήριον διὰ [τῆς] πίστεως ἐν τῷ αὐτοῦ αἵματι εἰς ἔνδειξιν τῆς δικαιοσύνης αὐτοῦ διὰ τὴν πάρεσιν τῶν προγεγονότων ἁμαρτημάτων [...].)

In dieser Passage verwendet Paulus zum ersten Mal in seiner heute bekannten Korrespondenz kultische Begriffe, nämlich die Worte „Sühneort“ (ἱλαστήριον) und „Blut“ (αἷμα). Was ist deren genauer Bezug und Aussagegehalt? Vorgeschlagen wird verschiedentlich, Paulus denke an den stellvertretenden Sühnetod von Märtyrern im Sinne von 4Makk 17,22.[30] Das hier rekonstruierte Abhängigkeitsverhältnis kann heute jedoch nicht mehr aufrechterhalten werden, da die neuere Forschung das vierte Makkabäerbuch inzwischen gegen Ende des 1. oder zu Beginn des 2. Jahrhunderts n.Chr. ansetzt, also ca. 50 Jahre nach dem Brief des Paulus.[31] Demgegenüber können beide Begriffe vom Tempelkult in Jerusalem her gedeutet werden. Wolfgang Kraus macht diesbezüglich zunächst geltend: „Aufgrund der überwältigenden Zahl der Belege, an denen ἱλαστήριον das Äquivalent für כפרת darstellt, kann eine Interpretation von diesem Kontext nicht absehen“.[32] Es ist also wahrscheinlich, dass Paulus sich mit dem Wort „Sühneort“ auf die goldene Platte bezieht, welche gemäß der biblischen Tradition die Bundeslade im Allerheiligsten bedeckte (Ex 40,3.20). Der Hohepriester sprengt am großen Versöhnungstag das Blut von Sündopfern gegen diese Platte (Lev 16,14f.). Die kultische Wirkung wird unmittelbar im Anschluss benannt: „und er [*sc.* Aaron, der Hohepriester] soll das Heiligtum entsühnen (וכפר על־הקדשׁ/καὶ ἐξιλάσεται τὸ ἅγιον) von den Verunreinigungen der Israeliten und von ihren Übertretungen [...]“ (V. 16). Paulus würde

30 Vgl. E. Lohse, Märtyrer und Gottesknecht. Untersuchungen zur urchristlichen Verkündigung vom Sühnetod Jesu Christi (FRLANT 64), Göttingen 1955, 152; G. Barth, Der Tod Jesu Christi im Verständnis des Neuen Testaments, Neukirchen-Vluyn 1992, 39; S.K. Stowers, A Rereading of Romans. Justice, Jews, and Gentiles, New Haven, Conn. 1994, 211–213 (aufgenommen u.a. bei D.C. Ullucci, The Christian Rejection of Sacrifice, Oxford 2012, 75f.). Ein neuerer Forschungsüberblick findet sich bei J.J. Williams, Christ Died for Our Sins. Representation and Substitution in Romans and Their Jewish Martyrological Background, Eugene, Oreg. 1995, 14–21.

31 Vgl. J.W. van Henten, Datierung und Herkunft des vierten Makkabäerbuches, in: J.W. Wesselius u.a. (Hg.), Tradition and Reinterpretation in Jewish and Early Christian Literature (FS J.C.H. Lebram; StPB 36), Leiden 1986, 136–149: 145; W. Kraus, Der Erweis der Gerechtigkeit Gottes im Tode Jesu nach Röm 3,24–26, in: L. Doering/H.-G. Waubke/F. Wilk (Hg.), Judaistik und Neutestamentliche Wissenschaft. Standorte – Grenzen – Beziehungen (FRLANT 226), Göttingen, 192–216: 204.

32 Kraus, Erweis der Gerechtigkeit (s. Anm. 31), 205.

sich folglich auf die oben beschriebene Wirkung von Tierblut beziehen: So wie dieses Sünden und Unreinheiten beseitigt, wirkt auch das Blut Jesu.

Zu erwähnen ist allerdings, dass die grausame und schmachvolle Exekution Jesu am Kreuz mit einem kultischen Opferritual sehr wenig gemein hat. Zu der Pracht des oben skizzierten jüdischen Tempels und der festlich-fröhlichen Stimmung steht sie vielmehr in bemerkenswertem Kontrast. Nun fällt auf, dass Paulus die näheren geschichtlichen Umstände von Jesu Exekution im Römerbrief gerade nicht anspricht. Es geht ihm also nicht um eine sich an historischen Fakten orientierende bzw. auf deskriptiver Ebene operierende Deutung. Sein Rückgriff auf Kultterminologie ist stattdessen eher ein kreativer Vorgang der Sinnzuschreibung anhand von Metaphern. Dabei kann durchaus vermutet werden, dass das ebenso festliche wie prachtvolle Szenario des Tempelkults bewusst gewählt wurde, um angesichts der für das gesamte Christentum außerordentlich traumatischen Erfahrung der Kreuzigung eine Gegenwelt zu stiften. Jens Schröter bezeichnet diesen Vorgang zutreffend als „Umwertung herkömmlicher Wertorientierungen";[33] dahinter kann eine Strategie der Traumabewältigung vermutet werden. Als deren integraler Bestandteil mag die Ambivalenz gelten, die dem Begriff „Blut" im Opferkult eigen ist. Wie oben mit Verweis auf Lev 17,11 dargestellt wurde, wirkt Blut im Kultgeschehen Sühne aufgrund des ihm innewohnenden Lebens; menschliche Sünde und Unreinheit werden durch Leben beseitigt. So wird in Röm 3,25 das blutige Kreuzesgeschehen transzendiert und an das Leben Jesu, wenn auch an das dahingegebene, erinnert.

Im Römerbrief verwendet Paulus Kultbegriffe später auch im Zusammenhang der Gemeindeparänese und zur Beschreibung seines Aposteldienstes. So fordert er die Adressaten einerseits zu einer gottgefälligen Lebensführung auf, nämlich zu Bescheiden- und Besonnenheit (Röm 12,3), zu Dienstbarkeit mit den von Gott einzelnen Menschen verliehenen Begabungen (V. 4–8), zu aufrichtiger Liebe (V. 9f.) usw. Diese Form des Gottesdienstes bezeichnet er als „ein lebendiges, heiliges und Gott wohlgefälliges Opfer" (θυσίαν ζῶσαν ἁγίαν εὐάρεστον τῷ θεῷ, V. 1). Andererseits beschreibt er seinen apostolischen Dienst als eine priesterliche Aufgabe, „damit das Opfer der Völker wohlgefällig werde, geheiligt im Heiligen Geist" (ἵνα γένηται ἡ προσφορὰ τῶν ἐθνῶν εὐπρόσδεκτος, ἡγιασμένη ἐν πνεύματι ἁγίῳ, 15,16). Warum wählt Paulus solche Opfermetaphern, und was sollen sie konkret aussagen? Erstens bestätigt sich hier implizit die oben gewonnene Einsicht be-

33 J. Schröter, Metaphorische Christologie. Überlegungen zum Beitrag eines metapherntheoretischen Zugangs zur Christologie anhand einiger christologischer Metaphern bei Paulus, in: J. Frey/J. Rohls/R. Zimmermann (Hg.), Metaphorik und Christologie (TBT 120), Berlin 2003, 53–73: 72.

züglich des Opferkults als bildspendendem Bereich, nämlich dass der Aspekt der Tiertötung nicht zentral ist und Opferrituale nicht über dieses Element zu interpretieren sind. Denn die beiden Bildempfänger sind im Römerbrief paränetische Anweisungen sowie der Dienst des Paulus unter Menschen; Leid, Gewalt oder Tod sind hier nirgends intendiert. Zweitens fordert Paulus seine Adressaten auf, ihr alltägliches Verhalten und seine eigene Mission stattdessen in gleicher Weise als Ausdruck des persönlichen Gottesdienstes zu sehen, der hier als Gabe an Gott zu verstehen ist, welche ihrerseits als Antwort auf Gottes in Sündenvergebung (3,21–31) und Adoption (Kap. 8) manifestes Heilsgeschehen erfolgt. Auch der Opfermetaphorik liegt also eine reziproke Struktur zugrunde. Drittens werden die Begriffe mit dem der Heiligkeit verknüpft, da auf diese Weise ein Verhältnis mit dem heiligen Gott etabliert werden kann und der so gewonnene Zugang zu Gott Voraussetzung für die Heiligkeit der Menschen ist. Und viertens evoziert der Opferbegriff, der als קרבן bzw. προσφορά primär Annäherung an das Heiligtum und als δῶρον Zugehörigkeit zu Gott vermittelt, den Wunsch und die Hoffnung auf eine dauerhafte Beziehung mit Gott.

Weitgehend bestätigt werden solche Merkmale der metaphorischen Verwendung des Opferbegriffs in zwei anderen Briefen des Paulus. In dem ca. 55 bis 56 n.Chr. verfassten Schreiben an die Philipper[34] quittiert der Apostel den Erhalt von materiellen Gaben, die ihm Epaphroditus überbracht hat, als „lieblichen Geruch (ὀσμὴν εὐωδίας), ein angenehmes Opfer (θυσίαν δεκτήν), wohlgefällig (εὐάρεστον) für Gott“ (Phil 4,18). Einmal mehr ist evident, dass die Metapher keinesfalls Tod oder Leid assoziieren kann, da sie sich auf dingliche Objekte bezieht. Stattdessen vermittelt sie mit Blick auf das Wohlgefallen erneut, dass der Opferbegriff mit dem der Gabe äquivalent ist. Diese Zeilen des Paulus lassen außerdem hinsichtlich des bildspendenden Bereichs des Tempelkults den engen Zusammenhang zwischen dem Aspekt der Gabe und der kultischen Verbrennung erkennen, da gerade der oben beschriebene „wohltuende Geruch“ dieses Ritualelements mit der Wohlgefälligkeit der Gabe für den Empfänger verknüpft ist.

Doch auch abseits solcher Referenzen auf die kultische Verbrennung verwendet Paulus nochmals kultische Metaphern, und zwar bei folgender Erwähnung des Abendmahls: „Dieser Kelch ist der neue Bund in meinem Blut“ (τοῦτο τὸ ποτήριον ἡ καινὴ διαθήκη ἐστὶν ἐν τῷ ἐμῷ αἵματι, 1Kor 11,25). In dem um 55 n.Chr. entstandenen Brief[35] geht es dem Apostel u.a. darum, die Gemeinde in Korinth angesichts von internen Spaltungen zur Einheit zu ermahnen. Worauf beziehen

34 Zur Datierung dieses Briefes vgl. z.B. H. Balz, Art. Philipperbrief, in: TRE 26 (1996), 504–513: 508.

35 Zu dieser Datierung vgl. z.B. Schnelle, Einleitung (s. Anm. 27), 75.

sich hier speziell „Bund“ und „Blut“? Mehrere traditionsgeschichtliche Bezüge sind zunächst möglich, wie Stephen Finlan zutreffend darlegt.[36] Allerdings ist in der Verheißung des neuen Bundes nach Jer 31,31 („Siehe, es kommt die Zeit, Spruch JHWHs, da will ich mit dem Hause Israel und mit dem Hause Juda einen *neuen Bund* [ברית חדשה/διαθήκη καινή] schließen“) nicht von „Blut“ die Rede. Wäre als traditionsgeschichtlicher Hintergrund dann Sach 9,11 wahrscheinlicher („Und du, um des *Blutes deines Bundes* willen [בדם־בריתך/ἐν αἵματι διαθήκης] befreie ich deine Gefangenen aus der Grube, in der kein Wasser ist“)? Diese Formulierung evoziert ihrerseits einen vergangenen Bund, ohne dass eine konkrete kultische Handlung vorliegt. Deshalb legt sich nahe, das von Paulus überlieferte Kelchwort Jesu als Verweis auf den Sinaibund in Ex 24 zu verstehen (auf welchen sich auch Sach 9,11 bezieht). Bei diesem Bund werden verschiedene Opferarten, nämlich Brandopfer und Gemeinschafts-Schlachtopfer, dargebracht. Dann nimmt Mose von dem Blut der Opfertiere, das er „Blut des Bundes“ (דם־הברית/αἷμα τῆς διαθήκης, Ex 24,8) nennt, und sprengt es auf die Israeliten. Zwar wird eine Wirkung dieser Handlung nicht unmittelbar genannt, sie manifestiert sich aber in einem anschließenden dramatischen Ereignis. Hier besteigen Mose und eine Gruppe von Israeliten den Berg Sinai, wo sie Gott sehen können (V. 10a), ohne belangt zu werden (V. 11). Es darf vermutet werden, dass die Gottesschau aufgrund eines kultischen Weihegeschehens durch den Blutbesprengungsritus möglich geworden ist. Das Blut von Opfertieren, das in der Regel Heiligtumsinventar reinigt, wie wir bereits sahen (Lev 16,16.19), hat hier Menschen durch physischen Kontakt geweiht. Als „Blut des Bundes“ begründet es eine Verbindung zwischen dem heiligen Gott Israels und dem erwählten Volk, das nun seinerseits heilig ist und sich deshalb Gott nahen und vor Gott feiern darf (Ex 24,11).[37]

Was impliziert dieser Hintergrund für das Deutewort zum Kelch in 1 Kor 11,25? Einerseits kann der Wein nach Gen 49,11 bzw. Dtn 32,14 das Blut Jesu repräsentieren, welches sein Leben symbolisiert. Das Trinken aus diesem Kelch entspricht dann der Besprengung mit Opferblut; in beiden Fällen kommt es zu physischem Kontakt. Durch diesen Ritus erfahren Menschen Vergebung ihrer Sünden; sie werden zu einer heiligen und priesterlichen Gemeinschaft untereinander und außerdem mit Gott vereint. Diese Aspekte verdeutlichen andererseits, warum Paulus

---

36 S. Finlan, The Background and Content of Paul's Cultic Atonement Metaphors (AcBib 19), Atlanta 2004, 71: „[...] Christ fulfills the uplifting prophecies of Zecheriah 9 and Jeremiah 31, as well as being the antitype of the covenant sacrifice in Exodus“.

37 Tatsächlich wird eine solche Deutung des Blutritus in Ex 24,8 im Sinne sonstiger alttestamentlicher Sühneriten im Targum Pseudo-Jonathan explizit vorgenommen: „[...] und er [*sc.* Mose] sprengte [das Blut] auf den Altar, um für das Volk zu sühnen“ (ודרק על מדבחא לכפרא על עמא).

gerade auf das Abendmahl verweist, um gegen die Parteibildungen in der Gemeinde von Korinth anzugehen. Die Einheit aller Christen ist von Jesus Christus im Abendmahl gestiftet worden; deshalb sollte die Gemeinde sie nicht aufgrund von Streitigkeiten aufs Spiel setzen.

5 Kultterminologie in den synoptischen Evangelien

Mit diesen Erwägungen kommen wir nun zu den drei synoptischen Evangelien des Neuen Testaments. In der Forschung besteht weitgehend Konsens, dass das Markusevangelium um 70 n.Chr. verfasst wurde. Allerdings ist zu berücksichtigen, dass der anonyme Autor verschiedene teils mündliche und teils schriftliche Jesus-Überlieferungen verschiedenster Gattungen verarbeitet hat. Folglich kam es um 70 n.Chr. lediglich zur abschließenden Redaktion dieser Traditionen; ihr Alter und ihre historische Zuverlässigkeit können allgemein nur schwer eingeschätzt werden. Auf dieses Evangelium und eine weitere, „Q" genannte Logienquelle stützen sich dann gemäß literarkritischen Hypothesen die ca. 80 bis 85 n.Chr. entstandenen Evangelien nach Matthäus und Lukas.[38]

Diese drei Evangelien zeichnen jeweils individuelle Bilder des Jesus von Nazareth. In der Darstellung seines Wirkens stimmen sie gleichwohl darin überein, dass sich der erwachsene Jesus zwar zum Tempel in Jerusalem begeben hat, sie berichten aber von keiner Teilnahme an kultischen Opfern. Speziell bei Lukas erscheinen der Tempel, sein Altar und die dort auszuführenden Opferrituale gelegentlich als szenischer Hintergrund (Lk 1,8–11; 2,22–24; 18,10; 20,1). Alle Synoptiker stimmen allerdings überein, dass Jesus kultische Opfer immerhin verschiedentlich erwähnt hat. So fordert er einen vom Aussatz geheilten Mann auf: „zeige dich dem Priester und bring das Opfer dar (προσένεγκον τὸ δῶρον), welches Mose geboten hat" (Mt 8,4; s. auch Mk 1,44; Lk 5,14). Demgegenüber berichten sie von Aussagen Jesu in Aufnahme der oben erwähnten prophetischen Kultkritik (Mt 9,13; 12,7 zitieren Hos 6,6; Mk 12,33 bezieht sich auf 1Sam 15,22). Dass Jesus jedoch – entsprechend der Tradition der alttestamentlichen Propheten – nicht den Opferkult kategorisch verwerfen, sondern vielmehr auf konkrete Probleme einer einseitigen bzw. vordergründigen Gottesdienstpraxis aufmerksam machen möchte, zeigt eine seiner Aussagen in der Bergpredigt (Mt 5,23–24):

38 Vgl. z.B. Schnelle, Einleitung (s. Anm. 27), 185–240; Ehrman, New Testament (s. Anm. 3), 82–87.105–113.

> Wenn du nun dein Opfer auf dem Altar darbringst und dich dort erinnerst, dass dein Bruder etwas gegen dich hat, so lass dein Opfer dort vor dem Altar und geh vorher hin, versöhne dich mit deinem Bruder und dann komm und bring dein Opfer dar. (ἐὰν οὖν προσφέρῃς τὸ δῶρόν σου ἐπὶ τὸ θυσιαστήριον κἀκεῖ μνησθῇς ὅτι ὁ ἀδελφός σου ἔχει τι κατὰ σοῦ, ἄφες ἐκεῖ τὸ δῶρόν σου ἔμπροσθεν τοῦ θυσιαστηρίου καὶ ὕπαγε πρῶτον διαλλάγηθι τῷ ἀδελφῷ σου, καὶ τότε ἐλθὼν πρόσφερε τὸ δῶρόν σου.)

Diese Ermahnung bringt das Problembewusstsein Jesu zum Ausdruck, dass kultische Opfer zu einer äußeren bzw. einseitigen Form des Gottesdienstes degenerieren können.[39] Deshalb soll ein Gestus vertikaler Versöhnung, falls nötig, von einem Gestus der Versöhnung auf horizontaler Ebene begleitet werden. Lässt diese Äußerung lediglich vermuten, dass Jesus dem Tempelkult aufgrund aktueller Missstände bisweilen kritisch gegenüberstand, dann ist seine Haltung deutlicher zu erkennen, wenn er die Weisung der Schriftgelehrten und Pharisäer beanstandet, nicht beim Altar, sondern beim darauf darzubringenden Opfer (δῶρον) zu schwören (Mt 23,18–19). Die Einstellung Jesu zeigt sich schließlich unzweideutig in der Episode der sogenannten „Tempelreinigung" (Mk 11,15–19; Mt 21,12–22; Lk 19,45–48). Jesus treibt hier die Verkäufer von Tieren für die Opferrituale aus dem Tempelvorhof und stößt die Tische der Geldwechsler um, was als Protest gegen die Kommerzialisierung des Opferkults interpretiert werden kann. Dem entspricht, dass er den Tempel schließlich explizit, wenn auch mit Zitat aus Jer 7,11 LXX, als „Räuberhöhle" (σπήλαιον λῃστῶν) bezeichnet (Mk 11,17).[40] Die Reaktion auf solche Kritik kommt prompt; die Hohepriester und Schriftgelehrten planen, Jesus zu töten (V. 18).[41]

Die synoptischen Evangelien präsentieren Jesus wiederholt als jemanden, dem sein bevorstehendes Leiden und sein herannahender Tod, aber auch seine Auferstehung bewusst waren (Mk 10,32–34; Mt 20,17–19; Lk 18,31–34 u.ö.). Implizit kann zu solchen Leidensankündigungen wohl auch die Feier des Abendmahls gerechnet

39 Vgl. Wick, Gottesdienste (s. Anm. 3), 64.83; U. Luz, Matthew 1–7. A Commentary on Matthew 1–7 (Hermeneia), Minneapolis 2007, 240.

40 Vgl. dazu den Kommentar von D.E. Oakman, Cursing Fig Trees and Robbers' Dens. Pronouncement Stories within Social-Systemic Perspective. Mark 11:12–25 and Parallels, Semeia 64 (1993), 265: „[...] the Temple was an international focus of commerce at the time, especially for the Diaspora [...]. The second part of Mark's saying – ‚den of robbers' – brings out the destabilizing effects of long-distance commerce in agrarian societies. This is a reverse social banditry practiced by the elite."

41 Vgl. A.Y. Collins, Mark. A Commentary on the Gospel of Mark (Hermeneia), Minneapolis 2007, 532.

werden (Mk 14,12–25; Mt 26,17–29; Lk 22,7–23), im Rahmen derer Jesus den Verrat des Judas Iskariot enthüllt, auf seinen bevorstehenden Tod anspielt und der Erwartung Ausdruck verleiht, „vom Gewächs des Weinstocks“ im Reich Gottes zu trinken (Mk 14,25). Angesichts dessen ist es interessant, dass Jesus selbst in den synoptischen Evangelien nirgends konkret als kultisches „Opfer“ bezeichnet wird. Zu bedenken ist hier sicherlich, dass erstens eine schmachvolle Exekution am Kreuz mit einem kultischen Opferritual eben nichts gemein hatte und sich zweitens ein solches Opferritual auch nicht um ein Tötungsgeschehen dreht, wie oben gezeigt wurde.

Allein in der Abendmahlserzählung liegt eine Anspielung auf den Kreuzestod anhand kultischer Deutekategorien vor, wenn Jesus seinen Jüngern den Kelch zu trinken gibt und anschließend sagt: „Das ist mein Blut des Bundes, das für viele vergossen wird“ (τοῦτό ἐστιν τὸ αἷμά μου τῆς διαθήκης τὸ ἐκχυννόμενον ὑπὲρ πολλῶν, Mk 14,24). Dargestellt wurde bereits, dass diese Formulierung traditionsgeschichtlich auf die Besprengung mit Opferblut beim Sinaibund zurückgreift (Ex 24,8) und von dorther zu deuten ist: Die Jünger trinken Wein, der das tags darauf vergossene Blut Jesu repräsentiert; durch diesen Akt werden ihre Sünden vergeben, wie ein entsprechender Zusatz bei Matthäus extra zum Ausdruck bringt (Mt 26,28). Als heilige Gemeinschaft erfahren die Jünger auf diese Weise Rechtfertigung und Rettung durch Jesus.

6 Kultterminologie im johanneischen Schrifttum

Bekanntlich beschreitet Johannes in seinem wohl frühestens um 90 n.Chr. entstandenen Evangelium[42] eigene Wege bei der Darstellung Jesu. Schon zu Beginn der öffentlichen Wirksamkeit findet hier beispielsweise die „Tempelreinigung“ in Jerusalem statt (Joh 2,13–17). Die Aktionen sind dabei intensiviert und konkretisiert, wenn Jesus mit einer Geißel aus Stricken die Händler samt ihren Opfertieren, nämlich Schafen und Ochsen, aus dem Tempel treibt, um letztere zu retten. Die Erwähnung der Tiere ermöglicht es, diese Passage mit der Rede Jesu über den guten Hirten zu verbinden, der sich fürsorglich für seine Schafe einsetzt (10,1–6) und bereit ist, sein Leben zu lassen (V. 11–13). Jesu Aktion bringt allerdings unverändert seine Kritik am zeitgenössischen Tempelkult zum Ausdruck.

42 Vgl. Ehrman, New Testament (s. Anm. 3), 176–197; ferner Schnelle, Einleitung (s. Anm. 27), 521 („Entstehung zwischen 100 und 110 n.Chr.“).

Gleich am Anfang dieses Evangeliums wird Jesus von Johannes dem Täufer als „Lamm Gottes" (ἀμνὸς τοῦ θεοῦ, 1,29.36) bezeichnet. Liegt mit diesen Worten eine Anspielung auf ein Opfer vor?[43] Mehrheitlich wird diese Apostrophierung heute allerdings als Bezug auf das vierte Gottesknechtslied (Jes 52,13–53,12) verstanden, das von einem Menschen handelt, der Leiden schweigend „wie ein Lamm" (כרחל/ὡς ἀμνός, Jes 53,7) zugunsten anderer erduldet. Der Vergleich beschränkt sich zwar zunächst auf das Verstummen des Gottesknechts, doch assoziiert der Hinweis auf die Schlachtung aufgrund der Parallelisierung zum Scheren ohnehin keinen kultischen, sondern einen profanen Akt; an ein Opferlamm wäre deshalb nicht zu denken. Im Johannesevangelium spielt außerdem das Motiv des Passalammes bzw. des Passafestes eine große Rolle, so u.a. bei der Verurteilung Jesu zur Kreuzigung (Joh 19,14) und vor allem bei seinem Tod (19,33.36), der u.a. durch ein Zitat aus dem Ritual des Passa im Alten Testament (Ex 12,46) gedeutet wird. Das Passa ist jedoch ein apotropäisches Ritual; es „erinnert und vergegenwärtigt [...] die Konstitution einer geschützten Gemeinschaft im Moment der grundsätzlichen Konfrontation zwischen Gut und Böse".[44] Angesichts dessen sollte die Prädikation Jesu als „Lamm Gottes" in Joh 1,29.36 als mehrsinniges Motiv interpretiert werden, dessen offene Formulierung einerseits an das vierte Gottesknechtslied und andererseits an die Passatradition anknüpft. Eine Anspielung auf den Opferkult ist demgegenüber unwahrscheinlich.

Auch die in der um 90 bis 95 n.Chr. entstandenen Johannesoffenbarung[45] häufig begegnende Bezeichnung Jesu als „(geschlachtetes) Lamm" (Offb 5,6; 12,11; 13,8 u.ö.) evoziert den apotropäischen Blutritus des Passa. Angesichts des bedrohlichen eschatologischen Szenarios dieses Buches ist der damit verbundene Aspekt der Bewahrung vor Unheil umso aussagekräftiger.

Andere traditionsgeschichtliche Verbindungen liegen im ersten Johannesbrief vor.[46] Hier wird eingangs vorausgesetzt, dass kein Mensch von sich selbst behaupten kann, ohne Sünde zu sein (1Joh 1,8.10). Daher sind alle auf das Heil in Jesus Christus angewiesen: „Und er ist [die] Sühne (ἱλασμός) für unsere Sünden, nicht nur für die unsrigen, sondern auch für die der ganzen Welt" (2,2; siehe auch 4,10).

---

43 So etwa bei Barth, Tod Jesu Christi (s. Anm. 30), 49, dem zufolge die Lamm-Prädikation in Joh 1,29.36 als Anspielung auf Jesu Tod im Sinne des „Passaopfer(s)" zu verstehen sei, welches er dann zum „alttestamentlichen Sühnopfer" zählt.

44 C. Schlund, Deutungen des Todes Jesu im Rahmen der Pesach-Tradition, in: Frey/Schröter, Deutungen des Todes Jesu (s. Anm. 10), 397–411: 408.

45 Vgl. Schnelle, Einleitung (s. Anm. 27), 563.

46 Zur Datierung des ersten Johannesbriefs auf ca. 95 n.Chr. vgl. Schnelle, Einleitung (s. Anm. 27), 503.

An welchen *modus operandi* bei einem solchen Sühnegeschehen zu denken ist, wird im Kontext explizit benannt, wenn ausgeführt wird, dass „das Blut Jesu [...] uns von jeder Sünde reinigt" (τὸ αἷμα Ἰησοῦ [...] καθαρίζει ἡμᾶς ἀπὸ πάσης ἁμαρτίας, 1,7). Hier begegnen also Aspekte kultischer Sühnetheologie, die u.a. schon in Röm 3,21–25 rezipiert worden sind. Sie vermitteln, dass Jesu Blut aufgrund des ihm innewohnenden Lebens reinigende Kraft hat und so Sünde beseitigen kann.

7 Der Opferbegriff in sonstigen späten Texten des Neuen Testaments

Auch in dem um 90 n.Chr. entstandenen ersten Petrusbrief finden sich derartige Vorstellungen.[47] Das pseudonyme Schreiben richtet sich an „auserwählte Fremdlinge" (1 Petr 1,1), die von Gott erwählt sind „in der Heiligung des Geistes zum Gehorsam und zur Besprengung mit dem Blut Jesu Christi" (εἰς ὑπακοὴν καὶ ῥαντισμὸν αἵματος Ἰησοῦ Χριστοῦ, V. 2). Die Verwendung des Wortes „Besprengung" macht auch hier plausibel, dass an kultische Blutriten des Sündopfers (Lev 4,5–7 u.ö.) zu denken ist. Die Heiligung der Auserwählten ist also das Resultat der Sündenbeseitigung durch Jesu Blut, vermittelt in der Feier des Abendmahls. Voraussetzung dieser Form der Sündenvergebung ist der Tod des Gottessohnes und sündlosen Menschen. Angesichts der einzigartigen Qualität des sühnenden Blutes ist dieses denn auch kostbarer als Silber und Gold (1 Petr 1,18–19). Solche Metaphern lassen einmal mehr erkennen, wie das Szenario des eindrucksvollen Tempelkults herangezogen wurde, um eine Umwertung des schmachvollen Kreuzesgeschehens zu erzielen.

In dieser chronologischen Durchsicht neutestamentlicher Texte zum Opferbegriff, die bei dem im Jahr 56 n.Chr. verfassten Römerbrief ansetzte, fanden bisher in christologisch-soteriologischer Funktion ausschließlich Begriffe wie „Blut" (Röm 3,25; 1 Kor 11,25; Mk 14,24; 1 Petr 1,2 u.ö.) und „Sühne(ort)" (Röm 3,25; 1 Joh 2,2; 4,10) Verwendung. Paulus benutzte ferner konkret das Wort „Opfer", insbesondere in Verbindung mit der die kultische Verbrennung und das Wohlgefallen bezeichnenden Terminologie. Er bezog es allerdings entweder auf seinen eigenen Dienst am Evangelium (Röm 15,16) oder auf Gaben, die ihm überbracht wurden (Phil 4,18). In den synoptischen Evangelien bezeichnet dieser Begriff verschiedentlich rein deskriptiv die am Tempel darzubringenden Opfer. Es mag nun doch erstaunen, dass das Wort „Opfer" bisher tatsächlich noch nirgends in christologisch-soteriologi-

47 Vgl. Schnelle, Einleitung (s. Anm. 27), 448f.

schen Aussagen verwendet wurde! Dazu kommt es erstmals in dem um 80 bis 90 n.Chr. entstandenen (deuteropaulinischen) Epheserbrief.[48] Diese Schrift enthält einen paränetischen Teil (Eph 4,1–6,9), der in sieben Perikopen untergliedert ist, welche wiederum konzentrisch um den zentralen Abschnitt Eph 5,1–2 angeordnet sind:[49]

> Folgt also dem Beispiel Gottes wie geliebte Kinder und wandelt in Liebe, wie auch Christus uns geliebt und sich für uns hingegeben hat als Gabe und Opfer für Gott zum lieblichen Wohlgeruch. (Γίνεσθε οὖν μιμηταὶ τοῦ θεοῦ ὡς τέκνα ἀγαπητὰ καὶ περιπατεῖτε ἐν ἀγάπῃ, καθὼς καὶ ὁ Χριστὸς ἠγάπησεν ἡμᾶς καὶ παρέδωκεν ἑαυτὸν ὑπὲρ ἡμῶν προσφορὰν καὶ θυσίαν τῷ θεῷ εἰς ὀσμὴν εὐωδίας.)

Zur angemessenen Auslegung dieser Passage ist sowohl der gegenwärtige Kontext als auch das Motiv des kultischen Opfers zu berücksichtigen, die aufeinander bezogen sind. Hingabeformel[50] und Opfermetaphorik dienen also zur Illustration eines durch Liebe bestimmten Lebenswandels; letzterer ist seinerseits im weiteren Kontext durch eine Fülle pragmatischer Einzelheiten erläutert. Wird nun die Opfermetapher punktuell auf den Kreuzestod Jesu bezogen,[51] dann bleibt unklar, wie gerade ein Todesereignis Vorbildfunktion für ethische Anweisungen haben kann. Wahrscheinlicher ist bereits aufgrund des paränetischen Kontextes, dass das Vorbild hier die gesamte Mission Jesu ist, also seine Proexistenz zugunsten anderer. Diese beinhaltet durchaus seinen Tod am Kreuz, ist auf diesen aber nicht beschränkt.

Was sagt in diesem Zusammenhang die Opfermetapher aus? Die Bezeichnung Jesu als „Gabe und Opfer für Gott zum lieblichen Wohlgeruch" (Eph 5,2) rezipiert wohlvertraute Terminologie des alttestamentlichen Opferkults und rekurriert dabei speziell auf die kultische Verbrennung. Ausgehend von der Einsicht, dass bei

---

48 Zu dieser Datierung vgl. z.B. M.Y. MacDonald, Colossians and Ephesians (SaPeSe 17), Collegeville, Minn. 2000, 18; Schnelle, Einleitung (s. Anm. 27), 351f.; G. Sellin, Der Brief an die Epheser (KEK 8), Göttingen 2008, 58.

49 Vgl. Sellin, Epheser (s. Anm. 48), 52f.389.

50 Zu erwähnen ist, dass sich sogenannte Hingabeformeln nicht stets auf den Tod eines Akteures beziehen. Diese Tatsache ist u.a. in Apg 15,26 evident, wo Überbringer eines Sendschreibens beschrieben werden als „Männer, die ihre Leben hingegeben haben für (ἀνθρώποις παραδεδωκόσι τὰς ψυχὰς αὐτῶν ὑπέρ) den Namen unseres Herrn Jesus Christus". Diese Formulierung umschreibt schlechterdings nicht den Tod der Männer, die die Sendschreiben überbringen sollen, sondern deren Einsatzbereitschaft im Hinblick auf eine potentiell gefährliche Mission. Auch die Hingabeformel in Eph 5,2 beschreibt deshalb Jesu Lebenseinsatz, ohne allerdings von vornherein seinen Tod auszuklammern.

51 Vgl. z.B. Barth, Tod Jesu Christi (s. Anm. 30), 98.

Opferritualen die Tötung von Tieren nie als konstitutiver Akt gilt, muss jedoch auch die kultische Metapher auf etwas anderes abheben. Sie vermittelt unter expliziter Erwähnung der kultischen Verbrennung, dass sein Lebenswandel „in Liebe" Ausdruck seines persönlichen Gottesdienstes und wohlgefällig für Gott war. Der Begriff des Opfers selbst, der wie gesagt als קרבן bzw. προσφορά primär Annäherung an das Heiligtum und als δῶρον Zugehörigkeit zu Gott vermittelt, evoziert ferner den Aspekt einer dauerhaften Beziehung. Implizit klingt bei dieser Terminologie stets auch der Gesichtspunkt der Heiligkeit an, die Folge eines solchen Lebenswandels und der Nähe zu Gott ist.

8 Die eigenständige Kultkonzeption des Hebräerbriefes

Schließlich ist noch die christologisch-soteriologische Kultkonzeption des Hebräerbriefes zu thematisieren. Dieser anonym verfasste und später dem Apostel Paulus zugeschriebene Text entstand vermutlich gegen Ende des 1. oder Anfang des 2. Jahrhunderts n.Chr.[52] Er zeichnet sich durch eine eigenständige christologische Konzeption aus, die Jesus als Hohepriester präsentiert, der sich als einmaliges Opfer selbst darbringt (Hebr 7,27; 10,10.12.14). Nach dem Epheserbrief findet sich hier also erst zum zweiten Mal im gesamten Neuen Testament die christologisch-soteriologische Anwendung des alttestamentlichen bzw. traditionell frühjüdischen Opferbegriffes auf Jesus. Allerdings wird eine nähere Untersuchung dieser Vorstellungen zeigen, dass diese Kultkategorien hier anders als diejenigen in Eph 5,2 erheblich variiert worden sind. Das kann u.a. auch auf den zunehmenden zeitlichen Abstand vom Kult zurückzuführen sein, der schon viele Jahre zuvor mit der Tempelzerstörung zum Erliegen gekommen ist.

Im Hebräerbrief begegnen jedoch zunächst bekannte Beschreibungen des Opferkultes und davon abgeleitete Metaphern. So besteht das Amt des Hohepriesters darin, Gaben und Opfer für die Sünden darzubringen (ἵνα προσφέρῃ δῶρά τε καὶ θυσίας, Hebr 5,1). Es ist nicht neu, dass Jesus etwa „Bitten und Flehen [...] opferte" (δεήσεις τε καὶ ἱκετηρίας [...] προσενέγκας, 5,7); das ununterbrochene Bekennen von Gottes Namen gilt als „Opfer des Lobes" (θυσίαν αἰνέσεως, 13,15). Interessant, aber jeweils für sich betrachtet weitgehend traditionell, ist auch, wie die kulti-

52 Vgl. Schnelle, Einleitung (s. Anm. 27), 413f.; M. Karrer, Der Brief an die Hebräer. Kapitel 1,1–5,10 (ÖTK 20/1), Gütersloh 2002, 96–98; ders., Der Hebräerbrief, in: M. Ebner/S. Schreiber (Hg.), Einleitung in das Neue Testament (KStTh 6), Stuttgart 2008, 474–495: 484–486.

schen Rituale des großen Versöhnungstages nach Lev 16 und der Sinaibund nach Ex 24,1–11 verbunden werden (Hebr 9,19–22a):

> Denn als Mose alle Gebote gemäß dem Gesetz allem Volk gesagt hatte, nahm er das Blut von Kälbern und Böcken mit Wasser und Scharlachwolle und Ysop und besprengte das Buch und alles Volk und sprach: Das ist das Blut des Bundes, den Gott euch geboten hat. Und die Stiftshütte und alle Geräte für den Gottesdienst besprengte er desgleichen mit Blut. Und es wird fast alles mit Blut gereinigt nach dem Gesetz [...]. (λαληθείσης γὰρ πάσης ἐντολῆς κατὰ τὸν νόμον ὑπὸ Μωϋσέως παντὶ τῷ λαῷ, λαβὼν τὸ αἷμα τῶν μόσχων [καὶ τῶν τράγων] μετὰ ὕδατος καὶ ἐρίου κοκκίνου καὶ ὑσσώπου αὐτό τε τὸ βιβλίον καὶ πάντα τὸν λαὸν ἐρράντισεν λέγων· τοῦτο τὸ αἷμα τῆς διαθήκης ἧς ἐνετείλατο πρὸς ὑμᾶς ὁ θεός. καὶ τὴν σκηνὴν δὲ καὶ πάντα τὰ σκεύη τῆς λειτουργίας τῷ αἵματι ὁμοίως ἐρράντισεν. καὶ σχεδὸν ἐν αἵματι πάντα καθαρίζεται κατὰ τὸν νόμον [...]).

Der Autor des Hebräerbriefs präsentiert hier eine weitgehend akkurate Kenntnis des kultischen Sühnegeschehens im Alten Testament, welches er als Reinigung durch Blutbesprengung deutet. Er setzt dann allerdings voraus, dass Jesus als Fürsprecher für die Menschheit zur Rechten Gottes sitzt. Insofern ist das Problem zu lösen, wie Jesus an diesen erhöhten Ort gelangt. Dass traditionelle Opfervorstellungen eine Bewegung hin zu Gott evozieren, wurde in diesem Beitrag schon verschiedentlich erwähnt. Eine neue Dimension ist im Hebräerbrief nun in folgender Aussage erreicht (Hebr 7,27):

> [...] der [*sc.* Jesus] hat es nicht Tag für Tag nötig, wie die Hohepriester zuerst für die eigenen Sünden Opfer darzubringen und dann für die des Volkes; denn das hat er ein für alle Mal getan, als er sich selbst opferte. ([...] ὃς οὐκ ἔχει καθ' ἡμέραν ἀνάγκην, ὥσπερ οἱ ἀρχιερεῖς, πρότερον ὑπὲρ τῶν ἰδίων ἁμαρτιῶν θυσίας ἀναφέρειν ἔπειτα τῶν τοῦ λαοῦ· τοῦτο γὰρ ἐποίησεν ἐφάπαξ ἑαυτὸν ἀνενέγκας.)

Dieses Opfer Jesu unterscheidet sich deutlich von dem levitischen, da es nicht mehr regelmäßig, sondern nur einmal dargebracht worden ist. Außerdem steht erst hier der Tod Jesu im Mittelpunkt, was bereits von Hebr 2,14 her angelegt ist; d.h. das Opfer konzentriert sich nun auf seinen Kreuzestod (s. auch Hebr 9,14. 25f.28; 10,10). So ist es zu einer nachhaltigen Transformation des traditionellen Bedeutungsspektrums des Opferbegriffs gekommen, im Rahmen derer außerdem postuliert wird, die levitischen Opfer seien unwirksam (10,4f.).

9 Zusammenfassung: Der Opferbegriff im antiken Christentum

Im heutigen Sprachgebrauch weckt der Begriff des Opfers meist negative Assoziationen. Das war im frühen Judentum und im antiken Christentum anders. Opferrituale fanden damals am Tempel in Jerusalem statt, dem religiösen Zentrum der Juden. Bis zur Tempelzerstörung im Jahre 70 n.Chr. kannten die Menschen solche Rituale ganz selbstverständlich aus eigener Erfahrung. Regelmäßig reisten sie zu fröhlichen Wallfahrtsfesten in die Hauptstadt, um dort ausgelassen zu feiern. Von ihren Tier- und Speisopfern fielen für sie selbst jeweils ausreichend Portionen zum Festschmaus ab. Andererseits bewirkten Blutapplikationsriten Sühne, da Blut als Sitz des Tierlebens Verunreinigungen und Sünden am und im Heiligtum zu reinigen vermochte. Konstitutives Ritualelement der Opfer war die kultische Verbrennung. Durch deren Wohlgeruch wurde die Opfermaterie in transformierter Form von Gott als „Gabe" angenommen. Das so dargebrachte Opfer konnte insgesamt „Sühne" und „Wohlgefallen" für den Opfergeber bewirken.

Diese Vorstellungen bilden die Grundlage des Opferbegriffs im Neuen Testament. Hier finden sich diverse Verweise auf den Jerusalemer Tempel und die dort darzubringenden Opfer. In verschiedenen Paulusbriefen wird der Opferbegriff erstmals gelegentlich metaphorisch verwendet, um Aspekte des Wohlgefallens, der erwünschten und erhofften Nähe zu Gott sowie der Heiligkeit zu vermitteln. Diese haben speziell in der Gemeindeparänese ihren festen Platz, um ein hingabevolles Leben als genuine Form des Gottesdienstes zu empfehlen. Christologisch-soteriologisch werden primär die Aspekte „Blut" und „Sühne(ort)" rezipiert, um das am Kreuz vergossene Blut als Mittel der Sündenvergebung auszuweisen. Der überall bekannte Tempelkult dient folglich dazu, schwer verständliche Referenten, nämlich Jesu Mission und Kreuzestod, als Heilsereignis verständlich zu machen, da deren Bedeutung nicht ohne weiteres zugänglich war. Außerdem wird durch die Verwendung von Motiven speziell dieses allgemein anerkannten bildspendenden Bereichs eine Gegenwelt angesichts der traumatischen Realität des Kreuzestodes kreiert. Zu bemerken ist, dass der konkrete Begriff des Opfers nur selten als Metapher auf Jesus bezogen wird; in den Evangelien fehlt er in dieser Funktion gänzlich. In Eph 5,2 geschieht das – wenn auch erst in den letzten Jahrzehnten des 1. Jahrhunderts n.Chr. – im Rahmen traditioneller Kultkonzepte. In dem erst in dieser Epoche anzusetzenden Hebräerbrief wird der Opferbegriff demgegenüber transformiert, insofern die Rede vom „einmaligen Opfer" nun ausschließlich Jesu Tod evoziert.

Zusammenfassung

Der Opferbegriff im antiken Christentum leitet sich hauptsächlich vom frühjüdischen Tempelkult ab. Von dorther wird die Vorstellung rezipiert, dass der Tempel „Sühneort" ist und Opferblut sühnt, was als Reinigung von Sünde zu verstehen ist. Beim Begriff des „Opfers" evoziert die kultische Verbrennung Aspekte des Wohlgefallens und der erhofften Nähe zu Gott. Diese Vorstellungen wurden herangezogen, um schwer verständliche Referenten, nämlich Jesu Mission und seinen Kreuzestod, als Heilsereignis verständlich zu machen.

Early Christianity's sacrificial concepts draw on the cult of Second Temple Judaism. They reference the temple as „place of atonement" and sacrificial blood as its means, which happens through the purging of sin. The term „sacrifice" evokes through the burning rite on the main altar, aspects of being pleasing and the desire for proximity to God. These ideas were applied to elucidate a referent that was hard to comprehend, namely how the mission of Jesus and his death on the cross might convey salvation.

Christoph Auffarth

Religion nach dem Opfer*

Stolperstein der europäischen Religionsgeschichte

1 Zur Aktualität des Opfers

Ein Pfarrer im Schwäbischen hatte Jahre in Indonesien gelebt und dort als Missionar gewirkt. Zurückgekehrt in den Pfarrdienst zu Hause versuchte der, seinen Bauern beizubringen, dass sie, bevor sie ein Schwein schlachteten und leckere Fleischportionen und Würste daraus fertigten, doch das Schwein um Verzeihung bitten und ihm Ehrerbietung erweisen sollten. Die Bauern schüttelten entgeistert den Kopf und prophezeiten, der Pfarrer würde in der Gemeinde „kein Pfund Salz fressen", also bald aufgeben und an eine andere Pfarrei wechseln.

Die Anekdote kann folgende Themen aufwerfen, die in dem Beitrag behandelt werden: (1) Es gibt Kulturen in der Gegenwart, in denen Opfer durchgeführt werden. (2) In solchen Kulturen wird das Schlachten von Tieren als Überschreiten einer Grenze verstanden, das durch ein Ritual gerechtfertigt und entschuldigt werden muss. (3) In unseren westlichen Kulturen wird Fleisch als wichtiger Teil der Ernährung der Menschen geschätzt, aber das Leben der Tiere dient nur diesem Zweck; es gibt kein eigenes Lebensrecht der Tiere. (4) Die Alternative zwischen Religionskulturen mit Opfer und solchen ohne Opfer ist also nicht gleichzusetzen mit fleischessenden und vegetarischen Kulturen. (5) Opfer ist auch nicht zu reduzieren auf den Vorgang des Tötens und den Einsatz von Gewalt gegen Tiere. Vielmehr wird man Opfer als eine Form der Übermittlung (eines Teils) des Ertrags an Gott betrachten müssen, bevor es dann der Nahrung der Menschen dient. Damit ist es Teil der Kommunikation mit Gott, die in weiterem Zusammenhang religionswissenschaftlich als „Gabe" systematisch einzuordnen ist.[1] (6) Hier kommt auch das Thema der Bescheidenheit und des Verzichts und des Respekts in den Blick.

Was ich in diesem Beitrag besonders herausarbeiten möchte, ist weniger die religionsgeschichtliche Beschreibung des Opfers in der antiken mediterranen Welt,

---

* *In memoriam* Walter Burkert, Martin L. West und Robin Hägg, den herausragenden Gelehrten der griechischen Religion, die 2015 bzw. 2014 gestorben sind.

1 Systematisch entfaltet in meinem Handbuchbeitrag „Gift and Sacrifice", in: S. Engler/M. Stausberg (Hg.), The Oxford Handbook of the Study of Religion, Oxford 2016 (im Druck).

vielmehr will ich fragen, wie es zum Ende des Opfers noch innerhalb der antiken Welt kam, wie sich Religionen verändern nach dem Ende des Opfers und welche Macht das Bild des Opfers in der Moderne gewinnt, wenn der reale Vorgang des Opferns aus der Lebenswelt der entsprechenden Kulturen der Welt verdrängt ist. Das virtuelle Opfer wird zur Rechtfertigung von Kriegen und realer Gewalt, der Verlierer des fortschreitenden Kapitalismus (des „Fortschritts") und anderer Verheißungen der Zukunft, andererseits steht es, vermittelt über die Interpretationen des Todes Jesu, unter anderem als Opfer, für vielfältige Bilder der Haltungen und Handlungen christlicher Identität.

Das Thema ist so umfassend, dass ich hier nur einen Abriss der Fragen und Entwicklungen geben kann und mich bei den Anmerkungen beschränken muss auf Verweise, wo das spezifische Thema ausführlicher entfaltet ist.

2 Opfer: Das zentrale Ritual der mediterranen (antiken) Religionsgeschichte

Das Opfer lässt sich als eine *longue durée* in der mediterranen Religionsgeschichte beschreiben.[2] Schon in den frühesten Kulturen des Neolithikums finden sich Tempel und Altäre; bis in die Spätantike hinein gibt es Belege für das Ritual. Noch weiter in der Menschheitsgeschichte verankert sieht das Opfer die weiter unten besprochene These vom Menschen als *homo necans*, nämlich als das in Hunderttausenden von Jahren eingefleischte und habitualisierte Verhalten als Jäger. Die positive Rolle von Religion als Beendigung der Gewalt in den beiden Monographien von 1972, das duftende Festessen der französischen Meisterköche,[3] kippt um in die These von der Religion als Ursache der Gewalt. Die Altertumswissenschaften haben sich von den großen Theorien wieder zurück zur genauen Beschreibung des Rituals gewandt. Auch wenn die griechischen Rituale sehr genau untersucht

---

2 „Mediterrane Religionsgeschichte" hat Burkhard Gladigow eingeführt – im Unterschied zur europäischen Religionsgeschichte, die für ihn als verdichtete Religionskultur mit mitlaufenden Alternativen erst etwa 1450 beginnt, s. vor allem Anm. 24. C. Auffarth, [Mittelmeerstudien in der] Religionswissenschaft, in: M. Dabag/D. Haller/N. Jaspert/A. Lichtenberger (Hg.), Handbuch der Mediterranistik. Systematische Mittelmeerforschung und disziplinäre Zugänge (Mittelmeerstudien 8), München 2015, 417–430.

3 Gemeint ist mit den Meisterköchen: J.-P. Vernant/M. Detienne (Hg.), La cuisine du sacrifice en pays grec, Paris 1979, mit den Monographien: W. Burkert, Homo necans. Interpretationen altgriechischer Opferriten und Mythen (RVV 32), Berlin 1972 (amerikanische Übersetzung: Homo Necans. The Anthropology of Ancient Greek Sacrificial Ritual and Myth, Berkeley 1983), und R. Girard, La violence et le sacré, Paris 1972 (dt.: Das Heilige und die Gewalt, Frankfurt a.M. 1994).

sind, wurde in der Forschung statt eines einheitlichen Bildes mit Abweichungen immer deutlicher, dass die Rituale vor allem nach den archäologischen Befunden – weniger in der literarischen Überlieferung – so viele Eigenheiten aufweisen, dass die Einordnung und Normierung eines einheitlichen Rituals fraglich bis brüchig wird.[4] Weiter ist die erhebliche Differenz des römischen zum griechischen Opfer deutlich geworden. Die Kategorisierung der jüdischen Opfersystematik in Lev 11 gilt als ein anthropologisches Muster für die Rationalität der Semantik für Reinheit und Unreinheit bzw. Speisetabus.[5] Theologisch gewann unter der Prämisse einer durchgehenden Linie der Biblischen Theologie die Deutung des Opfers wie des Todes Jesu als „Sühne" eine prominente Bedeutung.[6] Auch dort ist – ein – Thema, wie die Gewaltspirale von Verletzen oder Töten und Rache durch Sakralisierung beendet wird.[7]

3 Wilder Ursprung: Die Rolle des Opfers für die Zähmung oder Entfesselung der Gewalt

Das Opfer als zentrales Element der antiken Religionen hat die Religionswissenschaft fasziniert,[8] seit sie das Ritual als die eigentliche „Sprache" der Religion

4 Eine Untersuchung der frühen Befunde bei B. Wilkens, Archeozoologie. Il Mediterraneo, la storia, la Sardegna, Sassari [2]2012; Religionswissenschaftliche Theorie-Texte bei J. Carter (Hg.), Understanding Religious Sacrifice. A Reader, London 2003; J.N. Bremmer, Greek Normative Animal Sacrifice, in: D. Ogden (Hg.), A Companion to Greek Religion, Oxford 2007, 132–144. Besonders die Untersuchungen von Gunnel Ekroth haben die Archäologie von den literarischen Zeugnissen differenziert, vgl. G. Ekroth/J. Wallensten (Hg.), Bones, Behaviour and Belief. The Zooarchaeological Evidence as a Source for Ritual Practice in Ancient Greece and beyond, Stockholm 2013, 15–30.

5 M. Douglas, Purity and Danger. An Analysis of Concepts of Pollution and Taboo, London 2003 ([1]1966), 42–58. Im Vorwort zur „Classics"-Ausgabe von 2003 schreibt sie aber über dieses Kapitel: „This is the place to confess to a greater mistake" (xiii). Das Tabu-Modell funktioniere hier nicht. Gott schuf keine abscheulichen Tiere. Die Speiseregeln folgten den Regeln für Opfertiere: „The dietary laws intricately model the body and the altar upon one another" (xvi).

6 Nach Hartmut Gese und Peter Stuhlmacher besonders B. Janowski, Sühne als Heilsgeschehen. Traditions- und religionsgeschichtliche Studien zur Sühnetheologie der Priesterschrift (WMANT 55), Neukirchen-Vluyn 1982 ([2]2000). Die erste Auflage kündigte noch einen zweiten Band an.

7 Jonathan Z. Smith nannte das „The Domestication of Sacrifice", s. seinen gleichnamigen Artikel in: R.G. Hamerton-Kelley (Hg.), Violent Origins. Ritual Killing and Cultural Formation, Stanford 1987, 278–304 (wieder in Carter, Religious Sacrifice [s. Anm. 4], 325–341).

8 F. Graf, One Generation after Burkert and Girard: Where Are the Great Theories? In: C.A. Fara-

verstanden zu haben glaubte.[9] Bis dahin verstand sowohl die Religionsgeschichte wie die britische Anthropologie das Opfer im Rahmen der Kulturentwicklung oder Evolution als Paradigma für die „primitive" Stufe, die das Christentum und die moderne Zivilisation überwunden haben. Die Entdeckung des Rituals brachte gleichzeitig zwei Deutungsmuster in das Reden über Religion: Religion ist etwas Archaisches, Urtümliches, von Kultur nicht Gezähmtes im Menschen. Religion ist demnach nicht das, was die Theologen und Philosophen darunter verstehen wollen: ethisches Verhalten und seine Letztbegründung im Transzendenten, Respekt vor dem Unendlichen: also höchste Sublimation!

Mit der Schilderung *eines* Opfers dreht sich der Diskurs geradezu ins Gegenteil. Statt Stolz über die Überwindung des Opfers, der Gewalt anwendenden „alten" Religion, fordert nun die Erzählung vom Opfer das Ende der Religion überhaupt. Religion sei im Ursprung und im Wesen ein vorbewusstes Verhalten, das mit den Trieben der Menschen als Naturwesen in Beziehung steht.[10] Die Erzählung machte daraus den Skandal! Eine „Ursituation" wird zum Muster für Religion, das Beispiel schlechthin, gewissermaßen die „Ursünde".[11]

> Ein christlicher Einsiedler, Nilus, erzählt um 400 n.Chr. von seiner Lebenssituation: Er, der um der Religion willen die Annehmlichkeiten und Verlockungen der Stadt

---

one/F.S. Naiden (Hg.), Greek and Roman Sacrifice. Ancient Victims, Modern Observers, Cambridge 2012, 32–51. Der folgende Abschnitt nimmt auf, was auf Französisch publiziert ist: C. Auffarth, Le rite sacrificiel antique. La longue durée et la fin du sacrifice (übersetzt von Aurian Delli Pizzi), Kernos 25 (2012), 297–303.

9 J.N. Bremmer, „Religion", „Ritual" and the Opposition „Sacred vs. Profane". Notes Towards a Terminological „Genealogy", in: F. Graf (Hg.), Ansichten griechischer Rituale (FS W. Burkert), Stuttgart 1998, 9–32; weiter ders., Myth and Ritual in Ancient Greece. Observations on a Difficult Relationship, in: R. von Haehling (Hg.), Griechische Mythologie und Frühchristentum, Darmstadt 2005, 21–43.

10 S. Freud, Totem und Tabu. Einige Übereinstimmungen im Seelenleben der Wilden und der Neurotiker (1912/1913), in ders., Fragen der Gesellschaft. Ursprünge der Religion (Freud-Studienausgabe, Bd. 9), Frankfurt a.M. 1974, 287–444: 418: „Das Opfer – die heilige Handlung κατ' ἐξοχήν (*sacrificium*, ἱερουργία) – bedeutet aber ursprünglich etwas anderes, als was spätere Zeiten darunter verstanden: die Darbringung an die Gottheit, um sie zu versöhnen oder sich geneigt zu machen. (Von dem Nebensinn der Selbstentäußerung ging dann die profane Verwendung des Wortes aus. [...] Das Opfer war nachweisbar zuerst nichts anderes als ‚*an act of social fellowship between the deity and his worshippers*' [W.R. Smith, Lectures on the Religion of the Semites. The Fundamental Institutions, London ²1894, 224], ein Akt der Geselligkeit, eine Kommunion der Gläubigen mit ihrem Gotte." Der ganze Abschnitt (417–424) beruht auf dem genannten Werk von Smith.

11 Freud, Totem und Tabu (s. Anm. 10): „Das Tieropfer ist aber älter als der Ackerbau" (418). Fleisch und Blut genossen: „älter als der Gebrauch des Feuers" (419).

> verlassen hat, wird andauernd verfolgt und überfallen von den arabischen Nomaden in der Wüste. Um zu verdeutlichen, welche Barbaren ihn da verfolgen, schildert [Pseudo-]Nilus eine emotional erregende, abscheuliche Begegnung. Die Nomaden auf dem Sinai sind in höchste Not geraten: Sie sind am Verhungern. Was tun? Verhungern oder das einzig Essbare verspeisen, das Kamel? Ein Tier, das ihnen heilig ist, ihr Totem; sie dürften es nicht „ermorden".[12] Da stürmen die Nomaden kollektiv los. Sie zerreißen das Tier mit bloßen Händen, stopfen das rohe Fleisch gierig in sich hinein. Keiner ist individuell schuld, sie tun es gemeinsam und gleichzeitig. Das gemeinsame Vergehen am Tabu schweißt die Gruppe zusammen.[13]

Die polemische Erzählung wird zum Referenztext für Opfer in seiner „ursprünglichen" Form. Die Griechen hätten sich beim Opfer ebenso als „Ochsenmörder" (Buphonien, βουφόνοι)[14] verstanden.[15] William Robertson Smith vergleicht das christliche Abendmahl seiner schottischen christlichen Zeitgenossen damit: Auch sie essen ihr Totem (Christus).[16] Was für Araber und Semiten noch orientalistisch gebrochen erscheint, wird in der Folge allgemein menschlich. Sigmund Freud erkennt Übereinstimmungen im religiösen Ritual (sowohl der Primitiven wie dem seiner Zeitgenossen) mit dem Wiederholungszwang der Neurotiker und kann so eine prinzipielle Abkehr von Religion als einem pathologischen Verhalten fordern.[17] Die Antike wird vom klassischen Vorbild zum wilden und dunklen Gegenbild, Friedrich Nietzsche, Jane Harrison, Martin Nilsson stürzen das Bild von der „edlen Einfalt und stillen Größe" der Griechen und beobachten die dunkle Seite

---

12 W.R. Smith, Die Religion der Semiten, Freiburg i.Br. 1899, 162–182.262f. „Tabu" (an heiligen Tieren) verwendet Smith, ibid., 187–189; „Totem" als „Götter", 99–101; Essen des Totems als Tabubruch, 217.226f.

13 Vgl. Ps.-Nilus, *Narrationes de caede monachorum in monte Sinai* 3 (PG 79, 612B–614C); benutzt ist die Ausgabe von M. Link, Die Erzählung des Pseudo-Neilos. Ein spätantiker Märtyrerroman. Einleitung, Text, Übersetzung, Kommentar (BzA 220), München 2005.

14 Freud, Totem und Tabu (s. Anm. 10), 422, zitiert dafür Smith, Religion of the Semites (s. Anm. 10), 304.

15 Von W. Burkert, Homo necans (s. Anm. 3), 154–161, mit allem gräzistischen Können bestätigt, während A. Henrichs, Gott, Mensch, Tier. Antike Daseinsstruktur und religiöses Verhalten im Denken Karl Meulis, in: F. Graf (Hg.), Klassische Antike und neue Wege der Kulturwissenschaften. Symposium Karl Meuli (Beiträge zur Volkskunde 11), Basel 1992, 129–167, den Wortteil -φόνος entschärft: kein Mord!

16 Dazu B. Maier, William Robertson Smith. His Life, His Work and His Times (FAT 67), Tübingen 2009, 258–269; M. Wheeler-Barclay, The Science of Religion in Britain, 1860–1915, Charlottesville, Va. 2010.

17 Freud, Totem und Tabu (s. Anm. 10), 430.438.

der Kultur und Religion.[18] Der „wilde Ursprung“[19] des Rituals wird zum Schlüssel von Religion überhaupt; der Mensch wird zum *homo necans*.[20] Doch bei Walter Burkert (und bei René Girard) wird daraus eine Kulturtheorie, die dem Opfer als Ritual eine kanalisierende Wirkung zuschreibt: Dank des Opferrituals wird die drohende intraspezifische Aggression abgeleitet auf das Tier. Statt sich gegenseitig zu töten, schlachten die Menschen das Opfertier – nicht im Blutrausch, sondern ehrfürchtig zurückhaltend. Burkert und (der Literaturwissenschaftler) Girard entwickelten gleichzeitig eine ähnliche Theorie zum Opferritual unter den Gesichtspunkten Schuld, Nachahmung, Aggressionsableitung.[21] Breiter und systematischer ist die Interpretation des Opfers als Ordnung und Aufführung der sozialen Hierarchie einer Gruppe.[22] Man kann diese großen Thesen lesen als wissenschaftliche Analyse historischer Sachverhalte, man kann sie aber – und das tue ich hier – als Diskurs in der europäischen Religionsgeschichte verstehen.

4 Longue durée, Ursprung und Entwicklung

Mit der Fokussierung auf den Ursprung des Opfers (als der zentralen Handlung von Religion) vor jeder Kultur verknüpft sich eine Kulturtheorie, die den „Urmenschen in der Spätkultur“ eigentlich nicht geeignet erscheinen lassen für die moderne Welt.[23] Somit galt das Interesse der genetischen Ausstattung des Naturwesens Mensch im Zusammenhang mit den Primaten und anderen Herden-Lebe-

18 Der Kontext bei H. Cancik, Nietzsches Antike, Stuttgart 1995.

19 So nannte Glen Most die von ihm herausgegebene Sammlung kleiner Schriften W. Burkerts: Wilder Ursprung. Opferritual und Mythos bei den Griechen, Berlin 1991.

20 Burkert, Homo necans (s. Anm. 3).

21 Girard, La violence (s. Anm. 3); ders., Des choses cachées depuis la fondation du monde, Paris 1978 (dt.: Das Ende der Gewalt. Analyse des Menschheitsverhängnisses, Freiburg i. Br. 2009); Katholisch-theologisch ausgeführt von R. Schwager, Brauchen wir einen Sündenbock? Gewalt und Erlösung in den biblischen Schriften, München 1978.

22 B. Gladigow, Die Teilung des Opfers. Zur Interpretation von Opfern in vor- und frühgeschichtlichen Epochen, Frühmittelalterliche Studien 18 (1984), 19–43.

23 Die Thesen von A. Gehlen, Der Mensch. Seine Natur und seine Stellung in der Welt, Berlin 1940, und Urmensch und Spätkultur, Bonn 1956, finden sich teilweise wieder bei W. Burkert, The Creation of the Sacred. Tracks of Biology in Early Religions (Gifford Lectures 1989), Cambridge, Mass. 1996 (dt.: Kulte des Altertums. Biologische Grundlagen der Religion, München 1998), wie etwa die These von der „Reizüberflutung“: die moderne Welt überfalle die Menschen mit so vielen Reizen gleichzeitig, dass sie sie zu verarbeiten nicht in der Lage seien. Zum Problem W. Brede, Art. Mängelwesen, in: HWPh 5 (1980), 712f.

wesen im Rahmen der theoretischen Biologie.[24] Was sind die 10.000 Jahre seit der ersten Stadt, was die wenigen Zehntausende seit den Erfolgen des Ackerbaus und der Sesshaftigkeit – gemessen an den Hunderttausenden jägerischer Existenzweise? Aber stimmt das überhaupt mit der Kontinuitätsthese des *homo necans* vom Jäger zum Opfernden?[25] Wie gehört dazu die Aufhebung, also die Erlaubnis zur intraspezifische Aggression, wenn Männer zum Krieger werden, zum *homo publice necans*?[26] Wenn die französische Geschichtswissenschaft drei Dynamiken der historischen Veränderung unterscheidet, so kann das Opfer als *longue durée* gelten.[27] Religion zählt als *mentalité* nach dem Verständnis der *école des annales* zu den Elementen der *longue durée*, aber diese Einordnung kann, anders als die genetisch-biologische Perspektive, auch Veränderungen und die vielfältigen Unterschiede des Opferkultes denken.

Die Engführung und Einseitigkeit dieses Zugangs zum Opfer zeigt sich noch an anderen Verkürzungen: Das Opfer wird auf das blutige Tieropfer eingegrenzt, andere Formen der Gaben an die Gottheit werden davon getrennt als Libation, Voropfer,[28] Weihrauch, Weihgeschenk, Geldopfer, Stiftungen, das Weihrelief.[29] Mit der Systematik der Gabenökonomie als Religionsökonomie kommen noch Beschreibungsebenen hinzu, die die kulturelle Formung des Opfers als Teil der Kommunikation mit dem Unverfügbaren, Nicht-Machbarenden in den Blick nehmen.[30]

---

24 W. Burkert, Structure and History in Greek Mythology and Ritual (Sather Lectures 47), Berkeley 1979; ders., Creation of the Sacred (s. Anm. 23).

25 B. Gladigow, Ovids Rechtfertigung der blutigen Opfer. Interpretationen zu Ovid. *fasti* I 335–456, Der Altsprachliche Unterricht 14,3 (1971), 5–23.

26 B. Gladigow, *Homo publice necans*. Kulturelle Bedingungen kollektiven Tötens, Saeculum 37 (1986), 150–165.

27 B. Gladigow, Elemente einer *longue durée* in der mediterranen Religionsgeschichte, in: U. Pietruschka (Hg.), Gemeinsame kulturelle Codes in koexistierenden Religionsgemeinschaften. Leucorea-Colloquium Mai 2003 (Hallesche Beiträge zur Orientwissenschaft 38), Halle 2005, 151–171.

28 M.-Z. Petropoulou, Animal Sacrifice in Ancient Greek Religion, Judaism, and Christianity, 100 BC–AD 200 (OCM), Oxford 2008, 38 Anm. 24, besteht auf „the non-autonomous character of non-animal sacrifice". S. Eitrem, Opferritus und Voropfer der Griechen und Römer, Kristiania 1915 (Neudruck Hildesheim 1977), nannte sie Voropfer auch dann, wenn kein blutiges Tieropfer folgte.

29 Sprachliche Untersuchung des ganzen Feldes bei J. Casabona, Recherches sur le vocabulaire des sacrifices en grec des origines à la fin de l'époque classique, Aix-en-Provence 1966; C. Auffarth, Für die Götter – für die Katz? Aspekte der Religionsökonomie im antiken Griechenland, in: H.G. Kippenberg/B. Luchesi (Hg.), Lokale Religiongeschichte, Marburg 1995, 259–272.

30 Auffarth, Gift and Sacrifice (s. Anm. 1).

Kurz: Was die (europäische) Wissenschaft als „das Opfer" zusammenfasst oder ausschließt, muss in seiner Verschiedenartigkeit, seinen vielfältigen Funktionen zu verschiedenen Zeiten, für je unterschiedliche Gottheiten und Rituale an den einzelnen Orten differenziert werden. Opfer hat eine Geschichte.[31] Die umschließt auch das Weiterdenken und Weiterhandeln, als das sakrale Opfer nicht mehr praktiziert wurde.

5 Das Ende des Opfers: aufgezwungen oder abgelaufen und transformiert?

Und dabei gibt es den großen Einschnitt: Die *longue durée* bricht ab. Es wird nicht mehr geopfert. Das Ende des Opfers ist einer der größten Einschnitte in der Religionsgeschichte verschiedener Kulturen, etwa im Buddhismus. Karl Jaspers nannte das die Achsenzeit. Das Ende des Opfers als religiöses Ritual enthält eine hohe Bedeutung für das Selbstverständnis der verschiedenen Religionen. In der europäischen Religionsgeschichte gewinnt jedoch das Opfer eine neue, fundamentale Bedeutung – aus dem christlichen Selbstverständnis erwachsen, aber auch ohne Religion transportiert – für das Bewusstsein westlicher Moderne (die wiederum Teil der europäischen Religionsgeschichte ist): Eine zweite Geschichte des Opfers beginnt.

Maria-Zoe Petropoulou spricht das in dem Vorwort zu ihrem Buch an:[32] Als Griechin christlich (griechisch-orthodox) erzogen, lernte sie, dass Opfern etwas ist, was die Juden des Alten Testaments getan haben, aber die Christen haben das abgelehnt, ja das Christentum entstand als Ablehnung des blutigen Opfers. Erst später wurde ihr klar, dass auch die „heidnischen" Griechen, also „ihre Vorfahren", nicht nur Marmortempel bauten, sondern dort auch opferten.

Die ideologische These behauptet, der Eintritt des Christentums in die antike Religionsgeschichte habe das Ende des Opfers herbeigeführt; erst als Verweigerung, dann als polemischer Angriff, dann als gewaltsame Unterbindung, als das Christentum zur Staatsreligion wurde. Diese These wurde verschärft durch die

31 „As regards to historical approaches to sacrifice [...] one could clearly state that historical theories on sacrifice are missing" (Petropoulou, Animal Sacrifice [s. Anm. 28], 27). Mittlerweile ist eine beschreibende Monographie erschienen, die nicht nur auf das griechische Opfer bezogen ist (aber auch nicht klar das römische vom griechischen unterscheidet): F.S. Naiden, Smoke Signals for the Gods. Ancient Greek Sacrifice from the Archaic through Roman Periods, Oxford 2013; Vgl. meine Rezension in: Historische Zeitschrift 299 (2014), 425f.

32 Petropoulou, Animal Sacrifice (s. Anm. 28), v–x.

Interpretation, dass nicht Menschen die Gewalt einsetzten, sondern Gott selbst eingriff. Die Juden seien für die Tötung des Christus bestraft worden durch (1) die Zerstörung des Ortes, wo sie bis dahin opfern konnten. Und damit wurden sie (2) dazu gezwungen, was die Christen aus Überzeugung taten: zum Ende des Opferkultes. Zwar geschah die Zerstörung des Jerusalemer Tempels knapp 40 Jahr nach der Kreuzigung, im Jahre 70 n.Chr. durch die Römer, aber die gerechte Strafe für den „Gottesmord" war schon vorher angekündigt.[33]

Die protestantische Interpretation beschrieb in der „Prophetenanschlusstheorie" die evangelische Religion als das Gegenteil von Ritual: Die Propheten repräsentieren das lebendige Wort Gottes; Juden und Katholiken die mumifizierten Rituale.

Burkert wuchs im fränkisch-lutherischen Milieu auf. Das gemeinsame Mahl, im Ritual das „Abendmahl", erlebte er als Ritual, das mit Sünde und Schuld verbunden ist. Während Karl Meuli das jägerische Ritual, die Tierskelette wieder herzustellen, 1946 als „Unschuldskomödie" verstand, wertete Burkert das Ritual als Ochsenmord.[34] Auch wenn er dann die positive Wertung der Aggression als lebensnotwendiges Verhalten von Konrad Lorenz übernahm, kommt er im Schluss auf Religion als Ende der (intraspezifischen) Gewalt. – Girard kommt zu dem gleichen Schluss: In seinem Fall ist zwar schon das Opfer (besonders der Sündenbock[35]), erst recht aber das Christentum das Ende der Gewalt. Für ihn konnte Ivan Strenski zeigen, dass sein Verständnis vom christlichen Ritual aus der schwarzen (katholischen) Romantik stammt mit ihren blutigen und gewalttätigen Metaphern.[36]

Soweit die christliche Ideologie für das Ende des Opfers im Judentum. Wie aber ist das religionshistorisch zu bewerten? Wie entwickelte sich die Einstellung und Praktizierung des Opferns einerseits und die Ablehnung andererseits? Ablehnung

---

33 Die Christen feiern an einem Sonntag im Sommer – nicht weit entfernt von dem entsprechenden Trauertag der Juden am 9. Av – einen Gedenktag, an dem sie an die Zerstörung des Zweiten Tempels erinnern: C. Auffarth, Christliche Festkultur und kulturelle Identität im Wandel. Der Judensonntag, in: B. Kranemann/T. Sternberg (Hg.), Christliches Fest und kulturelle Identität Europas, Münster 2012, 30–47.

34 Dazu oben Anm. 15.

35 Siehe die umfassende Aufnahme und Weiterentwicklung durch den katholischen Theologen Raymund Schwager, darunter sein Buch „Brauchen wir einen Sündenbock?" (s. Anm. 21).

36 I. Strenski, At Home with René Girard, in: ders., Religion in Relation. Method, Application, and Moral Location, Columbia, S.C. 1993, 202–216; ders., Contesting Sacrifice. Religion, Nationalism, and Social Thought in France, Chicago 2002, mit Bezug auf J. de Maistre (1753–1821), Les soirées de Saint-Pétersbourg ou entretiens sur le gouvernement temporel de la providence suivis d'un traité sur les sacrifices, Lyon 1854, sowie F.R. Chateaubriand (1968–1848), Le génie du christianisme, Paris 1802.

und Kritik am Opfer gab es sowohl innerhalb der eigenen religiösen Tradition als auch gegenüber den Ritualen der anderen Religionen. In der Pluralität von Religionen in den antiken Städten wohnten Griechen, (Römer), Juden und Christen so nahe beieinander und gingen miteinander um, dass „Religion unumgänglich" war. Alle drei Religionen sind Teil der Polisreligion bzw. der römischen Reichsreligion, d.h. sie können nicht als getrennte Religionen in einem kulturellen Raum je für sich betrachtet werden.[37] In allen drei Traditionen kann man eine Entwicklung beobachten, die zunächst noch Kultkritik und Praxis nebeneinander kennt. Das heißt Kultkritik führt nicht zur Beseitigung der Praxis des Opferns.[38] Allenfalls zu Reformen oder besserer Begründung. – Dann aber ist ein langsamer Übergang weg vom Tieropfer als zentralem Ritual der Religion hin zu einem anderen Verständnis von Religion zu erkennen. Religion wird weniger öffentlich. Sie verlagert sich in Familie und Haus, in Gruppen und Versammlungshäuser, Mysterienvereine. Das Opfern wird teils noch praktiziert, verliert aber mehr und mehr an Alltagsbedeutung oder wird zum Fanal des Widerstandes. Und wird schließlich in *allen* Traditionen aufgegeben, bei Christen, Juden und in den klassischen Kulten. Das weist Petropoulou in ihrem Buch in den jeweiligen religiösen Traditionen nach. Also nicht: die Juden und die Heiden wurden schließlich gezwungen, das Opfern aufzugeben unter dem Vorbild und unter Gewaltanwendung der Christen. Als Kaiser Julian mit seiner paganen Konterrevolution versuchte, das blutige Tieropfer wieder einzuführen, fanden auch seine Freunde und Anhänger das scheußlich und abstoßend.[39] Die Zeit des Opferns war vorbei, jedenfalls in der städtischen Religion. Das heißt: Das Ende des Opfers kommt aus den religiösen Traditionen her-

---

37 Für das Judentum auch in Palästina hat Martin Hengel eine tiefgreifende Hellenisierung festgestellt: Judentum und Hellenismus. Studien zu ihrer Begegnung unter besonderer Berücksichtigung Palästinas bis zur Mitte des 2. Jahrhunderts vor Christus (WUNT 10), Tübingen 1968; vgl. M. Ebner, Das Urchristentum in seiner Umwelt, Bd. 1: Die Stadt als Lebensraum der ersten Christen (GNT NS 1,1), Göttingen 2012; dazu meiner Rezension unter http://buchempfehlungen.blogs.rpi-virtuell.net/2013/11/28/die-stadt-als-lebensraum-der-ersten-christen.

38 B. Gladigow, Opferkritik, Opferverbote und propagandistische Opfer, in: E. Stavrianopoulou/A. Michaels/C. Ambos (Hg.), Transformations in Sacrificial Practices. From Antiquity to Modern Times (Performanzen 15), Münster 2008, 263–287; C. Auffarth, „Euer Leib sei der Tempel des Herrn". Religiöse Sprache bei Paulus, in: D. Elm-von der Osten/J. Rüpke/K. Waldner (Hg.), Texte als Medium und Reflexion von Religion im Römischen Reich (Potsdamer altertumswissenschaftliche Beiträge 14), Stuttgart 2006, 63–80.

39 So die Kritik eines seiner Anhänger, des Historikers Ammianus Marcellinus (22,12,6); N. Belayche, Sacrifice and Theory of Sacrifice during the Pagan Reaction. Julian the Emperor, in: A.I. Baumgarten (Hg.), Sacrifice in Religious Experience (SHR 93), Leiden 2003, 101–126; dazu F. Graf, A Satirist's Sacrifices. Lucian's On Sacrifices and the Contestation of Religious Traditions, in: J.W. Knust/Z. Várhelyi, Ancient Mediterranean Sacrifice, New York 2011, 203–213.

aus und ist nicht durch Gewalt von außen, von einer anderen Religion verursacht; in einzelnen Fällen allerdings veranlasst und beschleunigt.[40]

Das hat verschiedene Konsequenzen und Weiterungen. Jedenfalls mussten sich die religiösen Traditionen in erheblichem Umfang neu aufstellen.

In dem Maße wie das Opfer aus der religiösen Praxis allmählich verschwindet, wird das Opfer zum Thema der Metaphorik, der intellektuellen Auseinandersetzung, der Literatur. Griffig ausgedrückt in dem Bild „rituals in ink".[41] Neben der oben bereits beschriebenen Metamorphose der Religion, wenn das Opferritual eher verschwindet als von außen verhindert und beendet wird, ist diese zweite Geschichte des Opfers für die europäische Religionsgeschichte ein wichtiger Vorgang. Die Transformation der Religion in der Spätantike im Zusammenhang mit dem „Ende des Opferkultes" hat Guy Stroumsa in seinen Vorlesungen am *Collège de France* (2004) beschrieben.[42] Zu Recht machte er darauf aufmerksam, dass die Transformation im Judentum nicht von außen aufgezwungen, sondern Teil einer inneren Umorientierung des Judentums darstellen. Dabei ist diese Transformation schon bei der Zerstörung des ersten Tempels 587 v.Chr. eingeleitet, ja dem geht noch eine Generation voraus, das Programm der Joschijanischen Kultreform: Wenn nur noch im Tempel von Jerusalem Opfer ausgeführt werden dürfen, dann ist die Religion für fast alle Juden bereits eine Religion ohne blutiges Opfer – von der Wallfahrt nach Jerusalem abgesehen.[43] Die Zentrierung auf das geschriebene Gebot vom „Sinai" steht neben, aber auch in Konkurrenz zum Tempel auf dem „Zion". Stroumsa beschreibt die Transformation – etwas einseitig – vor allem als Intellektualisierung und Individualisierung unter dem Modell des Rabbis. Die Transformation des Judentums nach dem Zweiten Tempel ist aber viel umfassender. Anderes, wie die Bedeutung der Familie (und dort die Mutter als Trägerin der Religion) und den Synagogengottesdienst, wird man hinzunehmen müssen. Und diese jüdische Transformation steht im Kontext (bei Stroumsa: Avantgarde) der

---

40 Bremmer, Animal Sacrifice (s. Anm. 4).

41 Elm-von der Osten/Rüpke/Waldner, Texte als Medium und Reflexion (s. Anm. 38); A. Barchiesi/J. Rüpke/S. Stephens (Hg.), Rituals in Ink. A Conference on Religion and Literary Production in Ancient Rome Held at Stanford University in February 2002 (Potsdamer altertumswissenschaftliche Beiträge 10), Stuttgart 2004.

42 G.G. Stroumsa, La fin du sacrifice, Paris 2005 (dt.: Das Ende des Opferkultes, Berlin 2011); vgl. meine Rezension unter http://buchempfehlungen.blogs.rpi-virtuell.net/2011/12/30/das-ende-des-opferkults-die-religiosen-mutationen-der-spatantike-von-guy-g-stroumsa/.

43 B. Ego/A. Lange/P. Pilhofer (Hg.), Gemeinde ohne Tempel. Zur Substituierung und Transformation des Jerusalemer Tempels und seines Kults im Alten Testament, antiken Judentum und frühen Christentum (WUNT 118), Tübingen 1999. Darin u.a. F. Siegert, Die Synagoge und das Postulat des unblutigen Opfers (335–356).

Transformation der anderen religiösen Traditionen in der Religion des Römischen Reiches: die λογικὴ θυσία etwa ist eine viel benutzte Metapher.[44] Die „Mysterien" bilden ein Modell für die Transformation.[45]

Und umgekehrt spielt die Metapher des Opfers eine enorme Rolle, als der Opferkult nicht mehr praktiziert wurde, etwa bei der Sinngebung für den Tod Jesu.[46] Eine Historisierung der Untersuchungen zum Opferkult hat begonnen: in den unterschiedlichen Medien, besonders den bildlichen Darstellungen,[47] in der Literatur, im Recht,[48] religionshistorisch.[49] Für die christliche Übernahme des Bildes/der Metapher des Opfers kommen eher westliche Christ-Gläubige in Betracht als palästinische oder ost-mediterrane.[50]

44 Grundsätzlich H. Seiwert, Art. Opfer, in: Handbuch religionswissenschaftlicher Grundbegriffe 4 (1998), 268–284: 283. Die Bücher über Opfer mit Bezug auf die Ablehnung des blutigen Opfers durch die Christen sind nicht zu zählen, nur ein paar neuere: G. Heyman, The Power of Sacrifice. Roman and Christian Discourses in Conflict, Washington, D.C. 2007; A. Angenendt, Die Revolution des geistigen Opfers. Blut – Sündenbock – Eucharistie, Freiburg i.Br. 2011; A.W. Astell/S. Goodhart (Hg.), Sacrifice, Scripture, and Substitution. Readings in Ancient Judaism and Christianity, Washington, D.C. 2011; D.C. Ullucci, The Christian Rejection of Animal Sacrifice, New York 2012; B. Schmitz, Vom Tempelkult zur Eucharistiefeier. Die Transformation eines Zentralsymbols aus religionswissenschaftlicher Sicht (SOKG 38), Berlin 2006.

45 C. Auffarth, Art. Mysterien (Mysterienkulte), in: RAC 25 (2013), 422–471.

46 Zum Tod Christi und die Bedenken gegen die Interpretation als „Opfer" s. H.S. Versnel, Making Sense of Jesus' Death. The Pagan Contribution, in: J. Frey/J. Schröter (Hg.), Deutungen des Todes Jesu im Neuen Testament, Tübingen 2005, 213–294; anders A. Bendlin, Anstelle der anderen sterben. Zur Bedeutungsvielfalt eines Modells in der griechischen und römischen Religion, in: J.C. Janowski/B. Janowski/H.P. Lichtenberger (Hg.), Stellvertretung. Theologische, philosophische und kulturelle Kontexte, Bd. 1, Neukirchen-Vluyn 2006, 9–41.

47 N. Himmelmann, Tieropfer in der griechischen Kunst, Opladen 1997; F.T. van Straten, Hierà kalá. Images of Animal Sacrifice in Archaic and Classical Greece (RGRW 127), Leiden 1995; O. Hekster u.a. (Hg.), Ritual Dynamics and Religious Change in the Roman Empire (Impact of Empire 9), Leiden 2009, darin bes. E.A. Hemelrijk, Women and Sacrifice in the Roman Empire (253–267), und G. Schörner, Neue Bilder für alte Rituale. Die Saturn-Stelen als Kultmedien im römischen Nordafrika (285–306); G. Schörner, Bilder vom Opfern. Zur Erzählweise von Ritualdarstellungen im römischen Kleinasien, in: M. Meyer/D. Klimburg-Salter (Hg.), Visualisierungen von Kult, Wien 2014, 356–389.

48 C. Ando/J. Rüpke (Hg.), Religion and Law in Classical and Christian Rome (Potsdamer altertumswissenschaftliche Beiträge 15), Stuttgart 2006.

49 Knust/Várhelyi, Ancient Mediterranean Sacrifice (s. Anm. 39).

50 R.J. Daly, The Origins of the Christian Doctrine of Sacrifice, Philadelphia 1977; ders., The Power of Sacrifice in Ancient Judaism and Christianity, JRitSt 4 (1990), 181–198.

6 Hekatomben von Opfern: Sakralisierung von Gewalt und Gewalt als das Heilige der Moderne: Europäische Religionsgeschichte im 20. Jahrhundert

Vieles wäre zu sagen, oder besser: zu untersuchen zur Geschichte des Opfers nach dem Ende des Opfer*rituals*. Die Wissenschaftsgeschichte des Opfers in der Religionswissenschaft machte schon deutlich, wie um 1900 die identitäre Zustimmung zur These, Religion sei das Ende der Gewalt, umschlägt. Im Widerspruch dazu formuliert der neue Diskurs, Religion halte die Sakralisierung und Legitimation von Gewalt bereit.[51] Der alte James G. Frazer beispielsweise behauptete in seinen Aphorismen, die Menschen würde sich nie zu einem Krieg hergeben, wenn ihnen nicht versprochen würde, dadurch würden sie unsterblich.[52] Seine fundamentale Religionskritik führte ihn zu diesem naiven Schluss. Der wissenschaftliche Diskurs ist jedoch Teil und Spiegel der Religionsgeschichte der Moderne. Die Erfahrungen der religiösen Legitimation und Bemäntelung des Ersten Weltkrieges zeigen, dass Religion im Krieg dazu diente, den toten Krieger als „Opfer" zu stilisieren und dass er damit eines sinnvollen Todes gestorben sei. Ein humanistischer Pastor stemmte sich heftig gegen eine Theologie des Krieges, beschrieb ihn gar als Verbrechen an der Menschheit, aber angesichts der trauernden Familien konnte er nicht von einem sinnlosen Tod des individuellen Toten sprechen.[53] Die Metapher des Opfers half – über die christliche Religion hinaus[54] – dem Sterben einen Sinn zu verleihen. Dabei spielt eine wichtige Rolle die neu-humanistische Identifikation mit der Antike, etwa in Schillers „Wanderer, kommst Du nach Sparta, verkündige

---

51 Die neue Diskussion um Religion und Gewalt kümmert sich zu wenig um die älteren Diskurse. Etwa M. Juergensmeyer/M. Kitts/M. Jerryson (Hg.), The Oxford Handbook of Religion and Violence, Oxford 2013. Zu beachten wäre das epochale Buch von G. Sorel, Réflexions sur la violence, Paris 1908 (dt.: Über die Gewalt, Innsbruck 1928, Frankfurt a.M. 1969 [Theorietext der Achtundsechziger!], Lüneburg 2007).

52 J.G. Frazer, Man, God, and Immortality. Thoughts on Human Progress, London 1927 (dt.: Mensch, Gott und Unsterblichkeit. Gedanken über den menschlichen Fortschritt, Leipzig 1932).

53 Ausführlich C. Auffarth, Religion in Bremen im Ersten Weltkrieg. Zuspruch und Widerspruch, in: L. Scholl (Hg.), Bremen und der Erste Weltkrieg. Kriegsalltag in der Hansestadt (Jahrbuch der Wittheit 2012/13), Bremen 2014, 146–160.

54 H. Cancik-Lindemaier, Opfer. Religionswissenschaftliche Bemerkungen zur Nutzbarkeit eines religiösen Ausdrucks, in: H.-J. Althaus/H. Cancik-Lindemaier/K. Hoffmann-Curtius/U. Rebstock (Hg.), Der Krieg in den Köpfen (Untersuchungen des Ludwig-Uhland-Instituts der Universität Tübingen 73), Tübingen 1989, 109–120; dies., Opfersprache. Religionswissenschaftliche und religionsgeschichtliche Bemerkungen, in: G. Kohn-Waechter (Hg.), Schrift der Flammen. Opfermythen und Weiblichkeitsentwürfe im 20. Jahrhundert, Berlin 1991, 38–56.

dorten, Du habest uns liegen gesehen, wie das Gesetz es befahl."[55] Und über die klassische Antike hinaus, die Archaisierung des Opferrituals (in dem neuen Opfer-Gewalt-Diskurs), etwa im 1913 uraufgeführten „Le sacre du printemps".[56] Aus der christlichen Tradition und der Deutung des Todes Jesu als Opfer wurde die Pflicht jedes Mannes abgeleitet, (1) im Krieg sein Leben stellvertretend einzusetzen für die Familie und mehr noch für das Volk. (2) Dass „Opfer" im Deutschen anders als das Lateinische und Englische nicht zwischen Aktiv und Passiv unterscheidet, zwischen *sacrificium/sacrifice* und *hostia* bzw. *victima/victim*, erweist sich als fatal: Der sich zum (potentiellen) Opfer anbietet, macht die gegnerischen Krieger zum Opfer. (3) Das Opfer ist notwendig nach der Satisfaktionslehre (die erst durch Anselm von Canterbury eingeführt wurde: Gott muss durch ein Opfer befriedigt werden, sonst müsste jeder Mensch als Sünder sterben). Jetzt ist aber nicht mehr Gott der Empfänger, sondern die Nation. (4) Der Totengedenktag am Kriegerdenkmal als Opfertod auf dem „Altar des Vaterlandes" (wie das seit den anti-napoleonischen Freiheitskriegen zur Metapher wurde) war zu einem wesentlichen Element der Zivilreligion des 19. Jahrhunderts geworden.[57] Dies, der unerbittliche Gott, der auf Opfern besteht, ließe sich auch in anderen Bereichen nachvollziehen. Der Fortschritt, der Verkehr ... Doch ich beschränke mich hier auf den Bereich der am meisten religiös aufgeladen ist.

Was in der Kriegstheologie des Ersten Weltkriegs nationalprotestantisch (und zum großen Teil, etwas abgeändert, auch katholisch und sozialistisch) durch die Opfermetapher zur Ideologie verdichtet war, konnten die Nationalsozialisten einfach übernehmen.[58] Wenn in der Bundesrepublik als Kompromissformel gefunden wurde (etwa als Bundespräsident Herzog 1996 vorschlug, den Tag der Be-

55 T. Gelzer, Woher kommt Schillers Wanderer nach Sparta? Etappen der Geschichte eines berühmten Epigramms, in: D. Knoepfler (Hg.), *Nomen Latinvm* (FS A. Schneider), Neuchâtel 1997, 409–428. Als bittere Anklage in der Erzählung „Wanderer kommst du nach Spa ..." von Heinrich Böll (1950).

56 „Le sacre du printemps. Tableaux de la Russie païenne en deux parties" von Igor Strawinsky, uraufgeführt am 29. Mai 1913 im neu erbauten Théâtre des Champs-Élysées in Paris.

57 R. Koselleck/M. Jeismann, Der politische Totenkult. Kriegerdenkmäler in der Moderne, München 1994. G. Schneider, „... nicht umsonst gefallen"? Kriegerdenkmäler und Kriegstotenkult in Hannover, Hannover 1991.

58 Zu diesem großen Thema „Die Religion des Dritten Reiches" (nicht nur: Kirchengeschichte) verweise ich auf meinen Handbuchbeitrag „Drittes Reich", in: L. Hölscher/V. Krech (Hg.), Handbuch der Religionsgeschichte im deutschsprachigen Raum, Bd. 6/1: 20. Jahrhundert. Epochen und Themen, Paderborn 2015, 113–134, und den Artikel „Geschichte der Religion des Dritten Reiches. Kirchengeschichte – Christentumsgeschichte – Europäische Religionsgeschichte", in: V. Leppin u.a (Hg.), Kirchengeschichte und Religionswissenschaft, Leipzig 2016 (im Druck).

freiung des KZ Auschwitz, den 27. Januar, zum Gedenktag zu bestimmen) „Tag der Opfer der Gewalt des Nationalsozialismus und des Krieges“, so wird auch hier die aktive und passive Bedeutung des deutschen „Opfers“ wieder verschleiernd benutzt; die Täter werden verschwiegen. Ja, die Täter können sich selbst als Opfer verstehen.[59] Der Versuch von Eli Wiesel, dem Unaussprechlichen, dem Genozid einen Namen aus der religiösen Tradition zu geben, „Holocaust“, und seine christologische Aneignung in Moltmanns „Der gekreuzigte Gott“, habe ich an anderer Stelle beschrieben.[60] Übrigens gab es in Israel - nun ein Nationalstaat - eine umgekehrte Diskussion, dass weniger die Opfer der Shoa, sondern eher die Helden des Warschauer Aufstandes mit einem nationalen Gedenktag gewürdigt werden sollten.[61]

7 Ausblick

In diesem Beitrag habe ich aus religionswissenschaftlicher Sicht folgende Thesen untersucht: (1) Das Opferritual der Antike lässt sich zwar als *longue durée* beschreiben, ist aber durchaus keine (fast) unveränderte religiöse Handlungsweise. Es hat eine Geschichte und diese umfasst insbesondere auch das Ende des Opfers. (2) Das Ende des Opferrituals ist nicht von außen erzwungen durch den Sieg des Christentums, sondern schwindet und verschwindet in allen Religionen der Antike. Damit müssen sich die Religionen in einer tiefgreifenden Transformation verändern. (3) Das Ende des Opferrituals bedeutet nicht das Ende des Opfers, vielmehr wird dieses zu einer mächtigen Metapher christlicher Identität. (4) Diese funktioniert auch im wissenschaftlichen Diskurs ohne Religion, ja gegen Religion. (5) Dieser Diskurs wird hier als Teil der europäischen Religionsgeschichte vorgestellt. (6) Die historische Entwicklung, wie Opfer wieder zum sinnvollen und bedeutsamen Tod bewertet und sakralisiert wird, und zwar nicht nur passiv erfahren, sondern auch als aktive Gewalt angewendet, wird an der Kriegstheologie herausgearbeitet. (7) Die positive Bewertung, dass Religion die Gewalt eindämme, ist weitgehend in die Angst vor der Religion umgeschlagen,[62] dass Religion Gewalt legitimiere und

59 U. Jureit/C. Schneider, Gefühlte Opfer. Illusionen der Vergangenheitsbewältigung, Stuttgart 2010.

60 Vgl. C. Auffarth, Auschwitz. Der Gott, der schwieg, und vorlaute Sinndeuter. Eine Europäische Religionsgeschichte fokussiert auf einen Erinnerungsort, in: J. Mohn/A. Herrmann (Hg.), Erinnerungsorte der Europäischen Religionsgeschichte, Würzburg 2015, 463–501: 482–487.

61 Belege bei Auffarth, Judensonntag (s. Anm. 33).

62 J. Casanova, Europas Angst vor der Religion, hg. und übersetzt von R. Schieder, Berlin 2009; vgl.

entfessele. Dieser Diskurs ist nicht erst mit dem Phänomen des „islamistischen Terrors" oder des „Attentats als Gottesdienst" aufgekommen. Beides, Gewalt eindämmen und Gewalt entfesseln, ist möglich und die Opfermetapher erweist sich als ein ambivalentes, gefährliches Bild.

Zusammenfassung

Der Aufsatz widmet sich drei Fragen: Das Opferritual ist bislang noch zu wenig in seiner Verschiedenheit untersucht worden, sowohl in den verschiedenen epochalen Entwicklungen als auch in den unterschiedlichen Kulturen. Das Ende des Opfers als Ritual ist Teil – und nicht Ende – der antiken Religionsgeschichte, auch der „paganen"; das Ende wurde nicht von außen durch Gewalt herbeigeführt. Doch damit endet nicht die Geschichte des Opfers. Es beginnt eine ambige und gefährliche Geschichte. Dies ist erläutert am Beispiel der „Opfer"-Metapher in der (nationalprotestantischen) Kriegstheologie als Teil der europäischen Religionsgeschichte.

The paper is devoted to three issues: Sacrificial ritual has to be studied in its historical dimensions and developments in differentiation. The end of sacrifice as a ritual is part of its (ancient, including "pagan") history; it was not just forced from outside. Sacrifice after the end of sacrificial ritual developed an ambiguous and dangerous history. This is explained by a short exposure of the ideology of national (protestant) religion of war as part of the history of European religion.

---

meine Rezension unter http://buchempfehlungen.blogs.rpi-virtuell.net/2010/02/20/jose-casanova-europas-angst-vor-der-religion-herausgegeben-von-rolf-schieder/.

Bernhard Schlink

Das Opfer des Lebens*

1

An die Stelle des Opfers, das man bringt, ist das Opfer getreten, das man ist. Die moralische Wertschätzung und der Anspruch auf gesellschaftliche Anerkennung und Unterstützung, die einst dem zustanden, der sich als Soldat oder Arzt oder Krankenschwester für andere geopfert hat, werden heute dem zuerkannt, der zum Opfer geworden ist, weil Menschen ihn ungerecht behandelt oder Katastrophen der Natur oder der Technik ihn ungerecht betroffen haben. Diese Verschiebung hat in Deutschland durchgreifender stattgefunden als in anderen Ländern; in Deutschland ist die Rolle des Opfers, das man bringt, besonders diskreditiert und wird die Rolle des Opfers, das man ist, besonders gewürdigt.

Dass die Opfer, die im Krieg gebracht werden, bei Männern das Opfer des Lebens, bei Frauen das Opfer der Männer und der Söhne, aber auch des Schmucks, den sie spenden, und der Zeit, die sie an den Lazarettdienst und ans Scharpiezupfen wenden, als Opfer auf dem Altar des Vaterlands eine zivilreligiöse Weihe genießen, verstand sich im 19. und frühen 20. Jahrhundert in allen Nationalstaaten. Aber in Deutschland ging die Verherrlichung des Opfers weiter; sie wurde im Ersten Weltkrieg zu einer Verherrlichung des Opfers um des Opfers willen. Georg Simmel pries 1914 die Weihe des Opfers, bei dem der Verstand nicht mehr wägt und nicht mehr rechnet, Ina Seidel ließ 1918 die Toten mahnen: „Beweint uns nicht, fragt nicht nach dem Gewinn [...], das Opfer ist des Opfers letzter Sinn", Ernst Jünger fand 1923 des Menschen tiefstes Glück darin, geopfert zu werden – drei Stimmen aus einem großen Chor.

Auf diesen Opfermythos konnte der Opferkult aufbauen, den der Nationalsozialismus theoretisch und szenisch entwickelte, zunächst als Variation des Schemas von Fall und Erhebung, bei der die Opfer der Bewegung die Wende zur nationalen Gesundung einleiteten, zuletzt als Feier des totalen Opfers im totalen Krieg. Auch

* Zuerst veröffentlicht in Merkur. Deutsche Zeitschrift für europäisches Denken 679 (2005), 1021–1031; wieder abgedruckt in: B. Schlink, Erkundungen zu Geschichte, Moral, Recht und Glauben, Zürich 2015, 121–142.

philosophisch blieb der Opfermythos lebendig; 1943 verklärte Martin Heidegger das Opfer als „die allem Zwang enthobene, weil aus dem Abgrund der Freiheit erstehende Verschwendung des Menschenwesens in die Wahrung der Wahrheit des Seins für das Seiende".

Diese Opferrhetorik hat sich 1945 nicht nur erledigt, weil sie auf absurde Weise übertrieben hatte, weil die Opfer, die den Sieg hatten bringen sollen, die Niederlage nicht verhindert hatten und weil jede Kriegsrhetorik sich im Frieden erledigt. Sie war diskreditiert, weil die Opfer, die gepriesen worden waren, sich als Täter der furchtbarsten Verbrechen erwiesen. Damit wurde die andere Opferrolle attraktiv, in der man nicht auch Täter, sondern nur Opfer war, Opfer von Bombardierung, Vertreibung und Gefangenschaft. Die Lektüre der in den fünfziger Jahren vom Bundesministerium für Vertriebene veranstalteten Dokumentation der Vertreibung der Deutschen aus Ost-Mitteleuropa zeigt, wie dieses neue Opferbewusstsein wuchs; je früher nach der Vertreibung die Zeugnisse abgefasst sind, desto nüchterner sind sie gehalten, je später, desto wehleidiger und anklagender schreiben sie die Opferrolle aus.

Aber auch diese Opferrolle hatte keinen Bestand. Als sich in den sechziger und siebziger Jahren die Einsicht durchsetzte, dass die Opfer von Bombardierung, Vertreibung und Gefangenschaft doch nicht nur Opfer, sondern auch Täter, Helfer, Profiteure, Zu- oder Wegschauer gewesen waren, verlor die deutsche Opferrolle überhaupt ihre Evidenz. Es dauerte bis zum Beginn dieses Jahrhunderts, dass über Bombardierung, Vertreibung und Gefangenschaft wieder in Ausführlichkeit und mit Anteilnahme geschrieben werden konnte.

So brüchig die deutsche Opferrolle wurde – die gewissermaßen universelle Opferrolle blieb durch das immer deutlicher wahrgenommene, beschriebene und gewürdigte Opferschicksal der Juden positiv besetzt, ja, sie wurde in den sechziger und siebziger Jahren mit der Anerkennung des Opferschicksals der Juden zur moralischen Rolle schlechthin. Heutige Opferschicksale, seien die Ursachen Krieg, Unterdrückung, Ausbeutung und Diskriminierung oder Hunger, Natur- und Technikkatastrophen, zehren von der moralischen Qualität des Opferstatus der Juden im Holocaust. Wenn ihre Furchtbarkeit ganz deutlich gemacht werden soll, werden sie im gesellschaftlichen und politischen Sprachgebrauch denn auch gerne mit den Begriffen der Judenverfolgung und -ermordung bezeichnet und ist von einem Auschwitz im Kosovo, von Selektionen unter bosnischen Muslimen und von einem Holocaust mit Gas getöteter Kurden die Rede.

2

Die Heroisierung und existentialistische Verklärung von Opferbereitschaft und Opfergang ist in Deutschland aber nicht nur passé, weil die Diskreditierung des Opfers, das man bringt, nach den Verbrechen des Dritten Reichs so tiefgreifend und die moralische Anerkennung des Opfers, das man ist, im Opferschicksal der Juden so zwingend war. Die Übertragung des positiven Wertakzents vom einen auf den anderen Opferbegriff konnte so erfolgreich nur sein, weil in Deutschland keine Opfer verlangt und gebracht werden mussten. Spätestens seit dem Bau der Mauer war der Kalte Krieg derart erstarrt, dass die Aussicht, das Leben in einem heißen Krieg opfern zu müssen, ganz unwahrscheinlich war. Ohnehin hatte es viel für sich, lieber rot als tot zu sein – die Landsleute im östlichen Teil Deutschlands kamen damit ja auch zurecht.

Andere Länder, die insofern in einer anderen Lage waren, haben die Übertragung des positiven Wertakzents nicht in gleichem Maß vollzogen. Schon der östliche Teil Deutschlands, der sich bis zur Wiedervereinigung auf einen Umschlag des Kalten Kriegs in einen heißen intensiver vorbereitete als der westliche, hat sich um ein heroisches Bild des kämpfenden und sich aufopfernden Soldaten bemüht. Amerika, das seit dem Zweiten Weltkrieg immer wieder von seinen Soldaten das Opfer des Lebens verlangt hat, hat mit seinen Filmen dieses Opfer immer wieder heroisiert. Israel sieht auch deshalb in heilsgeschichtlicher zionistischer Interpretation die im Holocaust ermordeten Juden als Märtyrer, die ihr Leben gegeben haben, um die Notwendigkeit und Berechtigung des jüdischen Staats zu bezeugen, weil es in seinem Konflikt mit den Arabern auf die Opferbereitschaft seiner Soldaten setzen muss. Die muslimischen Selbstmordattentäter wollen mit dem Opfer, das sie bringen, endlich heroisch die Rolle des Opfers überwinden, das sie über Jahrzehnte waren. Wo Opfer verlangt und erbracht werden müssen, kommt die Gesellschaft mit einem positiven Begriff des Opfers, das man ist, nicht aus. Sie braucht einen positiven Begriff des Opfers, das man bringt. Auch für Deutschland wird immer wahrscheinlicher, dass das Opfer des Lebens wieder verlangt und gebracht werden muss. Aus dem Windschatten der Geschichte, in dem Deutschland sich seit dem Zweiten Weltkrieg über fünfzig Jahre behaglich eingerichtet hatte, wird es immer mehr herausgefordert und tritt es auch immer mehr heraus. Es ist damit zu rechnen, dass die Auslandseinsätze der Bundeswehr eines Tages nicht nur bei Hubschrauberabstürzen und Autounfällen Opfer fordern, sondern die Soldaten in Situationen bringen werden, in denen sie mit- und füreinander kämpfen und ihr Leben einsetzen müssen. Es ist auch damit zu rechnen, dass Anschläge des islamischen Terrorismus eines Tages in Deutschland in größerer Zahl Opfer fordern und dabei, wie der Anschlag des 11. September 2001 in New York, der Polizei und Feuerwehr den Einsatz des Lebens abverlangen werden. Zur Abwehr von Anschlägen mit Flugzeugen verlangt das Luftsicherheitsgesetz, das die Flugzeuge abzuschießen erlaubt, von den Passagieren das Opfer des Lebens. Wo derart Opfer gefordert werden, bedarf es auch der Opferbereitschaft: der Opferbereitschaft der Soldaten, Polizisten und Feuerwehrmänner, der Bürger, die mit dem Flugzeug reisen.

3

Gewiss, wer als Soldat beim Auslandseinsatz, als Polizist und Feuerwehrmann beim Einsatz nach einem terroristischen Anschlag und als Passagier im Flugzeug sein Leben verliert, ist Opfer im moralisch positiv besetzten Sinn, und es lässt sich fragen, warum er daneben oder stattdessen noch ein positiv besetztes Opfer gebracht haben soll. Es lässt sich auch fragen, ob die doppelte Bedeutung des deutschen Worts „Opfer", für das andere Sprachen verschiedene, aus einerseits *sacrificium* und andererseits *victima* entwickelte Worte haben, nicht einen tiefen Sinn darin offenbart, dass am Ende alle Opfer gleich sind: die, die ihr Leben zum Opfer gebracht, und die, die es ohne ihr Zutun und gegen ihren Willen verloren haben. Es lässt sich sogar bezweifeln, ob die beiden Opferbegriffe klar voneinander geschieden sind: Hat der im Unwetter tödlich verunglückte Bergsteiger sein Leben seiner Leidenschaft geopfert oder ist er ein Opfer des Unwetters geworden?

Aber die Begriffe sind klar voneinander geschieden. Das Opfer, das man ist, kann schlechterdings weder gefordert noch gerechtfertigt werden. Dass Natur- und technische Katastrophen Leben fordern, ist bloße Redeweise, und die Opfer können nur betrauert werden. Beim Opfer, das man bringt, lässt sich nach der Rechtfertigung fragen. Ob die Antwort aus einer Norm des Rechts oder der Moral folgt, aus der Liebe zu Gott oder zum Nächsten, aus einer gesellschaftlich vermittelten oder allein persönlich empfundenen Verantwortung oder Zuneigung – es gibt sie. Die Rechtfertigung definiert geradezu das Opfer, das man bringt. Selbst beim Bergsteiger stiftet die Leidenschaft für das lebensgefährliche Abenteuer einen Rechtfertigungskontext, in dem er nicht nur ein Opfer des Unwetters ist.

Weil die Gesellschaft nur fordern kann, was sie auch rechtfertigen kann, kann sie nur fordern, dass man ein Opfer bringt, nicht, dass man ein Opfer ist. Muss sie es fordern, dann muss sie den Begriff des Opfers, das man bringt, auch positiv besetzen, die Rechtfertigung sichtbar und die Rolle attraktiv machen und zur Anerkennung bereit sein. Heroisierung kann übertrieben, befremdlich und lächerlich geraten. Aber zuerst einmal ist sie die Anerkennung eines Opfers, das für andere gebracht wurde. Ohne die Anerkennung kann die Gesellschaft das Opfer nicht fordern.

Tut sie es gleichwohl, dann erleben die Betroffenen es, als verlange die Gesellschaft von ihnen nicht, ein Opfer zu bringen, sondern Opfer zu sein. Die Vorstellung, als nicht freiwilliger, sondern wehrpflichtiger Soldat im Krieg sein Leben zu lassen, lässt Studenten regelmäßig nach der Würde des Menschen fragen. Wird der Soldat im Krieg nicht zum bloßen Mittel strategischer und taktischer Planung gemacht und im tödlichen Einsatz als bloßes Mittel geopfert? Auch wenn die Studenten darauf hingewiesen werden, dass die Definition der Menschenwürde, mit der Verfassungsrechtsprechung und -wissenschaft arbeiten, über die konkrete Behandlung als bloßes Mittel hinaus ein prinzipielles Moment einschließt, ein Moment der Infragestellung, Abwertung und Missachtung als Subjekt und Person, bleiben viele von ihnen bei ihrer Ansicht. Sie sehen in den Soldaten nicht Subjekte, die ihr Leben zum Opfer bringen, sondern Objekte, die zu Opfern gemacht werden, und eben darin liegt für sie auch schon die Missachtung und Verletzung der Würde.

Ist diese Sicht in der Gesellschaft gängig? Jedenfalls ist die gegenteilige Sicht, die ein positives Bild des Soldaten böte, der sein Leben opfert, nicht präsent. Es gibt keine heroisierenden, zu Bewunderung und Nachahmung einladenden Bücher oder Filme über die Einsätze im Kosovo oder in Afghanistan. Sollte Deutschland tatsächlich in die Lage geraten, von seinen Soldaten, Polizisten, Feuerwehrmännern und auch Bürgern in größerer Zahl das Opfer des Lebens verlangen zu müssen, ist es schlecht vorbereitet.

4

Wendet sich die Suche nach einer Rechtfertigung für das Opfer des Lebens, die heute auf Zustimmung hoffen kann, den Antworten zu, die Rechts- und Staatsphilosophie in der Vergangenheit hervorgebracht haben, dann wird sie lange nicht fündig.

Aristoteles sieht den Bürger dem Ganzen der Polis so verpflichtet, wie er auch nur als Teil der Polis existiert; daher müsse der Bürger, wenn die Existenz der Polis auf dem Spiel steht, seine Existenz für die Polis aufs Spiel setzen.

Ähnlich ist das Leben des Bürgers bei Rousseau „nicht nur eine Gabe der Natur, sondern ein bedingtes Geschenk des Staates"; weil der Bürger sein Leben auf Kosten der anderen erhalte, müsse er es auch für sie hingeben. Beide Male wird

Zugehörigkeit zum Gemeinwesen in einer Intensität als erfahren oder doch erfahrbar vorausgesetzt, die heute nicht mehr akzeptiert und kaum noch verstanden wird. Das Gemeinwesen ist nicht mehr der Ort der Selbstentfaltung und lohnt daher auch nicht mehr den Preis der Selbsthingabe. Die Bürger suchen und finden Selbstentfaltung privat, in der Familie und mit den Freunden, im Verein, in der Kirche, beim Hobby, auf Reisen, im Ausland wie im Inland, immer weniger in der staatlich doch mitgestalteten und mitverantworteten Arbeitswelt und allenfalls gelegentlich in den staatlich gestalteten und verantworteten politischen Lebensräumen.

Auch die Hobbes'sche Rechtfertigung des Opfers des Lebens aus dem Zusammenhang von Schutz und Gehorsam überzeugt heute nicht mehr. Zwar findet sie in der Notwendigkeit des Selbstschutzes eine Grenze, die die Rechtfertigung bei Aristoteles und Rousseau nicht kennt und aus der die Freiheit zum allerdings gefährdeten Los des Deserteurs folgt. Aber der Zusammenhang von Schutz und Gehorsam kann die Rechtfertigung im europäisierten und globalisierten Deutschland nicht mehr leisten. Deutschland bleibt der Bezugspunkt für die arbeits-, sozial- und wirtschaftspolitischen Erwartungen der Bürger, und die Bürger erwarten auch, dass die Polizei Sicherheit und Ordnung gewährleistet. Vor den großen Gefahren terroristischer Anschläge, atomarer oder chemischer Verseuchung oder kollabierender Energieversorgung kann Deutschland keinen hinreichenden Schutz bieten. Der Einzelne lernt, sich zu fragen, ob er seinen Schutz nicht anderswo suchen will, wo die Energieversorgung nicht so wichtig ist, keine atomaren oder chemischen Anlagen stehen und nichts das Interesse von Terroristen weckt, auf Mallorca oder in Kanada oder in Tasmanien. Kein Bürger opfert als Soldat gehorsam sein Leben im Kosovo oder in Afghanistan, weil Deutschland ihn andererseits schützt.

Obwohl Hegel die skizzierten Rechtfertigungen und die sie tragende Vorstellung, durch Aufopferung des Lebens könne die Sicherung des Lebens erreicht werden, ablehnt, bleibt auch seine Rechtfertigung heute fremd. Für ihn ist der Sinn des Kriegs, dass „die sittliche Gesundheit der Völker in ihrer Indifferenz gegen das Festwerden der endlichen Bestimmtheiten erhalten wird, wie die Bewegung der Winde die See vor der Fäulnis bewahrt", und der Sinn des Opfers des Lebens im Krieg, dass der Soldat, der es bringt, sich seiner Freiheit von den besonderen Zwecken, Gütern und Genüssen des Lebens und seiner Vereinigung und Einordnung ins Allgemeine vergewissert. Dieses Verständnis von Krieg und Opfer ist die Schwelle zu der oben gekennzeichneten Rhetorik des Opfers um des Opfers willen.

5

Dazwischen steht Kant. Auch für ihn ist selbstverständlich, dass die Bürger zum Kriegsdienst verpflichtet werden können; anders als für Hegel gilt für ihn die Logik der Sicherung des Lebens durch Aufopferung des Lebens. Dabei lässt er Hobbes hinter sich, indem er kein Recht auf Selbstschutz durch Desertion kennt, und Rousseau, indem er die Anforderungen an die Zustimmung der Bürger verschärft. Er bindet nicht nur den Kriegsdienst allgemein, sondern auch die besondere Kriegserklärung an die freie Zustimmung der Repräsentanten der Bürger. Ohne die freie Zustimmung sieht er den Bürger, dem im Krieg das Opfer des Lebens abverlangt wird, nicht als Zweck anerkannt, sondern nur als Mittel benutzt, wie er auch im Beruf des Söldners einen „Gebrauch von Menschen als bloßen Maschinen und Werkzeugen in der Hand eines anderen, der sich nicht wohl mit dem Rechte der Menschheit in unserer eigenen Person vereinigen lässt", sieht.

Kant verbindet die Rechtfertigung des Opfers des Lebens im Krieg mit der Stellung des Menschen als Zweck und nicht als Mittel. Das macht ihn heute, wo das Opfer des Lebens im Krieg zum Würdeproblem geworden ist, für die Frage nach der Rechtfertigung so wichtig. Denn um die Stellung des Menschen als Zweck und nicht als Mittel, als Subjekt und nicht als Objekt kreist heute verfassungsrechtlich das Verständnis der Menschenwürde und die Diskussion, wann sie gewahrt und verletzt ist.

Darauf, dass Kant den Beruf des Söldners ablehnt, wo doch eine Berufsarmee heute gerne als ein besonders schonendes, gerechtes und gewiss nicht menschenwürdegefährdendes Mittel der Landesverteidigung angesehen wird, muss nicht weiter eingegangen werden; der Beruf des Soldaten, der seinem Land dient, ist etwas anderes als der Beruf des Söldners, der jedem dient, der ihn löhnt. Auch darauf, dass Kant die Verletzung der Menschenwürde mit der Zustimmung der Repräsentanten der Bürger ausgeschlossen sieht, während das Verfassungsrecht heute Verletzungen der Menschenwürde durch das Handeln der Repräsentanten der Bürger für möglich hält und daher eigens verbietet, soll hier nicht eingegangen werden; Kant hatte noch nicht die Erfahrungen, die im 20. Jahrhundert in repräsentativen Demokratien mit Machtmissbrauch gemacht wurden.

Entscheidend ist die Gleichung, die Kant zwischen der Stellung als Zweck und nicht als Mittel und der Zustimmung überhaupt herstellt. An anderer, nicht auf den Kriegsdienst und die Kriegserklärung bezogener und beschränkter Stelle fordert er noch klarer, das leidende Subjekt „niemals bloß als Mittel, sondern zugleich selbst als Zweck zu gebrauchen", nur um durch diese Forderung die andere Forderung zu erläutern, es „keiner Absicht zu unterwerfen, die nicht nach einem

Gesetz, welches aus dem Willen des leidenden Subjekts selbst entspringen könnte, möglich ist". Der Kant, den Verfassungsrechtsprechung und -wissenschaft in der sogenannten Objektformel tradieren, ist ein halbierter Kant. Dem ganzen Kant geht es nicht nur um Selbstschutz, sondern um Selbstgesetzgebung. Für ihn wird der Mensch, dem etwas zugemutet oder abverlangt wird, auch der, dem ein Opfer zugemutet und abverlangt wird, dann nicht als Mittel genommen, sondern als Zweck gesehen und in seiner Würde geachtet, wenn er es unter einem Gesetz bringt, dem er zugestimmt hat oder, wenn es nicht zum Gegenstand seiner Zustimmung geworden ist, zugestimmt hätte, wenn es dazu geworden wäre.

6

Dem Gesetz stimmt er nicht alleine zu. Stimmt er als Bürger zu, dann mit anderen Bürgern als Glied der staatlichen Gemeinschaft. Aber er ist Glied auch anderer Gemeinschaften: der Familie, des Freundeskreises, einer Mannschaft, einer Gruppe von Soldaten, Polizisten oder Feuerwehrmännern im gemeinsamen Einsatz, einer Gruppe von Überlebenden nach einer Katastrophe. Kants Überlegung gilt allgemein. Wo immer eine Gemeinschaft existiert, die etwas von ihren Gliedern beziehungsweise deren Glieder etwas voneinander verlangen, erfolgt das Verlangen ohne Verletzung der Menschenwürde, wenn die Glieder der Gemeinschaft ihm zugestimmt haben oder zugestimmt hätten.

Die Gemeinschaft kann auch virtuell sein. Eine entsprechende Konstellation bietet das überkommene strafrechtsdogmatische Schulbeispiel des Weichenstellers, der einen Eisenbahnarbeiter, der an einem Gleis beschäftigt ist, opfert, damit der unaufhaltsam heranrasende Zug nicht auf einem anderen Gleis einen Wagen mit einer Gruppe von Menschen tötet. Der Eisenbahnarbeiter und die Menschen im Wagen bilden eine Gemeinschaft von Menschen, die von einer Gefahr gemeinsam betroffen und darauf angewiesen sind, dass einige von ihnen sich opfern, damit die anderen leben. Die Situation lässt nicht zu, dass die beteiligten Menschen sich als Gemeinschaft konstituieren und betätigen. Ihre Gemeinschaft wird durch den heranrasenden Zug konstituiert, ihre Gesetzgebung und ihr Gesetzesvollzug durch den Weichensteller realisiert.

Das ist die Härte des Schulbeispiels. Die Gemeinschaft kann sich nicht konstituieren, sie kann sich über das Gesetz, unter dem sie das Opfer des Lebens verlangt, nicht verständigen, und sie kann dem, von dem sie es verlangt, keine Verhaltensalternativen lassen. Der Soldat, von dem das Opfer des Lebens verlangt wird, hat Verhaltensalternativen, indem er kämpfen und sich sogar noch auf verlorenem

Posten seiner Haut wehren und sie teuer verkaufen kann. Die Überlebenden eines Flugzeugabsturzes können sich darüber verständigen, wer an der Absturzstelle bleibt, das Signalfeuer unterhält und, wenn die Rettungsmannschaft nicht kommt, sterben muss, während die anderen vielleicht den nächsten Ort erreichen: der Kranke, damit die Gesunden durchkommen, der Alte, damit die Jungen überleben, oder der, den das Los bestimmt. Sie können sich auch darüber verständigen, ob sie sich überhaupt als Gemeinschaft konstituieren wollen oder nicht jeder für sich bleiben und sorgen will.

Dass dies alles im Schulbeispiel nicht möglich ist, macht aber auch seine Evidenz. Es geht schlechterdings nicht anders. Wenn es anders ginge, wenn der Eisenbahnarbeiter über seine Zugehörigkeit zur Gemeinschaft entscheiden, sich mit den anderen über die Bewältigung der Gefahr verständigen und, selbst wenn es letztlich sein Leben kosten muss, auf verschiedene Weisen verhalten könnte, wäre das Opfer seines Lebens durch den Weichensteller eine Verletzung seiner Würde.

Der Weichensteller würde die Würde des Eisenbahnarbeiters auch dann verletzen, wenn er ihn in Ansehen seiner Person als Opfer auswählen würde. Das gilt nicht nur für eine von Hass und Neid bestimmte Auswahl, sondern auch für eine Auswahl, die verantwortlich den Wert der beteiligten Menschen abzuschätzen und abzuwägen suchen und statt des Eisenbahnarbeiters die im Wagen sitzenden Eisenbahningenieure und -manager retten oder in anderem Kontext statt der Mutter die kinderlose Frau, statt des Vaters den kinderlosen Mann und statt des Künstlers oder Wissenschaftlers den Taugenichts opfern würde.

Die Gemeinschaft mag jemanden wegen seiner Funktion, seiner Kenntnisse und Fertigkeiten als mögliches Opfer ausschließen. Der Einzelne mag sich in Ansehen seines Alters, seiner Krankheit oder seines Unglücks freiwillig als Opfer anbieten. Aber das Gesetz, unter dem die Gemeinschaft antritt, ist das Gesetz der Gleichheit, das kein Ansehen der Person kennt. Wie sollte aus dem Willen der gemeinsam gefährdeten, leidenden, zur Opferbereitschaft verurteilten Subjekte ein anderes Gesetz entspringen?

7

Gemeinsam gefährdet, gegenseitig aufeinander angewiesen, einander Gleichheit und einen größtmöglichen Entscheidungs-, Verständigungs- und Verhaltensspielraum zuerkennend, bilden die Beteiligten eine Solidargemeinschaft. Das Opfer, das sie unter diesen Voraussetzungen verlangen und bringen, ist als solidarisches Opfer gerechtfertigt.

Der positive Begriff des Opfers, das man bringt, geht mit einem positiven Begriff von fordernder und verpflichtender Solidarität zusammen. Auch der positive Begriff des Opfers, das man ist, geht mit einem Begriff von Solidarität zusammen: dem Begriff einer berechtigenden und gewährenden Solidarität. Das eine Mal fordert die Solidargemeinschaft ein Opfer und nimmt den Einzelnen in die Pflicht, das andere Mal sieht sie den Einzelnen als bedürftiges und berechtigtes Opfer und gewährt Unterstützung. Wie heute an die Stelle des Opfers, das man bringt, das Opfer getreten ist, das man ist, trägt auch der Begriff der Solidargemeinschaft heute eher die Vorstellung von Berechtigung und Gewährung als von Forderung und Verpflichtung.

Dies ist der eine Grund, warum die Gesamtgesellschaft als eine Solidargemeinschaft, für die das Opfer des Lebens gefordert werden kann, heute schwerlich in Betracht kommt. Der andere Grund ist, dass die Gesamtgesellschaft die nationale Gesellschaft ist, die Gesellschaft des Nationalstaats, der durch Entwicklungen der Europäisierung und Globalisierung relativiert und in Deutschland überdies historisch belastet ist. Solidargemeinschaften, in denen die Bereitschaft zum Opfer des Lebens erwartet und gefordert werden kann, sind eher die kleinen Gefahrgemeinschaften, die der gemeinsame Einsatz als Soldaten, Polizisten oder Feuerwehrmänner oder auch der Zufall stiftet, durch den eine Katastrophe mehrere gemeinsam betrifft. Selbst in Amerika, das die nationale Solidargemeinschaft noch ungebrochen feiert, wird in den Kriegs- und Katastrophenfilmen nicht die Gesellschaft als Opfergemeinschaft heroisiert, sondern die kleine Gruppe.

Aber als opferwürdige Solidargemeinschaft wurde die Nation nicht nur durch kleinere Einheiten ersetzt. Europa ist so klein geworden und die Welt so nah gerückt, dass in der jungen Generation Ansätze eines Solidarbewusstseins und -gefühls wachsen, das der Menschheit gilt. Wie einerseits die jungen Menschen, die bei einem Auslandseinsatz der Bundeswehr oder bei einem Einsatz nach einem terroristischen Anschlag ihr Leben riskieren, in ihrer Opferbereitschaft eher von der Solidargemeinschaft derer getragen werden, die das gleiche Schicksal teilen, als von der Solidargemeinschaft der Deutschen, dürften andererseits mehr junge Menschen für einen lebensgefährlichen Einsatz zu gewinnen sein, der der Menschheit zu helfen verspricht, als für einen, der den Interessen Deutschlands dient.

8

Unter dem Thema des Opfers des Lebens wurde bisher von Kriegen, von Einsätzen im Ausland und nach terroristischen Anschlägen gehandelt, aber nicht von dem Opfer des Lebens, das in unserer Gesellschaft am häufigsten verlangt und gebracht wird: dem Opfer des ungeborenen Lebens.

Der besonderen Situation der Schwangerschaft ist der Begriff der Solidargemeinschaft nicht angemessen. Die werdende Mutter und das in ihr wachsende Kind bilden eine Gemeinschaft von einzigartiger Intensität und Asymmetrie. Ebenso einzigartig sind daher auch die Rechtfertigungsüberlegungen, die beim Schwangerschaftsabbruch anzustellen sind.

Anders steht es mit den Rechtfertigungsüberlegungen zur Stammzellforschung und zur Präimplantationsdiagnostik. In anderen Ländern entsteht bei Bemühungen zur künstlichen Befruchtung stets eine Vielzahl *in vitro* erzeugter Embryonen, die von derselben Frau und demselben Mann stammen und der Frau nicht alle auf einmal eingepflanzt werden können. Wird die Frau beim ersten Versuch nicht schwanger, werden sie ihr beim zweiten Versuch eingepflanzt oder entsprechend beim dritten oder vierten. Hat ein Versuch Erfolg, bleiben Embryonen übrig, die nicht durch Schwangerschaft zur Geburt gebracht werden. Das deutsche Recht will dies ausschließen und lässt *in vitro* nur die Erzeugung von so vielen Embryonen zu, wie tatsächlich eingepflanzt werden können. Die Folge ist, dass jeder erneute Versuch für die Frau mit einem erneuten Eingriff verbunden ist, der eigentlich vermeidbar und eine erhebliche physische und psychische Belastung ist. Das Ziel ist die Vermeidung der Entstehung von todgeweihtem Leben. Darin liegt ein doppeltes Missverhältnis. Zum einen gehen die Belastungen der wiederholten vermeidbaren Eingriffe bei der künstlichen Befruchtung über die Zumutungen, unter denen eine Schwangerschaft abgebrochen werden darf, weit hinaus. Zum anderen passt die Entschlossenheit, mit der die Entstehung todgeweihten Lebens *in vitro* vermieden wird, nicht zu der Großzügigkeit, mit der sie *in vivo* zugelassen wird, wo Embryonen durch den Gebrauch eines Pessars abgetötet und ausgeschieden werden dürfen. Wenn das doppelte Missverhältnis beseitigt würde, würde auch in Deutschland bei einer künstlichen Befruchtung eine Vielzahl von Embryonen entstehen, von denen nur einige, aber nicht alle eingepflanzt werden können – eine virtuelle Gemeinschaft von lebens- und todgeweihten Embryonen.

Wenn dann die, die nicht eingepflanzt werden können, für die Forschung geopfert werden, wird Leben geopfert. Aber es ist das solidarische Opfer von Leben, das ohnehin nicht die Chance zur eigenen Entfaltung als Mensch und Person hat, wohl aber die Chance, durch einen Beitrag zu Forschung und Therapie anderen zu helfen oder sogar andere zu retten. Auch in der Präimplantationsdiagnostik wird Leben geopfert, und auch hier wird mit dem präimplantationsdiagnostisch untersuchten und zerstörten embryonalen Leben ein solidarisches Opfer für die Einpflanzung eines gesunden Geschwisterembryos beziehungsweise für die Geburt eines gesunden Geschwisterkinds gebracht.

9

Dass die Beschäftigung mit dem Opfer des Lebens heute vom Opfer des Soldaten im Krieg bis zum Opfer des Embryos für die Forschung reicht, zeigt einen letzten Grund für die Verschiebung des Opferbegriffs an. Wenn im Opfer des Embryos für die Stammzellforschung oder Präimplantationsdiagnostik gemeinhin nicht ein Opfer gesehen wird, das der Embryo bringt, sondern nur ein Opfer, das der Embryo ist, dürfte dies daran liegen, dass der Zugriff, den die moderne medizinische Wissenschaft auf die Entstehung des menschlichen Lebens nimmt, weithin als technische Überwältigung natürlicher Lebenszusammenhänge erlebt wird. Der Embryo wird durch das deutsche Recht deshalb nur bei Entstehung *in vitro* und nicht auch bei Entstehung *in vivo* geschützt, weil er nicht davor geschützt wird, das Leben zu verlieren, sondern davor, das Opfer eines wissenschaftlich-medizinisch-technischen Fortschritts zu werden, der die Ordnung aus den Fugen hebt, in der Geburt, Leben und Tod ihre natürliche, vielleicht schicksalhafte, vielleicht gottgewollte Richtigkeit haben. Der Fortschritt wird als eine Bedrohung abgewehrt, die nicht nur den Embryo, sondern den Menschen in der ihm gemäßen Stellung in der Welt bedroht – zum Opfer einer technischen Überwältigung zu machen droht.

Vor dieser anonymen Überwältigung zählt nicht mehr, was der Einzelne will und tut. Als ebenso überwältigend wie heute der medizinische Fortschritt wurde lange der physikalische Fortschritt empfunden, der mit der Atombombe den atomaren Krieg möglich macht, in dem Soldaten keinen Heroismus mehr zeigen, keine Opfer mehr bringen, sondern nur noch Opfer sein können. Die Katastrophen von Tschernobyl und Seveso haben sich dem Bewusstsein als Ereignisse eingeschrieben, in denen die atomare oder chemische Technik ihre menschlichen Fesseln gesprengt und den Menschen zum wehr- und hilflosen Opfer gemacht hat. Sogar in den Katastrophen der Natur begegnet nicht mehr nur deren gewissermaßen natürliche Gewalt, sondern eine von menschlichem Fortschritts- und Wachstumswahn ökologisch und klimatisch beschädigte Natur und in ihr wieder die technische Überwältigung, der kein Opfer standhält, das man bringen, sondern unter der man nur Opfer sein kann.

Mit der Entfesselung des wissenschaftlich-technischen Fortschritts wird die natürliche Ordnung des menschlichen Lebens als gefährdet oder überhaupt zerstört empfunden – von den Kriegen über die Katastrophen bis zur Entstehung des menschlichen Lebens. Das Opfer des Lebens, das gefordert und gebracht wird, ist als Moment der Solidarität auch ein Moment dieser Ordnung. Indem diese Ordnung überwältigt wird, bleibt auch nur noch das überwältigte Opfer – das Opfer, das man ist.

10

Aber tatsächlich wandelt sich die Ordnung nur. Die natürliche, schicksalhafte, gottgewollte Ordnung des menschlichen Lebens gibt es nicht. Daher wird sie auch durch keine Stammzell- und keine Atomforschung, keine chemischen und keine Klimakatastrophen überwältigt. Die menschliche Ordnung stellt sich unter neuen wissenschaftlichen und technischen Bedingungen immer wieder neu her.

Auch die Solidargemeinschaften, die zur menschlichen Ordnung gehören, stellen sich neu her: statt der Nation einerseits kleinere Einheiten, andererseits die Menschheit, und der Embryo ist Glied einer Gemeinschaft von Geschwisterembryos wie Teil der Menschheit. Mit ihnen stellen sich neue Bedingungen her, unter denen das Opfer des Lebens zu fordern und zu bringen ist: im Auslandseinsatz, im Einsatz nach einem terroristischen Anschlag, *in vitro*. Aber die Rechtfertigung des Opfers aus der Zustimmung in der Gemeinschaft bleibt, und dem solidarischen Opfer, das man bringt, bleibt ein moralischer Wert, den das Opfer, das man ist, nicht hat und nicht ersetzen kann.

Zusammenfassung

Die Rolle des Opfers, das man bringt, *sacrifice*, wurde durch den Helden- und Opfermythos des Nationalsozialismus ebenso nachhaltig diskreditiert wie die Rolle des Opfers, das man ist, *victim*, in der Erinnerung an den Holocaust gewürdigt. Lange schien die Bundesrepublik Deutschland ohne positiven Begriff des Opfers, das man bringt, auszukommen. Aber die Auslandseinsätze der Bundeswehr und die Abwehr des Terrorismus verlangen, dass einzelne wieder das Opfer des Lebens bringen, und lassen fragen, worin dafür heute die Rechtfertigung gefunden werden kann. Kant sieht den Menschen, der das Opfer des Lebens bringen muss, in seiner Würde geachtet, wenn er es unter einem Gesetz bringen muss, dem er zustimmen konnte. Darin ist die Rechtfertigung des Opfers angelegt, das von einer Solidargemeinschaft gefordert und für sie erbracht wird, deren Beteiligte gemeinsam gefährdet und aufeinander angewiesen sind und die einander Gleichheit zuerkennen.

The role of the sacrifices (*Opfer*) that people make has been enduringly discredited by National Socialism's myth of heroism and sacrifice, just as lasting respect is paid to the role of the victim (in German also: *Opfer*) in remembrance of the Holocaust. The Federal Republic has long seemed to manage without a positive concept pertaining to such sacrifices. However, the German Armed Forces' expeditionary missions, as well as anti-terrorism measures, now once again require individuals to sacrifice their lives, raising the question of the justification that can be provided for this today. For Kant, the dignity and worth of an individual who must sacrifice his or her life is respected if such a sacrifice is made under the aegis of a law that the individual in question could endorse. This provides the basis to justify sacrifices demanded by and made for a community grounded in solidarity, whose members face a shared threat, rely upon one another and acknowledge each other as equals.

Marius Timmann Mjaaland

Sacrifice and Suicide in the Post-Secular Society

Is there a crucial difference between someone who dies in order to kill and someone who kills in order to die?
Talal Asad

The question of sacrifice goes to the heart of religious thought and practice, and not only in Christianity. The phenomenon is well known from various religions worldwide and a common topic within comparative religion. A question that has been raised more recently is whether sacrifice also goes to the heart of political thought or rather represents a limit dividing religion from politics? Moreover, how does self-sacrifice in the form of suicides and suicide bombing relate to the more general topic of sacrifice and politics when the suicide bomber is declared to be martyr by violent religious movements? In this essay I will discuss the question of sacrifice in relation to the disturbing phenomenon of suicide bombing in some contemporary conflicts including questions of religion and civilization from a post-secular perspective.[1]

I begin with a short reminder of three terrorist attacks that have shaken the Western world, in New York City on 9/11, 2001, in Oslo and Utøya, Norway, on 7/22, 2011, and Paris on 11/13, 2015. I continue with a more general analysis of recent political theology, insofar as it puts the old question of how modern secular politics relate to religious and theological patterns of thought back on the agenda – not only when it comes to questions of power and sovereignty, but also the

1 I will focus on the phenomenon of suicide bombing in the Middle East and surrounding countries, including Iraq, Syria, Palestine, Tunisia, and Afghanistan, and those suicide attacks in New York, Paris, and elsewhere which all have their local history but are often perceived as being part of a global conflict, in particular due to the American and European involvement in political controversies in the Middle East and Afghanistan. Hence, I will not consider other suicide bombers, e.g. among the Tamils in Sri Lanka or the Kurds in Turkey, where it is more difficult to detect a religious background. A few sections of this paper have been previously published in two articles: M. Timmann Mjaaland, Why? In: M. Timmann Mjaaland/O. Sigurdson/S. Thorgeirsdottir (eds.), The Body Unbound. Philosophical Perspectives on Politics, Embodiment and Religion, Newcastle 2010, 53–72, and id., Collapsing Horizons, PoTh 12,5 (2011), 738–791. I herewith express my thanks to the editors for permission to republish. These sections have gone through substantial revisions for this volume of the *Berliner Theologische Zeitschrift* and the argument as a whole has not been previously published.

question of sacrifice. I then proceed to a critical analysis of Talal Asad's discussion of suicide bombing and sacrifice. I will put particular emphasis on the complex relationship between sacrifice and secularism: Which sacrifices are accepted, which are demanded for the sake of Western civilization? Finally, I discuss the implicit and explicit accusation of Christianity for glorifying sacrifice and thus enhancing a secular or religious "culture of death": To what extent are these accusations relevant for Western secularism today? Is Christianity, in its conflict with Islam and other religions, a religion of violence and political confrontation? The question of sacrifice is no longer merely a religious issue. This contested topos breaks open at the violent border between suicide, religion, and secularism.

1 Jihad and Counter-Jihad

"Look – a plane!" And one moment later: "Ooooooh ..." A two-year-old boy sits playing on the floor when his attention is suddenly captured by the huge plane on the television, flying like an iron-bird between the skyscrapers of New York City before it crashes into the tower and goes up in flames; his voice falls like a stone, before it breaks into fine black dust. This reaction of a little boy on September 11, 2001 is somehow typical of most of us.[2] The event is beyond words, beyond explanations. It remains a startling, disturbing image: An icon of the surreal, of mourning, and possibly, even then, a silent cry for revenge. "Being, that can be understood, is language", German philosopher Hans-Georg Gadamer once proclaimed.[3] Given this definition, the little boy was unable to *understand* what happened in two respects. First, he was not able to speak properly yet. That is something he has learned since then. Still, the second reason was more significant: what he saw was not even *expressible* in language. It was the image, the event that made such an epic impression on him that he still remembers – his first memory in life. He immediately captured something essential, since he is captured by the image, so is his generation, although he cannot understand it.

Since then, it has formed his perception of the world, his sense of life, the era, and the century to which he belongs. But the image itself remains beyond linguistic understanding. It is rather the expression of how the rationality of the twen-

2 The description of 9/11 and Breivik's terrorist attack in 2011 is taken from my article "Collapsing Horizons" (see n. 1), published on the occasion of the tenth anniversary of the terrorist attacks. Cf. this article for a more extensive discussion of the religious nihilism in both events.

3 "Sein, das verstanden werden kann, ist Sprache" (H.-G. Gadamer, Gesammelte Werke, vol. 1: Wahrheit und Methode. Grundzüge einer philosophischen Hermeneutik, Tübingen [5]1986, 286).

tieth century, including both secular and religious discourse, was terminated in the course of five to ten seconds. Ten years later, the boy's perception of reality was once more shaken by an event that was unprecedented in the modern history of Norway: the most massive terror attack and violent massacre in times of peace. A 32-year-old man attacks the political center of Norway with a huge homemade bomb, killing nine and devastating the office of the prime minister and his staff. While the police are rushing to the crime scene, the man drives up to a political youth camp at Utøya, close to Oslo, dressed as police officer. When entering the island, he tells the youth to come to him for protection. "Protection" is literally the word he uses to draw their attention and win their confidence, since they are worried about the terrifying attacks in Oslo, committed by the man standing in front of them. His protection is a warm gun and he directs it at random towards innocent youth. It takes more than an hour for the police to arrive at the island. The madman kills 68 young people, one by one. Among the horrible stories is the one that he killed them with a smile on his face.

And then, during a friendly football match between France and Germany in Paris four years later, the city is attacked by proclaimed Islamists from the so-called Islamic State (ISIS), although most of them grew up in Europe. The suicide bomber who tried to enter the football stadium was stopped and detonated the bomb outside, whereas others took hostages in a theatre or started extensive shootings at random in cafés and on the street while shouting "Allahu Akbar". The incidents are covered live by all Western media, and thus the intended effect is achieved: The terrorists declare a war against Western values such as liberty, democracy, and secularism, and they use excessive violence and religious symbols and slogans in order to demonstrate that there is no place to hide from this war. Conflict and violence is potentially anywhere and everywhere. Rather than isolating the battlefield to Syria, Iraq, and neighboring countries, they provoke a military reaction in order to de-stabilize the West and draw as many countries as possible into a global jihad.

Three events: In justification and situation rather different, but still they belong together, in a violent crossfire between the religions, or between civilizations (and perhaps in order to provoke the *break-down* of civilizations), between jihad and counter-jihad. "Being, that can be understood, is language", was Gadamer's proposition. These events and their consequences are not yet understood, but the language used to describe them betrays a preference for simple narratives, an affective form of communication. It is indeed hard to capture such brutality. Even in the horror cabinet of terrorists such brutality as witnessed in New York, at Utøya, and in Paris is rare. Still, it somehow fits into an image that overshadows the last two decades: A new kind of violence that makes it more difficult to distinguish clearly between religion and political violence.

The most famous terrorist from the 9/11 attacks, Mohamed Atta from Egypt, studying at Hamburg University of Technology in the suburbs of Hamburg, had written a letter where he described the attack as a *sacrifice*, emphasizing the need for absolute obeying by quoting the Quran: "Obey God and His Messenger, and do not fight amongst yourselves or else you will fail. And be patient, for God is with the patient" (Surah 8:46). He also describes how body and mind are purified prior to the sacrificial act and the jihadist ought to shout "Allahu Akbar" while killing the enemies, who are called "allies of Satan" insofar as they belong to the Western civilization.[4] A number of Muslim scholars with close links to Al Qaeda had prepared this interpretation of the event by publishing a fatwa in 1998. Here, jihad is declared against all Americans and their allies, and the scholars call it the duty of every good Muslim to kill Americans (civilians and military) and their allies all over the world. This is called "an individual duty for every Muslim who can do it in any country in which it is possible to do it, in order to liberate the al-Aqsa Mosque and the holy mosque [Mecca] from their grip, and in order for their armies to move out of all the lands of Islam, defeated and unable to threaten any Muslim."[5] The fatwa is full of references to an alleged holy war against Jews ("the Zionists") and Christians, whereas these enemies are accused of having declared war on all Muslims due to their military interventions in the Middle East.

The fatwa was quickly spread on the internet and contributed to the general perception among militant Muslims of suicide killings as martyrdom for the sake of Islam. This understanding of "jihad" is a rather modern, or even postmodern, reinterpretation of an old Islamic term, normally restricted to spiritual improvement and fight against evil temptations on an individual level. Still, the term has achieved the general meaning of religiously motivated resistance to non-Muslim peoples on behalf of the global Islamic *Umma*.

---

4 In the letter, after referring to the sacrificial character of his acts, he finally describes the moment of death as follows: "When the hour of reality approaches, the zero hour, [...] wholeheartedly welcome death for the sake of God." Cf. http://www.theguardian.com/world/2001/sep/30/terrorism.september113 (accessed October 10, 2015).

5 Http://www.pbs.org/newshour/updates/military-jan-june98-fatwa-1998/ (accessed October 10, 2015).

2 Sacrifice in a Post-Secular World

Since 2001, something has changed in our perception of the world. Some basic categories are confused and disturbed; it is not so easy to distinguish clearly between politics and religion any longer, and in this respect the terrorists seem to have succeeded. New religious resistance movements seem to pop up wherever there is a breakdown in international or state power, most dramatically the rise of the ISIS movement in Syria and Iraq, declaring a new caliphate in 2014 and since then extending their activities affecting further regions, from Caucasus to West Africa and Europe.[6] Several Muslim scholars around the world, e.g. in Canada and Russia, have declared fatwas against ISIS and their so-called caliphate in Syria and Iraq, but there have also been new fatwas in the other direction, including a fatwa from Saudi-Arabian scholars declaring war on Russia, the United States, and all their allies.[7] Europe is drawn into the conflict because European citizens are active as soldiers but also due to the migrants escaping the war.

Already in October 2001 Jürgen Habermas characterized the new era as "post-secular", and this term has been accepted at a broad basis, despite some objections.[8] Whatever Habermas actually meant by the term – basically he argues in favor of a *translation* of traditional religious insights into a secular public sphere – it has become a notion characterizing the confusing situation where the limits between secular and religious are jeopardized and redefined. After a century where the process of secularization was seen as more or less irreversible among social scientists, scholars have started inquiring into the very term "secular" in order to better understand the scope and range of this process: What characterizes a secular society? Is it a secularist country like France or a secular state in religious environment, like Turkey and the US? Is it secular in the sense of Dutch or Scandinavian non-attendance in church and rituals or in the sense of former socialist states in Eastern Europe? American social anthropologist Talal Asad has argued that secularism has never been a *neutral* position, although secular intellectuals have made such claims and declared religion to be superfluous and replaceable by other social

6 See C. Reuter, Die schwarze Macht. Der "Islamische Staat" und die Strategen des Terrors, Munich 2015.

7 Http://www.infowars.com/saudi-clerics-call-for-jihad-against-russia-in-syria/ (accessed October 10, 2015).

8 J. Habermas, Glauben und Wissen. Friedenspreis des Deutschen Buchhandels, Frankfurt a.M. 2001; H. Joas, Religion post-säkular? Zu einer Begriffsprägung von Jürgen Habermas, in: id., Braucht der Mensch Religion? Über Erfahrungen der Selbsttranszendenz, Freiburg i.Br. 2004, 122–128.

institutions. He has studied secularism in various regions around the world and argues that secular ideologies and secular societies mostly are deeply influenced by the dominant religion of that region. However, they pop up as contrary position to the hegemonic religions, jeopardizing their doctrines, criticizing their political influence, and arguing for a clear separation of state and religion. In this way, secularism (or rather, various secularisms) tends to seek political influence itself in order to dominate politics and achieve influence over education, public life, and political values.[9]

3 Secularism, Sacrifice, and Political Theology

Due to this post-secular debate on the historical and contemporary conditions of secularization, José Casanova has suggested that we distinguish between the three terms "secular", "secularization", and "secularism".[10] The latter is identified as a politically normative position that tries to prevent or limit the public influence of religion and seeks to delimit religion to the private or at least the inner-religious sphere. France and Turkey are typical examples of this strategy, although the French society globally represents an exception: With its strong principle of *laïcité*, secularism is turned into a state ideology. Religious scholar Olivier Roy has argued that the ideological thrust of French *laïcité* is the global exception, whereas Islam, including Western Islam, represents the historical rule. Hence, in this confrontation Islam is perceived as a threat to secularism – politically, legally, and ideologically.[11]

There are also a number of historical inquiries, often focusing on intellectual and political history, trying to analyze the Western "state of exception" which is based on a clear line of distinction between politics and religion. Mark Lilla follows a double strategy in order to better understand these changes: On the one hand, he studies the origins of modern political philosophy in Hobbes, Locke, and Voltaire. He sees a clear trajectory running from Hobbes' Leviathan via Rousseau and Kant up to German Idealism. On the other hand there is a theological self-limitation

---

9 T. Asad, Formations of the Secular. Islam, Christianity, Modernity, Stanford 2003.

10 J. Casanova, The Secular and Secularisms, Social Research 76 (2009), 1049–1066.

11 "There is in French *laïcité* a specific fear of Islam, whether we seek to de-Islamize migration or, on the contrary, to reject immigration and the generations of the French descended from it in the name of an alleged incompatibility between Islam and Western values. But the only thing that is specifically French is precisely the use of the system of *laïcité* to domesticate Islam" (O. Roy, Secularism Confronts Islam, New York 2007, 33).

and domestication of religion within liberal Protestantism, in particular in the period of so-called liberal theology in Germany and significant parts of Europe in the nineteenth century. The final product of this development is according to Lilla the "stillborn" God, which is also the name of his book, with a clear reference to Nietzsche.[12] Lilla is very concerned with the threatening collapse of the fragile distinction between politics and theology in the West. He fears that this line of division, which was introduced by Hobbes, soon may be erased or confused by the pressure from politico-religious thought:

> Yet there is a deeper reason why we in the West find it difficult to understand the enduring attraction of political theology. It is that we are separated from our long theological tradition of political thought by a revolution in Western thinking that began roughly four centuries ago. We live, so to speak, on the other shore. When we observe civilizations on the other bank, we are puzzled, since we have only a distant memory of what it was like to think as they do. [...] The river separating us is narrow, yet deep. On one shore the basic political structures of society are imagined and criticized by referring to divine authority; on the other they are not. And this turns out to be a fundamental difference.[13]

The dramatic metaphor of a deep river underscores Lilla's main concern: This is *the West against the Rest*. Towards the end of his book, he warns the readers against stepping into this river at all, since it may be fatal for anyone who comes close to this mythical Flood of Secularism. Hence the *others* disappear behind the horror image of terror; they lose their human traits as civilized human beings. Due to the events of 9/11, this image has certain traumatic characteristics in the United States that suspend more rational approaches. However, according to philosopher Martha Nussbaum, Europe has developed a similar attitude of intolerance towards public religion and in particular religious symbolic issues such as the veil, the minaret, and circumcision.[14]

Lilla's dramatic and heroic struggle against the others, i.e. all the pre-modern people who base their lives and societies on political theology, and the secular line of division between "us" and "them", has not only earned praise, but also rather sharp criticism and irony. Gil Anidjar has sharply criticized the militant and somewhat ignorant secularism of his position. He also accuses him of propagating

12 Cf. M. Lilla, The Stillborn God. Religion, Politics, and the Modern West, New York ²2008.

13 Lilla, Stillborn God (see n. 12), 4–5.

14 Cf. M. Nussbaum, The New Religious Intolerance. Overcoming the Politics of Fear in an Anxious Age, Cambridge, Mass. 2012.

a triumphant Christianity with his book.[15] Although the notion of a "stillborn" God may be a provocation to many Christians, this invention of a *secular* Christian civilization is a historical *novelty*, triumphant over all the others, who still remain barbarian and uncivilized in their ignorance of this deep division between religion and politics.

Paul Kahn, a law scholar and philosopher from Yale, has picked up the famous but contested claim of Carl Schmitt, indicating that all key notions of modern politics are secularized theological concepts. Today, he claims, this is not a question of sovereignty but of sacrifice. Sacrifice indicates the *place* of the sacred in modern secular societies according to Kahn, and he argues that the question of secularization is much more complicated than the banal question of separating state and church:

> Political theology does not just challenge a particular configuration of legal institutions, as if the question were one of scaling down the separation between church and state. It challenges the basic assumptions of our understanding of modernity, the nature of individual identity, and the character of the relationship of the individual to the state.[16]

Hence, if Kahn is right, the question of sacrifice is located at the heart of modern secular societies. Whereas Schmitt's political theology was polemically raising the question of sovereignty *against* the modern democratic order, he thinks that contemporary political theology will have to look at the question of governance and sovereignty from below, in order to identify the *sacred* values of a modern society. The sacred is thus re-constructed *within* the society in order to identify absolute values of the society as a whole – i.e. the values we would be willing to die for, and thus sacrifice human lives. The imaginary of the democratic state is producing such sacred values in order to secure its own continuation, he argues. Even the political tradition of democracy, which historically is founded on a revolution, as we find in France and the United States, is based on a particular logic of sacrifice, he thinks. This deep intertwinement of law and sacrifice is according to Kahn instrumental for producing and legitimizing political decisions in the US and in other Western countries.

On the other hand, when revolutions are supported in the Arabic world or elsewhere, it reflects such revolutionary romanticism which is deeply intertwined with the self-perception of the West. I would argue that this form of intervention

---

15 G. Anidjar, A Review in Three Parts, http://blogs.ssrc.org/tif/2007/12/26/a-review-in-three-parts (accessed October 12, 2015).

16 P.W. Kahn, Political Theology. Four Chapters on the Concept of Sovereignty, New York 2011, 18.

is based on the historical foundation of democracy in a revolutionary event constituting the law. It is as if the Western countries are looking towards the Arabic world in order to reconstruct itself in a mirror of confirmation and negation. Hence, I find it convincing when Paul Kahn argues that the political re-organization of the world we have witnessed over the last fifteen years would hardly be imaginable without this interdependence of law and sacrifice.

Let us apply this insight to the cases we have discussed so far: When the Twin Towers were attacked in 2001, itself a sacrificial act on behalf of the terrorists, the dying people – and in particular the brave firemen who gave their lives for others – were also perceived as *sacrificed* on behalf of the American community, American values, and the American *way of life*. Since the declared enemy confesses his faith in Islam and defines different values as sacred (often in opposition to Western secular values), the question of sacrifice for the secular society becomes all the more crucial.

This point of view conforms to May Jayyusi's perspective on the suicide bomber, whom she defines as the exact opposite to Agamben's *homo sacer*:

> If "homo sacer" is the one who can be killed and not sacrificed, then the martyr here inverses this relation to sovereignty, transforming himself into he who can be sacrificed but not killed. Many testaments of martyrs are signed with the words "the living martyr," *ashaheed al-hayy*. They can be sacrificed but cannot be killed; the koranic verse "Do not count those who are martyred for the sake of God dead but alive with their lord" is the signature of every *bayyan*.[17]

If Jayyusi is right, the suicide bomber becomes insurmountable and sovereign, the only one who is able to control his own destiny. And this radical or even nihilistic individualism somehow conforms to the destiny of the post-secular world: The suicide bomber is victim and traitor, rebel and obedient servant, individualist and self-destructive believer dying for his community of believers. The ambivalence of this sacrifice is conspicuous.[18]

---

17 Quoted from T. Asad, On Suicide Bombing, New York 2007, 43; cf. also the discussion by G. Anidjar, The Idea of an Anthropology of Christianity, Interventions 11,3 (2009), 367–393.

18 Cf. M. Timmann Mjaaland, Ambivalence. On Sacrifice in Philosophy, Society, and Religion, NZSTh 50,3/4 (2008), 189–195.

4 Suicide Bombing and Western Secularism

In his controversial booklet on suicide bombing from 2007, Talal Asad argues that Western liberalism and secularism are based on certain politico-religious convictions which are rarely ever questioned in a liberal society.[19] Some of these convictions have violent implications, even though they are often applied in arguments for peace. Thus, Asad argues, there is a fundamental connection between universal principles of dignity and humanity on the one hand and the exercise of military power in order to protect these principles on the other. The principles of humanitarianism therefore include prescriptions determining the timing and means for declaring war, as well as for the killing of soldiers and civilians: Such actions are allowed when they are done on behalf of a sovereign state, preferably a democratic one; yet they are not allowed when they are done on behalf of individuals or groups which do not represent a sovereign state. In those cases it is called terrorism and harshly condemned. Asad points out that despite wars often being much more destructive than these so-called terrorist acts, this seems to lack any significance; the crucial point, he says, is that the acts *run counter to the Western principles of exchange between violence and civilization*. Hence, they are judged to be "barbarian".[20]

Asad argues that there is no "clash of civilizations" in the world today, rejecting a thesis formulated by Samuel Huntington in the 1990s.[21] He admits that there is a deep and violent split, but he sees it as a clash between what the West has respectively constructed as the civilized and the barbarian worlds, thus a heritage from colonialism. He believes that the *mission* of liberalism, continuing where the Christian missionaries used to spread the word of judgment, grace, and reconciliation, is to spread its own principles of civilization into a barbarian world, even though it will necessarily lead to resistance, violence, and severe oppression. The cost will be suffering and loss of human lives, he thinks, but the end seems to justify, or even sanctify, the means.[22]

However, it is not quite clear what Asad refers to as the "West" or "Western culture". Is it not a rather general construction covering very different authorities and cultures around the world? Is the West represented by a common religion, by a set of common values, by a common history? Is it a political culture characterized as "liberal" and "secular", as Asad seems to presuppose? The notion of Western cul-

19 Cf. Asad, Suicide Bombing (see n. 17), 59.

20 Asad, Suicide Bombing (see n. 17), 34–36.

21 See S.P. Huntington, The Clash of Civilizations and the Remaking of World Order, New York 1996.

22 Asad, Suicide Bombing (see n. 17), 62–63.

ture is almost as generalizing as the orientalism he refers to as the mirror of the West. He is presumably right in addressing a hegemonic world order characterized as Western and often referred to by ways of its common history, its modernity, its secularity, its democratic governance, and its insistence on Human Rights, but Asad is not very precise in his description of this complex political, religious, and historical structure. Asad is not an opponent to these values and practices; on the contrary, he explicitly supports them in his writing. Still, he believes that they are naïvely supported by Western societies, politicians, scholars, and media, and argues that they have their dark sides as well. These dark and violent aspects of Western culture often remain unnoticed and unsaid by Western observers, but they are experienced as painful, even disastrous, by the victims of Western political, legal or cultural influence, wars, and – even humanitarian – interventions.

In this political, ideological, and cultural framework, Asad claims that although suicide bombings are often linked to religion, we ought to look for other explanations in order to better understand the phenomenon. It is often given a cloak of religiosity, he writes, and a religious motivation is then ascribed to it. But then again, he blames "the West" for this kind of theories: Western commentators typically see it as a phenomenon of religious fanaticism and fundamentalism. Still, Asad argues that there are no traditional models of suicide bombing in Islam, that suicide is generally condemned in the Islamic tradition, and that even the concept of jihad is highly disputed and only applied in this modern sense in order to organize political resistance.[23] Therefore, his somewhat provocative thesis is that suicide bombing is not a phenomenon which belongs to traditional Islam, neither is it a typical sign of Muslim fundamentalism. On the contrary, he claims that it belongs to the political and cultural game of global liberalism and the radical pursuit of subjective freedom, as opposed to more traditional values.[24] Asad concludes:

> In the suicide bomber's act, perhaps what horrifies is not just dying and killing (or killing by dying) but the violent appearance of something that is normally disregarded in secular modernity: the limitless pursuit of freedom, the illusion of uncoerced interiority that can withstand the force of institutional disciplines. Liberalism, of course, disapproves of the violent exercise of freedom outside the frame of law.[25]

23 Asad, Suicide Bombing (see n. 17), 10–12.

24 Cf. Asad, Suicide Bombing (see n. 17), 15.38.88.

25 Asad, Suicide Bombing (see n. 17), 91.

Asad thus argues that the most plausible political and conceptual framework for suicide bombing is not Islamic and not even religious. The subject who seeks to fulfill his or her freedom from institutional oppression is seen as a child of the European Enlightenment and American interventions in the Arabic world.

5 Christian Sacrifice and the "Suicide" of Christ

Asad reaches the climax of his argument when he expends a great deal of effort in an attempt to connect this idea of liberalism to what he calls "the most famous suicide in history", namely the "suicide" of Jesus of Nazareth. His argument for calling Jesus' death a suicide is actually based on theological premises: He was not coerced to die; he was rather the master of his own death, a master who voluntarily gave his life for many.[26] Hence, when Palestinians and Syrians are accused of supporting a "culture of death", Asad rejects the premises for such allegations. There is indeed a disturbing praxis of *dealing death* in various subcultures in the Middle East, but Asad looks for a genealogical explanation of this praxis. Rather surprisingly, he points at Christianity as the reason for this culture. Such a culture, he contends, was founded in a place where death not only becomes the ultimate goal of life but also the meaning of "love for all the dead". Thus the slogan "a culture of death", which has often been used to denote the politico-religious movement of the suicide bombers,[27] is simply returned to the Western tradition, both in its Christian and secular forms. Asad distances himself from both by linking them to each other and implicitly accusing the suicide bombers of adopting a non-Islamic attitude. The consequence of his multicultural and post-colonial perspective is that since the suicide bombers follow this Western pattern, they seem to have become apostates: they are infidels or at the most Muslims confused by nihilistic Christian ideas – defined in accordance with Nietzsche's definition of Christianity as "nihilism".[28]

Let me add here that Asad's own post-colonial perspectivism would hardly be imaginable without late modern nihilism; and his very argument about Christianity as a "culture of death" is taken directly and wholesale from Friedrich Nietzsche. The Nietzschean legacy seems a peculiar starting point for Asad's genealogical ap-

26 Asad, Suicide Bombing (see n. 17), 84–86.

27 See e.g. C. Reuter, My Life Is a Weapon. A Modern History of Suicide Bombing, Princeton 2004, 93.

28 "[N]ihilism sticks in a very particular interpretation, in the Christian-Moral one" (F. Nietzsche, Sämtliche Werke, Kritische Studienausgabe [KSA], vol. 12, ed. G. Colli/M. Montinari, Berlin 1980, 125 [from the "Nachlaß"; my trans.]; see also KSA 6, 186, and KSA 6, 310).

proach, to which I will return below. Moreover, his image of "the West" and of "liberalism" would profit from a bit more complexity and doubt; what about the mutual influence and exchange of political and religious ideas between Christianity, Judaism, and Islam since the Middle Ages? Since Asad shows hardly any interest in such distinctions here, his genealogy reproduces images and prejudgments of "the West" in terms which are almost as stereotypical as Huntington's "clash of civilizations".[29]

Émile Durkheim's taxonomy of suicides in his groundbreaking sociological study "Le suicide" from 1897 has hardly played any constructive role in the discussion of self-sacrifice or martyrdom in the global post-secular society. The phenomenon is rather confusing and postmodern, hence Durkheim's categories do not fit exactly to the challenges we are facing today. It has been suggested that the suicide bomber is egoistic in his wish to kill others, but most scholars who have discussed the issue, including Talal Asad, conclude that this type of suicide is *altruistic*, since the suicide bomber sacrifices his own life for the sake of community. This is in line with Durkheim's analysis of the Christian martyr, based on narratives from antiquity and the time of the crusades. He argues that although "they did not kill themselves, they sought death with all their power and behaved so as to make it inevitable. To be suicide, the act from which death must necessarily result need only have been performed by the victim with full knowledge of the facts."[30]

This is obviously the rationale behind calling Jesus' death a suicide as well, but I am not quite convinced. I think Durkheim – and Asad – confuse the categories by overlooking the difference between killing and being killed. Not every martyrdom is by definition a suicide, nor is every suicide martyrdom. Moreover, it is necessary to distinguish between an aggressive and a defensive martyrdom.[31] It is difficult to see how the sacrifice of Christ, which is celebrated in the Holy Communion as a sacrifice for humanity as a whole, could be called aggressive martyrdom. On the contrary, it is declared an *ephapax*, a sacrifice once and for all, which makes further sacrifices superfluous. Admittedly, such theological interpretations are no guarantee against an aggressive politics of sacrifice against other religions or civilizations but an argument for the aggressive *usage* of sacrificial reasoning within secular

---

29 Cf. Iranian sociologist Fahrad Khosrokhavar's description of a re-construction of "the West" in Islamism of the 1980s and 90s, a description which seems to have influenced not only the political debate but also social sciences and Islam studies: F. Khosrokhavar, Suicide Bombers. Allah's New Martyrs, trans. D. Macey, London 2005, 61.

30 É. Durkheim, Suicide. A Study in Sociology, trans. J.A. Spaulding and G. Simpson, London 2002, 186 (French orig.: Le suicide, Paris 1897).

31 Cf. Khosrokhavar, Suicide Bombers (see n. 29), 6–10.

politics requires a more subtle argument than the one presented by Asad. Hence, the so-called suicide of Christ should be distinguished from the exploitation of this pattern in political respects. The test to this issue is whether martyrdom is understood in its passive or violent sense, as being killed for one's belief or being used as a means for killing other. The issue is not quite settled, and it is not unambiguous, but I believe that insisting on this difference is crucial.

If we were to apply Durkheim's taxonomy in an attempt to understand suicide bombings in the global conflicts today, I think they ought to be classed as *anomic* suicides. However, the suicide bombers are not only the result of disturbances of equilibrium, as in Durkheim's analysis of economic crises; they are themselves disturbing the collective order with their violence. All motives aside, that must be the most obviously intended *effect* of every reported suicide bombing: namely to disturb social order and trigger chaos, anger, horror, and despair.[32] This conclusion points to a deficiency in Durkheim's concept of religion. He sees religion basically as a stabilizing factor in society, and "God" is explained as an *apotheosis* of society itself. For Durkheim, religion represents a solid tradition, a tradition without crises, so to speak. That is one of the reasons why he values religion so highly, as a collective praxis which is "traditional and thus obligatory".[33]

What happens today is exactly the opposite: Religion is by no means only a stabilizing, traditional phenomenon. On the contrary, it has become a disturbing and transforming factor in international politics. Durkheim's definition and explanation of religion turns out to be a product of his view of secularization as an irreversible process, eventually resulting in a privatization and domestication of religion. From a post-secular perspective, Durkheim's definition is far too narrow, too focused on tradition, and it cannot account for the contradictory phenomena we observe today, which are intrinsically bound to "religion", but also transforming the meaning of this term in ways hitherto unexpected.

6 Transforming Religion

The problem of suicide or martyrdom thus also implies the problem of identifying motives. Asad seems to reject the basic premises for this debate. He simply rejects discussing motives for suicide bombing at all. He neither accepts the re-

32 Cf. M.M. Hafez, Suicide Bombers in Iraq. The Strategy and Ideology of Martyrdom, Washington, D.C. 2007, 91.

33 Durkheim, Suicide (see n. 30), 125.

ligious explanation, that they are martyrs and therefore heroes, nor the secular explanation, that they are suicidal and indoctrinated by a "culture of death". Asad argues that in the efforts of understanding and explaining suicide bombing, we ought to avoid the question of motives altogether, since motives are interior and personal and thus inaccessible to the external observer.[34] It is not difficult to follow Asad when he argues against social theorists such as Jon Elster, who tend to *reduce* the question of suicide bombing to an analysis of alleged motives.[35] However, his argument about the influence of Islam follows a similar strategy. He claims that there is no consensus about the use of jihad, sacrifice, and martyrdom in Islam, and hence, suicide bombings cannot properly be called Islamic in a traditional sense of the word.[36] At this point, Asad has actually left the question of motives behind and discusses the influence and reconstruction of Islam *in the world*, and this is exactly the point where the problems concerning jihad, martyrdom, and suicide bombing ought to be critically discussed in their entanglement with Islam from a political, social, and theological point of view.

In fact, suicide bombing receives very little *scholarly* support, even among Islamic theologians. Those who do support it prefer the notion of "martyr" rather than "suicide bomber".[37] Thus the central discussion at this point among Islamic theologians and religious scholars is whether these bombers are martyrs or commit suicide.[38] If they belong to the former group, they may expect to go to heaven with great honor. If they belong to the latter, their actions are strictly condemned and their relatives must live with deep shame. However, what if they belong to both? Religious authorities do not agree on where the limits should be drawn, a

34 Asad, Suicide Bombing (see n. 17), 40–42.

35 Cf. J. Elster, Motivations and Beliefs in Suicide Missions, in: D. Gambetta (ed.), Making Sense of Suicide Missions, Oxford 2005, 233–258.

36 Asad, Suicide Bombing (see n. 17), 56–57.

37 Cf. Khosrokhavar, Suicide Bombers (see n. 29), 60–62, and Reuter, My Life Is a Weapon (see n. 27), 119–120.

38 Cf. the following books which all discuss this topic from different points of view: Khosrokhavar, Suicide Bombers (see n. 29); A. Berko, The Path to Paradise. The Inner World of Suicide Bombers and Their Dispatchers, Westport, Conn. 2007; M. Bloom, Dying to Kill. The Allure of Suicide Terror, New York 2005; I.W. Charny, Fighting Suicide Bombing. A Worldwide Campaign for Life, Westport, Conn. 2007; Hafez, Suicide Bombers in Iraq (see n. 32); R.A. Pape, Dying to Win. The Strategic Logic of Suicide Bombing, New York 2005; Reuter, My Life Is a Weapon (see n. 27); J. Stern, Terror in the Name of God. Why Religious Militants Kill, New York 2003; R. Skain, Female Suicide Bombers, Jefferson, N.C. 2006.

situation which leads to deep conflicts and considerable confusion within Islamic communities in the face of an apparent double standard.[39]

Already in 1993 Asad published some interesting essays on religion which draw a rather different picture of the role of religion in contemporary societies than his 2007 volume on suicide bombing. In this book on "Genealogies of Religion" he criticizes Christian and secular scholars for dissociating religion and politics, as if that were the general condition for religions across the world, rather than being merely a peculiarity of Christian modernity, where religious institutions have been separated from the state due to a long period of secularization.[40] The standard norm, he argues, is that religion and politics belong to the same discourse of power, jurisprudence, and public life – as is still the case in Islam. Asad writes: "The connection between religious theory and practice is fundamentally a matter of intervention – of constructing religion in the world (not in the mind) through definitional discourses, interpreting true meanings, excluding some utterances and practices and including others."[41]

That is exactly what goes on in the Middle East, in Europe, and in America these days: constructing – or rather *re*-constructing – religion *in the world* through definitional discourses and, even more, through actions, through violence, and political conflict, as well as efforts at redefining the role of religion in the public sphere. This re-construction is of course not always in line with *traditional* Islam, *traditional* Christianity, etc. That is exactly what happens to living religions – and in particular in times of crisis: they get a radically different meaning through new challenges and new interpretations of old patterns. French-Iranian sociologist Fahrad Khosrokhavar, who has dealt extensively with the issue, writes:

> When it becomes possible to die for a sacred cause that transcends personal desires in an imaginary totality, either national or global, then martyrdom is possible. But for that to happen, there must be a tradition within which it can, when necessary, be legitimized, even if its meaning is inverted. The specific feature of Islam is that it legitimizes sacred death in the service of the community or *umma* by making it part of the fabric of a war that enjoys religious legitimacy, namely *jihad*.[42]

This analysis of the transformation of tradition displays Asad's concept of religion as Durkheimian, even *secular* Durkheimian, since he rejects both (1) the radical

39 Reuter, My Life Is a Weapon (see n. 27), 123–125.

40 T. Asad, Genealogies of Religion. Discipline and Reasons of Power in Christianity and Islam, Baltimore 1993, 53–54.

41 Asad, Genealogies of Religion (see n. 40), 44.

42 Khosrokhavar, Suicide Bombers (see n. 29), 52.

re-interpretations of Islam as "Islamic" and (2) the potential for religion to cause change and de-stabilization. For Durkheim, religion can only be a stabilizing factor in society, "traditional and thus obligatory", and is referred to as the symbolic representation of a society which seeks to preserve itself and the most essential aspects of its collective life.

However, the recent return of religious issues on the global political scene has put an end to this assumption. Religion may just as well point in the opposite direction, motivating people to break from the present, break from tradition, and move toward political action in radically new ways. In this continuous exchange between tradition, presence, historical myths, and the media world, religion may just be an expression of the new and radical as well as the old and traditional. We must also accept that religious patterns, in more than one respect, form the future by offering politicians, activists, and public opinion templates for understanding, responding to, and acting in the world.

This should not be a surprising insight, particularly in Europe. In so far as the Protestant Reformation was a break from traditional ideas in the Middle Ages, it may be seen as a necessary historical precondition for European modernity and secularization. Still, the justification(!) for this break was taken from biblical sources, from the Letters of Paul and the example of Jesus in the Gospels, which were read in a more detailed way, and interpreted more literally than had been done for centuries.[43] Luther certainly thought that his readings were closer to the Church Fathers than his adversaries. Thus the new arises inside the tradition, it is justified by the tradition, but gives the impetus for radically new ways of understanding history, society, and human existence. In the present, we are on the cusp of rediscovering the formative power of religious patterns and ideas, and hence, under the so-called post-secular condition, we will have to accept a more complicated and broken image of the mutual influence between secular and religious ideas and political movements.

7 Cultures of Death – and Life

Talal Asad has posited the provocative but ironic question whether there is a crucial difference between someone who kills in order to die and someone who dies in order to kill. Since the difference between the two alternatives is reduced to in-

43 Cf. M. Timmann Mjaaland, The Hidden God. Luther, Philosophy, and Political Theology, Bloomington, Ind. 2016, 119–121.

difference, I am afraid that the consequences of Asad's argument will be less elucidating. His question looks backwards, into the logic of a *genealogy of morals*, in order to dissolve the critique, justify Islam, and blame "the West", the Christians, and Western liberalism for introducing suicide bombing as a political tool. The genealogy is, however, at least double and holds the opposing "cultures of death" tightly together in a *double bind*, continuously producing new conflicts and more dead bodies in repetitions of Abrahamic/Ibrahimic sacrifices – although apparently ignoring the possibility of divine intervention for the sake of the suffering Isaac/Ishmael. It seems like this war reproduces stereotypes from the history of religion and politics, of Crusades and mutual suspicion. Hence, they keep on stirring the imaginary of political terrorists such as Breivik, who saw himself as a crusader on holy warfare, although today a declared non-Christian and basically secular in his personal religious convictions. The same applies to the holy warriors in Islam, who are equally post-secular in their fascination for violence: They correspond to each other like jihad and counter-jihad. Although raising a number of significant questions concerning the role of sacrifice and self-sacrifice in a world called "post-secular", even Asad contributes with his essay to the logic of a "conflict of civilizations"; a logic he opposes but is unable to unmask and therefore falls prey to.

Hence, what can we say, when people start running around at the post-secular marketplace, with a lantern or machine gun in their hand, looking for God? The question of sacrifice is raised every time we hear about the explosion of a suicide bomber, and it runs along some of the deepest ruptures of culture, religion, and politics in our times. Admittedly, the effect of such an act is amazing: the bomber contributes to a violent reorganization of the relationship between secularism and faith, religion and politics. Yet still, the horizon for understanding these relationships seems to break down, like the towers of 9/11. There is an echo of shock and estrangement mixed with hate and admiration on each side following these images of self-immolation and self-sacrifice, resounding with the question: Where is God? ... Do we smell nothing as yet of divine decomposition?

Abstract

The author analyzes the problem of sacrifice in religious conflicts worldwide in a "post-secular" world where the limits between religion and secularism are undermined. In a discussion with Talal Asad he argues that the question of suicide bombing will hardly be understood or explained properly without a critical analysis of political Islam. He concludes that the very notion of "religion" and the various religions are transformed through *political* and *socio-cultural re-formatting*, challenging even "secular" states to identify and reconstruct their *sacred* values.

Der Autor analysiert das Problem des Opfers in Religionskonflikten in einer „post-säkularen" Welt, in der die Grenzen zwischen Religion und Säkularismus infrage gestellt werden. In einer Diskussion mit Talal Asad kommt er zu dem Schluss, dass das Phänomen der Selbstmordattentate ohne eine kritische Analyse des politischen Islams kaum verstanden oder erklärt werden kann. Er stellt fest, dass der Begriff der „Religion" und die verschiedenen Religionen gegenwärtig durch einen politischen und sozio-kulturellen Veränderungsprozess gehen und die „säkularen" Staaten damit zur Identifikation und Wiederherstellung ihrer „heiligen" Werte nötigen.

Rolf Schieder

Die Inszenierung einer Tragödie

Praktisch-theologische Überlegungen zu einer Trauerfeier im Kölner Dom am 17. April 2015

Im Jahr 2014 starben 3.368 Menschen durch Unfälle im Straßenverkehr. Im Jahr 1970 waren es noch 21.000 Tote. So sehr die staatlichen Behörden die nach wie vor hohe Zahl von Verkehrsopfern bedauern und so erleichtert sie darüber sind, dass die Zahl der Toten kontinuierlich sinkt, so ist doch nicht bekannt, dass es zum Gedenken an die Verkehrsopfer jemals einen „Staatsakt" gegeben hätte. Warum wurde dann aber der 150 Opfer eines Flugzeugabsturzes mit einem Staatsakt gedacht?

Staatsakte ordnet in der Regel der Bundespräsident an. In der Vergangenheit wurde der Staat nur dann rituell aktiv, wenn er solcher Menschen gedenken wollte, die sich in besonderer Weise um das Gemeinwesen verdient gemacht hatten – wie etwa beim Tod von Bundespräsidenten oder Bundeskanzlern. In diesem Jahrhundert freilich mehren sich Staatsakte, die nicht der Opfer, die Menschen erbracht haben, gedenken, sondern der Menschen, die selbst Opfer von Unfällen, Naturkatastrophen und Terroranschlägen geworden sind. Während man im Englischen zwischen *sacrifice* und *victim* präzise unterscheiden kann, fällt das im Deutschen schwer: für das Opfer, das man bringt, und für das Opfer, das man ist, verwenden wir das gleiche Wort.

Praktisch-theologisch von Interesse sind diese Staatsakte, weil sie meist in Kirchen stattfinden – dem Berliner Dom, dem Kölner Dom, dem Hamburger Michel oder auf den Stufen des Erfurter Doms – öffentliche Gebäude mit einer eigenen monumentalen Theologie. Die Staatsakte schließen sich in der Regel direkt an einen sogenannten ökumenischen Gottesdienst an. Die Integration des Staatsaktes in einen christlich-liturgischen Rahmen – wie etwa beim Gottesdienst und Staatsakt zum Gedenken an drei getötete Polizisten in Afghanistan am 18. August 2007 im Berliner Dom – hat sich nicht bewährt. Das damalige Singen der Nationalhymne und der darauf folgende Segen wurden von liturgisch sensiblen Beobachtern als eine schwer erträgliche Nähe von Thron und Altar empfunden.

Trotz dieses schwierigen Balanceaktes werden Staatsakte in Deutschland gerne unter dem Dach einer Kirche abgehalten. Die Formel „Trennung von Kirche und Staat" ist offenbar viel zu unscharf, um das komplexe Verhältnis von Staat, Kirchen und Religionsgemeinschaften in Deutschland abbilden zu können. Ganz offensichtlich nimmt der Staat die Unterstützung der Kirchen dankbar in Anspruch, wenn Ereignisse das geistige Gefüge des Gemeinwesens so erschüttern, dass eine öffentliche rituelle Vergewisserung notwendig ist. Und umgekehrt stellen die Kirchen ihre Gebäude, ihr Personal und ihre liturgische Kompetenz gerne zur Verfügung, um in einem öffentlichen Ritual einen Beitrag zur Wiederherstellung der imaginären gesellschaftlichen Ordnung zu leisten.

Und so empfing Ministerpräsidentin Hannelore Kraft auf den Stufen des Kölner Doms als Gastgeberin des Staatsaktes die geladenen Gäste aus dem In- und Ausland, während der Dompropst zu Beginn des sogenannten ökumenischen Gottesdienstes die Gemeinde im Dom selbst begrüßte. Kirche und Staat kooperierten in beeindruckender Harmonie. Obwohl kirchenrechtlich das *ius liturgicum* bei der gastgebenden Kirche liegt, verdankte sich die Liturgie im Kölner Dom – wie bei allen Staatsakten in Kombination mit einem Gottesdienst - einem intensiven Dialog zwischen der Protokollabteilung des Innenministeriums und den beteiligten Liturgen: ein bis ins Detail geplanter, gemeinsam verantworteter, zivilreligiöser Dienst am Volk.

1 Wer soll getröstet werden?

Trauer wird in unserem Land in der Regel als eine Privatangelegenheit angesehen. In diesem Fall aber kündigte der Westdeutsche Rundfunk die Übertragung der Trauerfeier aus dem Kölner Dom unter dem Titel „Deutschland trauert!" an. Wer genau ist „Deutschland" und was genau ist das Objekt der Trauer? Wie sollen 80 Millionen Deutsche trauern, da doch nur ein verschwindend kleiner Bruchteil von ihnen die Toten kannte? Mit der herkömmlichen Trauer um einen Angehörigen hat diese Form der Trauer jedenfalls nichts zu tun. Offenbar hat der Verlust, um den das Kollektivsubjekt „Deutschland" trauert, weniger mit individuellen oder familialen Schicksalen zu tun als mit einem Verlust, den man als Vertrauensverlust in die Stabilität der sozialen Ordnung bezeichnen könnte. Ist der Begriff „Trauer" also überhaupt angemessen? Müsste es nicht vielmehr heißen: „Deutschland ist entsetzt!" oder „Deutschland ist verstört!" oder „Deutschland ist fassungslos!" Das jedenfalls waren die Begriffe, die in der öffentlichen Berichterstattung häufig verwendet wurden. Der Differenz zwischen dem, was „Deutschland" empfand, und dem, was in den trauernden Angehörigen vorging, wurde durchaus sensibel Rechnung getragen. Kameras durften die Angehörigen nicht filmen – sie blieben bei der Fernsehübertragung im Hintergrund und auch vom anschließenden Empfang, bei dem sich die Angehörigen mit dem Bundespräsidenten, der Bundeskanzlerin und der Ministerpräsidentin trafen, gab es keine Bilder.

Wäre eine Formulierung wie „Deutschland leidet mit!" angemessener gewesen? Wollte die Bevölkerung also im Kölner Dom vor allem ihr Mitgefühl ausdrücken – mit Eltern, die ihr einziges Kind verloren hatten, mit Arbeitskollegen, die einen Freund vermissten, mit Ehemännern, die auf ihre Frau und ihr Kind vergeblich warteten? Aber hätte es dazu eines „Staatsaktes" bedurft? Hätten die Medien nicht ohne staatliche Unterstützung dafür sorgen können, dass die Welle des Mitgefühls bei den Hinterbliebenen ankommt? Oder geht es bei einem „Staatsakt" gar nicht um die Hinterbliebenen?

Der Frage ist also weiter nachzugehen: Um was für ein Ritual handelte es sich eigentlich bei dieser Kombination von Gottesdienst und Staatsakt am 17. April im Kölner Dom? Ganz offensichtlich handelte es sich nicht nur um einen christlichen Gottesdienst, der allein mit den Methoden der christlichen Liturgiewissenschaft analysiert werden könnte. Denn die christliche Liturgie war lediglich Teil einer größeren Inszenierung, die nicht von den Kirchen, sondern vom Staat initiiert und verantwortet wurde. Die hier vertretene These lautet, dass es sich um ein zivilreligiöses Ritual handelte, das der Restitution erschütterten gesellschaftlichen Vertrauens diente – und dafür der Opfer nicht nur als Opfer, die sie waren, gedachte, sondern diese auch als solche inszenierte, die stellvertretend für uns alle auf tragische Weise an den transzendenten Grund sozialer Ordnung erinnern. Insofern bleiben die Opfer in der rituellen Inszenierung vom 17. April nicht nur *victims*, vielmehr wurde ihr tragischer Tod auch als *sacrifice* gedeutet. Der sinnlosen Tat wurde ein Sinn verliehen. Möglicherweise liegt also der Doppeldeutigkeit der deutschen Sprache nicht ein Mangel an Differenzierungsvermögen, sondern die Einsicht zugrunde, dass die soziale Deutung des Opfers durchaus changieren kann.

2 Wandel des Opferdiskurses

Didier Fassin und Richard Rechtmann haben in ihrer Aufsehen erregenden Untersuchung „The Empire of Trauma. An Inquiry into the Condition of Victimhood" aus dem Jahre 2009 den Wandel des Umgangs mit „Opfern" in der „moralischen Ökonomie" von Gesellschaften nachgezeichnet und dabei zum einen festgestellt, dass die früher oft geübte Hermeneutik des Verdachtes gegenüber Opfern einer enormen Bereitschaft gewichen ist, Opfern aller Art beizustehen und ihnen Unterstützung zuzusichern. Opfer, so Fassin und Rechtmann, nähmen deshalb heute eine so prominente Rolle in westlichen Gesellschaften ein, weil am öffentlichen Umgang mit ihnen sich das kollektive Bewusstsein einer Gesellschaft ihrer moralischen Verantwortung angesichts der unberechenbaren Bedrohungen dieser Welt vergewissere. Dass die moralische Ökonomie einer Gesellschaft nichts Gegebenes ist, sondern immer wieder neu ausgehandelt werden muss, lässt sich an der Debatte im Jahr 2015 darüber, ob die Bundeskanzlerin gegenüber Flüchtlingen zu freundlich sei, gut zeigen.

Fassin und Rechtmann weisen darauf hin, dass sich auch das historische Bewusstsein westlicher Gesellschaften gewandelt habe. Nicht das Heroische werde erinnert, sondern die Geschichte der Opfer. „Our relationship to history has turned tragic" (275). Gerade dieses tragische Bewusstsein aber bestimme das Verhältnis der Gesellschaft gegenüber den Opfern: „Survivors of disaster, oppression and persecution adopt the only persona that allows them to be heard – that of victim. In doing so, they tell us less of what they are than of the moral economies of our era in which they find their place" (279). Vor allem dann, wenn die erinnerten Opfer tot sind, hat das Gemeinwesen die Deutungshoheit. Auf den Vollzug der zivilreligiösen Inszenierung in Köln hatten die Angehörigen keinen Einfluss. Wenn denn die Diagnose eines tragischen kollektiven Bewusstseins stimmt, dann ist es nicht verwunderlich, dass der Begriff des Tragischen bei der Deutung des schockierenden Anschlages eines Piloten auf seine Passagiere und seine Kollegen eine so große Rolle spielte. Der Begriff regt auch dazu an, das zivilreligiöse Ritual insgesamt unter theatralischen Gesichtspunkten in den Blick zu nehmen.

Ursula Roth hat in ihrer 2006 erschienen Untersuchung „Die Theatralität des Gottesdienstes" zum einen zu Recht festgestellt, dass ein Gottesdienst keine Theateraufführung sei, dass sich aber durchaus Struktur- und Funktionsanalogien feststellen ließen. „Wie die Theateraufführung, so ist auch der Gottesdienst ein gemeinsam und gleichzeitig hervorgebrachtes Ereignis, das grundsätzlich transitorisch ist, also allein im Vollzug seiner selbst besteht [...]" (293). Und weiter stellt sie fest: „Wie die Theateraufführung ist auch der Gottesdienst eine ‚transformative Performanz', insofern auch er sein Ziel darin hat, allen Anwesenden einen Erfahrungsraum zu erschließen, in dem – mindestens für die Dauer des Geschehens selbst – Wirklichkeit anders zur Ansicht kommen und sich das Welt- und Selbstverhältnis der Einzelnen neu justieren kann" (ebd.). Bekanntlich hat Aristoteles der Tragödie eine dreifache Wirkung zugeschrieben: sie rufe Mitleid und Furcht hervor, bewirke aber auch eine *Katharsis*, eine Reinigung und Befreiung von den entsetzlichen Gefühlen, die das Bedenken der Katastrophe und des schuldlos Schuldigwerdens zunächst hervorrufen. Während die millionenfache mediale Verbreitung des Flugzeugabsturzes in der Tat Mitleid und Furcht hervorriefen, so bedurfte es doch eines öffentlichen Rituals, um jene kathartische Wirkung zu erzielen, die der antiken Tragödie zugeschrieben wird. Kann man Gottesdienst und Staatsakt zusammen also als die Inszenierung einer zivilreligiösen Tragödie bezeichnen – mit dem Ziel, im Erinnern der Flugzeugkatastrophe kollektive Katharsis zu ermöglichen? An der Art und Weise, wie die Opfer repräsentiert wurden, lässt sich das kathartische Interesse gut ablesen. Die 150 grausam Getöteten wurden bei der Feier im Kölner Dom nicht als in einem unwegsamen Alpental grausam verstümmelte Leichen erinnert, sie waren auch nicht in Särgen liegend präsent, nicht einmal ihre Namen wurden verlesen. Sie waren vielmehr im Symbol 150 brennender Kerzen auf den Stufen des Altars anwesend. Als solche sollten sie die Situation gewissermaßen erhellen und – gleichsam als Hoffnungsschimmer – an das erinnern, was im Angesicht des Verlustes und des Todes dennoch bleibt.

Das kollektive Bewusstsein wurde zusätzlich durch das Wissen beschwert, dass die Passagiere und die Besatzung von einem suizidwilligen Piloten getötet wurden. Es gab einen Täter und 149 Opfer. Selbst wenn man den Täter für ein Opfer seiner psychischen Erkrankung hält und insofern davon sprechen will, dass er als „Selbstmörder" quasi als Kollateralschaden 149 Menschen „mit in den Tod riss", so lässt sich die Schuldfrage nicht gänzlich verdrängen. Was in einem Gerichtssaal ein Skandal wäre, nämlich dass zwischen Täter und Opfern nicht unterschieden würde, das war bei diesem öffentlichen Ritual bewusst inszeniert. Täter und Opfer wurden gleichermaßen als Opfer einer Tragödie präsentiert, deren kathartische Wirkung offenbar gefährdet erschien, wenn man den Sachverhalt des 149-fachen Totschlages durch einen Piloten einer deutschen Luftfahrtgesellschaft zu viel Aufmerksamkeit geschenkt hätte. Nicht nur das, was bei einer solchen Veranstaltung gesagt wird, sondern auch das, was verschwiegen wird, ist aufschlussreich. Bevor der zivilreligiösen Inszenierung der Tragödie im Einzelnen nachgegangen werden kann, soll zunächst geklärt werden, was unter Zivilreligion verstanden wird.

3 Was ist Zivilreligion?

Der Tübinger Ethiker Eilert Herms hat in seinem Buch „Kirche in der Gesellschaft" aus dem Jahr 2011 eine Definition von Zivilreligion vorgelegt, die ich mir im Wesentlichen zu eigen machen kann. Zunächst stellt Herms im Vorwort fest: „*Zivilreligion ist der Begriff eines wesentlichen Aspektes von Religion, nämlich der Begriff der Bedeutung, den jede Religion für das bürgerliche Gemeinwesen besitzt, und der Verantwortung, die jede Religion für es trägt. So verstanden gilt: Jede Religion ist auch eine Zivilreligion*" (XIII). Wichtig an dieser Bestimmung ist der doppelte Fokus: zum einen geht es um die

Rolle der Religion für die Bürgergemeinde unter den Bedingungen der Trennung von Kirche und Staat und zum anderen um die Religionsgemeinschaften, die für das politische Gemeinwesen, in dem sie existieren, eine Mitverantwortung tragen. Um die Aussage „Jede Religion ist auch Zivilreligion" verstehen zu können, bedarf es freilich einer Verständigung darüber, was unter Religion zu verstehen ist.

Herms möchte ein Religionsverständnis überwinden, das Religion als eine bloß akzidentielle Dimension menschlichen Bewusstseins versteht: als könne man religiös sein oder es auch bleiben lassen. Religion ist für ihn das Innewerden menschlicher schlechthinniger Abhängigkeit von der Notwendigkeit, in relativer Freiheit leben zu müssen. Religion ist mithin die unabweisbare Einsicht in unsere unmittelbare Selbsterschlossenheit, die gar nicht anders kann, als in irgendeiner Weise Gebrauch von ihrer Freiheit zu machen. Dieses „Genötigtsein zu einem verantwortlichen Weltverhältnis" (60) wird faktisch von jedem Individuum auf je eigene Weise wahrgenommen.

Zwischen dieser formalen Bestimmung des Religionsbegriffs und seinen inhaltlichen Bestimmungen ist freilich zu unterscheiden. „Inhaltlich ist jede Religion eine Gewissheit über die Verfassung, über den Ursprung und die Bestimmung des Menschseins. Religion ist also nichts anderes als eine zielwahlorientierende Gewissheit und ihr Charakter ist der, dass diese Gewissheit, weil sie aus dem Erleben stammt, immer drei Merkmale besitzt, die zusammen da sind: Sie ist *verpflichtend*. Sie stammt aus dem Erleben des Lebens als einer Aufgabe. Sie ist eine *orientierende* Gewissheit, weil sie einen Inhalt hat, und sie ist eine *motivierende* Gewissheit, weil und soweit dieser Inhalt verheißungsvoll ist" (63 f.).

Und was ist dann Zivilreligion? Zivilreligion ist für Herms „Religion in ihrer gesellschaftsgestaltenden und näherhin politikgestaltenden Funktion" (67). Zwischen „Religion" und „Weltanschauung" will Herms bewusst nicht unterscheiden – wie dies übrigens Art. 4 unseres Grundgesetzes auch nicht tut. Denn in beiden Fällen geht es um fundamentale Überzeugungen über die universalen Bedingungen innerweltlicher Handlungsgegenwart und des sie gewährenden irreversibel-zielstrebigen Prozesses, deren faktisch zielwahl-orientierende Funktion zeigt, dass sie den dafür erforderlichen Status von Gewissheit besitzen und „kommuniziert", also „geteilt" und das heißt „gemeinschaftlich gelebt werden" (88). Dieser Einsicht, dass Religionen und Weltanschauungen funktional äquivalent sind, wird mittlerweile in diversen Forschungsprogrammen, so etwa im Rostocker Graduiertenkolleg „Deutungsmacht", Rechnung getragen. Weil der Begriff „Weltanschauung" als belastet gilt, weicht man dort in die englische Sprache aus und untersucht Gemeinsamkeiten und Unterschiede von (nichtreligiösen) „belief systems" und Religionen.

Nicht jede private Meinung oder geäußerte Stimmung ist bereits eine Religion oder eine Weltanschauung: davon kann erst die Rede sein, wenn eine Gruppe von Menschen diese Gewissheiten generationenübergreifend und öffentlich wirksam kommuniziert. „Aus dem Gesagten ergibt sich, dass Religion als geteilte zielwahlorientierende Gewißheit zwar als eine erlebnismäßig, gefühlsmäßig manifeste Befindlichkeit einzelner Personen existiert, jedoch niemals bloß als solche, sondern stets auch in leibhafter Sozialgestalt“ (89). Der Ausdruck „Zivilreligion“ soll mithin jene Religion bzw. Weltanschauung bezeichnen, „die jedem Mensch als Mitglied einer staatlichen Gemeinschaft [...] also als Staatsbürger [...] eignet und die zielwahl-orientierende Gewissheit für seine Partizipation am staatlichen Leben hergibt“ (95f.). Weil jeder Mensch „am staatlichen Leben zielorientiert teilnimmt, deshalb ist diese Teilnahme stets religions- bzw. weltanschauungsabhängig. Jedem Staatsbürger als solchem eignet eine religiöse bzw. weltanschauliche [...] Motivation und Orientierung“ (96f.).

Darüber hinaus ist das spezifische Beziehungsgefüge zwischen dem Politischen und dem Religiösen zu beachten, wie es sich in der westlichen Welt herausgebildet hat: „Religion ist Zivilreligion, sofern sie in der Spannung der Interdependenz zwischen zwei gleichursprünglichen und gleich unabdingbaren, aber in ihrer spezifischen Funktion irreduzibel verschiedenen Interaktionssphären des menschlichen Zusammenlebens existiert“ (97). Zum einen ist das Politische offen für die zielwahlorientierenden Gewissheiten der Bürgerinnen und Bürger, ja ist geradezu auf ihre motivierende, orientierende und verpflichtende Kraft angewiesen. Zugleich aber sind auch die Religions- und Weltanschauungsgemeinschaften darauf angewiesen, dass eine staatliche Rechts- und Friedensordnung ihnen Religionsfreiheit garantiert. Dabei konfrontiert auch der Staat die Religions- und Weltanschauungsgemeinschaften mit Erwartungen und Zumutungen, beispielsweise der Anerkennung elementarer Menschenrechte.

4 Kirchliche Skepsis gegenüber zivilreligiösen Inszenierungen

Die christliche Theologie steht dem Konzept der Zivilreligion traditionell skeptisch gegenüber. Augustinus hat in *De civitate Dei* eine Tradition der Zivilreligionskritik begründet, die bis heute in Theologenkreisen für höchst plausibel gehalten wird. Augustinus referiert die Religionstheorie des römischen Philosophen Marcus Terentius Varro (116–27 v.Chr.), der zu seiner Zeit drei Formen des Religiösen unterschied: Eine *theologia mythica*, die ihren Ort im Theater und in der Arena hat. Wir würden heute von Volksreligion sprechen. Die Fußballbegeisterung vieler

Menschen fiele unter diese Kategorie. Dann eine *theologia civilis*, die die Bürgerinnen und Bürger an ihre Pflichten erinnert, und schließlich eine *theologia naturalis*, die ernsthaft über die Natur der Götter nachdenkt und die vor allem in den Akademien gepflegt wird. Nur die *theologia naturalis* fand Gnade in den Augen Augustins. Die *theologia civilis* lehnte er wegen ihres rein instrumentellen Charakters ab. Es sei besser, die Pflichten der Bürgerinnen und Bürger rational zu begründen, anstatt sie religiös zu überhöhen und damit dem Staat selbst eine religiöse Aura zu verleihen. Diese komme ihm als potentieller Räuberbande nicht zu.

Augustinus' Kritik war stilbildend. Christliche Theologen neigen bis heute dazu, die Illegitimität einer von den Kirchen unabhängigen Zivilreligion zu behaupten. Diese führe notwendig zu einer Anbetung des Staates und einer Instrumentalisierung der Religion für politische Zwecke. Der Raum des Politischen müsse gänzlich innerweltlich begründet werden. Die Protestanten Gustav Heinemann und Helmut Schmidt stehen für diese zivilreligiöse Skepsis. Heinemann wies den Begriff der Vaterlandsliebe mit dem Hinweis zurück, er liebe nur seine Frau. Und als Helmut Schmidt gefragt wurde, welche Visionen er als Politiker habe, meinte er, dass Politiker, die Visionen hätten, den Arzt aufsuchen sollten.

Politische Philosophen der frühen Neuzeit sahen das noch anders. Thomas Hobbes stellt in seinem „Leviathan" die Angewiesenheit des sichtbaren, sterblichen Gottes auf den unsichtbaren, lebendigen Gott heraus. Aber auch Jean Jacques Rousseau betont in seinem „Contrat social" die Notwendigkeit einer staatseigenen Zivilreligion, zu deren Bekenntnis Bürgerinnen und Bürger notfalls gezwungen werden müssten. Dass das Politische einer religiösen Letztbegründung bedarf, war nicht nur den beiden völlig evident. Das ist das Paradox der politischen Theorie in der frühen Neuzeit: einerseits wird die Trennung von Kirche und Staat im Interesse staatlicher Souveränität gefordert, gleichzeitig aber benötigt die Republik offenbar einen letzten Sinnhorizont, vor dem sie ihre Verfassung, ihren Ursprung und ihre Bestimmung rechtfertigen kann.

Eine etwas andere zivilreligiöse Gemengelage entwickelte sich in den Vereinigten Staaten von Amerika. Das alttestamtliche Narrativ des Exodus machte es den aus Europa vertriebenen religiösen Minderheiten leicht, das neue Land als ein verheißenes aufzufassen, als „God's New Israel", das sich freiwillig und gern auf einen Bund (*covenant*) mit Gott einließ. Die Karriere des *covenant*-Begriffs hatte nicht zuletzt mit der Schwäche eines rein utilitaristischen Vertragsbegriffs zu tun. Ein „Gesellschaftsvertrag", wie er Rousseau vorschwebte, beruht auf Reziprozität. Du gibst etwas, damit Dir gegeben wird. Das ist bis heute das Versprechen des Wohlfahrtsstaates. Aber in Krisenzeiten reicht ein bloßes Reziprozitätsmodell nicht aus. Die Frage: „Wofür lohnt es sich zu sterben?" weist über ein bloßes Vertragsmodell zwischen einem Staat und seinen Bürgern weit hinaus. Ganz offenbar gibt es ein nicht-kontraktuelles Moment im politischen Gesellschaftsvertragsmodell. Im Englischen gibt es die Unterscheidung zwischen *contract* und *covenant*: zwischen einem Vertrag und einem Bund. Einen Vertrag kann man kündigen, einen *covenant* nicht. Die Bindekraft eines *covenant* ist ungleich größer als die eines *contract*. Ein Bund mit Gott stellt die Bündnispartner in eine heilsgeschichtliche Perspektive. Wie groß der Einfluss des biblischen Narrativs auf die Vertragstheorien der frühen Neuzeit war, zeigt die Untersuchung von Eric Nelson aus dem Jahr 2010 „The Hebrew Republic. Jewish Sources and the Transformation of European Political Thought". Diese Tradition der Anknüpfung an das Exodusnarrativ lässt bis in die Gegenwart verfolgen. Die Inaugurationsfeiern von Präsident Barack Obama waren Bundeserneuerungsfeste, bei denen Obama als eine Art Mosefigur sein Volk an den ursprünglichen Bund erinnerte, diesen Bund als ein Versprechen deutete, das jedoch nur dann eingelöst würde, wenn alle die Verpflichtung und die Mission spürten und sich dementsprechend auf den Weg machten.

Im Jahr 1967 veröffentliche der Soziologe Robert N. Bellah den Essay „Civil Religion in America", von dem er später sagte, es sei ihm leider nicht erlaubt worden, diesen Text zu vergessen. Darin betont Bellah, dass Zivilreligion nicht notwendig in einer Anbetung der Nation enden müsse. Sie könne auch ein Bewusstsein dafür bilden, „that our nation stands under higher judgement". Zivilreligion könne als „an understanding of the American experience in the light of ultimate and universal reality" verstanden werden. Dazu bedürfe es aber letztlich einer „world civil religion".

5 Der Zusammenhang zwischen Menschenrechts- und Opferdiskursen

Hat sich mittlerweile eine solche globale Zivilreligion entwickelt? Und steht dieser globale Zivilreligionsdiskurs mit dem Wandel des Opferdiskurses in einem Zusammenhang? Die Verbindung zwischen beiden bildet der Menschenrechtsdiskurs. Ein Beispiel aus Südafrika mag das illustrieren: Im Jahr 1994 publizierte der weiße reformierte Theologe John W. de Gruchy in der Zeitschrift „The Christian Century" (Bd. 111) einen Text mit dem Titel „Waving the Flag. Civil Rights, African Style". Dort heißt es: „I never thought I would be seduced by civil religion." Aber bei der Inauguration Nelson Mandelas habe er ohne jede Scham der neuen Zivilreligion Südafrikas applaudiert. „We were all crying, in part for wasted years, but far more for the miracle of a new birth, the birth of a new nation." Und er schließt seinen Bericht von der Inaugurationsfeier mit der Bemerkung: "The secular and the religious, the universal and the particular, the public and the private flowed together in a way never seen before. [...] I now understand how people can die for the flag." Als Nelson Mandela starb, wurden noch einmal viele von diesem Geist des Aufbruchs, der Versöhnung erfasst. Die Notwendigkeit einer politischen Spiritualität, wie sie Nelson Mandela vorgelebt hat, wurde unmittelbar empfunden. Barak Obama mit seiner unüberbietbaren zivilreligiösen Rhetorik setzte den Ton bei der Trauerfeier in Soweto und zitierte den berühmten Satz aus Mandelas Verteidigungsrede bei seiner Verurteilung im Jahre 1964: „I have cherished the ideal of a democratic and free society in which all persons live together in harmony and with equal opportunities. It is an ideal which I hope to live for and to achieve. But if it needs be, it is an ideal for which I am prepared to die." Am Beispiel Nelson Mandelas lässt sich das Verhältnis des Zivilreligionsdiskurses zum Opferdiskurs gut bestimmen: Mandela war einerseits wehrloses Opfer eines rassistischen Regimes. Gerade seine Bereitschaft aber, diesen Opferstatus kritisch und offensiv gegen seine politischen Gegner zur Geltung zu bringen, machte ihn zum Hoffnungsträger, als das Apartheidregime zusammenbrach: Er war ein Opfer, das zugleich bereit war, Opfer zu bringen – und gerade so von seiner Freiheit Gebrauch zu machen.

Auch die bundesdeutsche Zivilreligion ist ohne einen Opferdiskurs nicht denkbar. Die Erinnerung der Opfer der Shoah bildet das Zentrum der deutschen Zivilreligion. Diese Erinnerungskultur, auf die die Deutschen mittlerweile stolz sind und von der sie annehmen, sie hätte als solche bereits kathartische Wirkungen, ist an den Schulen zu einem Verpflichtungsdiskurs geworden, gegen den sich auch Widerstand regt. Die Pflicht, der Opfer zu gedenken, wird mittlerweile als „Moralkeule" einerseits und als „Gedenkroutine" andererseits zurückgewiesen. Die Paulskirchenrede von Martin Walser aus dem Jahr 1998 wurde für den Ausdruck dieses Unbehagens stilbildend. Es gibt aber auch eine positive Variante der deutschen Zivilreligion. Sie zeigt sich im Art. 1 GG; er lautet bekanntlich: „Die Würde des Menschen ist unantastbar." Das ist der Glaubensgrundsatz der deutschen Zivilreligion. Sie ordnet sich damit ein in das weltweite Netz einer Zivilreligion der Menschenrechte, deren Dynamik in den letzten 50 Jahren nicht mehr übersehen werden kann. Von der Civil-Rights-Bewegung in den USA über die Umbrüche in Osteuropa und in Deutschland bis hin zum Ende der Apartheid in Südafrika: immer stand der Glaube an die Würde des Menschen im Mittelpunkt und immer hat eine weltweite Bewegung die nationalen Protagonisten unterstützt, den politischen Wandel herbeizuführen. Und immer ist die Erinnerung an jene, deren Würde doch angetastet wurde, mit andern Worten: die Erinnerung der Opfer, konstitutiver Bestandteil öffentlicher Rituale. Gerade für die Überführung nationaler zivilreligiöser Orientierungen in eine transnationale Zivilreligion der Menschenrechte scheint die theologische Kompetenz der großen Weltreligionen notwendig. Eine herablassende Arroganz oder ein isolationistischer Rückzug der Kirchen wäre in dieser Situation kontraproduktiv. Insofern kann man den Kirchen und Religionsgemeinschaften in Deutschland nur gratulieren, dass sie zuverlässig und bereitwillig ihren Beitrag zum Gelingen zivilreligiöser Feiern leisten. Das haben sie auch am 17. April 2015 mit bemerkenswerter Souveränität getan.

6 Die Liturgie der zivilreligiösen Feier im Kölner Dom

Auf die symbolische Präsenz der Opfer auf den Stufen des Altars als Licht- und Hoffnungsträger wurde bereits aufmerksam gemacht – Täter und Opfer waren dort unterschiedslos versammelt. Die Namen der ums Leben Gekommenen wurden nicht genannt. Sie sollten kollektiv als Opfer erinnert, aber in ihrer Individualität geschützt werden. Die nationale und religiöse Herkunft der Teilnehmerinnen und Teilnehmer an der Feier war vielfältig. Vertreter Spaniens und Frankreichs kamen beim Staatsakt selbst zu Wort. Ein Novum war, dass eine Muslimin mit Kopftuch gebeten wurde, eine Fürbitte zu formulieren. Die Anrede, die die Fürbitten verschiedener Personen einleitete, lautete: „Du Gott bei den Menschen". Bewusst wurde mithin eine Anrede gewählt, auf die sich auch eine Angehörige des Islam einlassen konnte – wie überhaupt das Interesse an der Inklusion aller Anwesenden deutlich spürbar war. Das war auch notwendig: denn sowohl die Opfer wie auch die Anwesenden fühlten sich ganz unterschiedlichen religiösen Traditionen verbunden. Die Formel „ökumenischer Gottesdienst" ist mithin sehr weit zu fassen: an der Liturgie waren nicht nur ein katholischer Bischof, eine protestantische Präses und ein griechisch-orthodoxer Metropolit, sondern auch eine Angehörige mit unbekannter Konfessionszugehörigkeit und eine islamische Unfallbegleiterin beteiligt. In den Bänken hatten sich Vertreter vieler Religionsgemeinschaften und vermutlich auch viele Konfessionslose eingefunden. Ausdrücklich wies der Dompropst auf den inkludierenden Charakter der Veranstaltung hin: Man sei zusammengekommen, um der Opfer, „die auf tragische Weise von uns genommen wurden", zu gedenken und einander beizustehen, „über Länder, Sprachen, Religionen und Konfessionen hinweg". Der Kölner Dom als zivilreligiöses Heiligtum.

Diesen alle einschließenden Impuls des Dompropstes konterkarierte Kardinal Wölki mit dem Hinweis zu Beginn des Gottesdienstes, dass man nun „im Namen des Vaters und des Sohnes und des Heiligen Geistes" beginnen wolle. Der Gottesdienst wurde damit deutlich als der spezifisch christliche Teil dieses Traueraktes markiert. Gleichwohl lassen sich bei aller Bestimmtheit in der Form immer wieder Bemühungen identifizieren, Gefühle der Verbundenheit zu erzeugen. Im Übrigen weist ja bereits die am Beginn eines jeden christlichen Gottesdienstes angeordnete Psalmenlesung eine interreligiöse Verbundenheit auf. Denn Psalmen haben ihren Ursprung in jüdischer Frömmigkeit und sind mithin nur in abgeleiteter Form Dokumente christlichen Glaubens. Die verzweifelten Fragen des Beters des 77. Psalms nutzten die Liturgen, um den Fragen der Angehörigen und der Gemeinde Ausdruck zu verleihen: „Wo warst Du, Gott?", „Erbarme dich unserer Zweifel!", „Wohin sollen wir mit unserer Trauer, unserem Zorn, unserem Erschrecken gehen?"

Auf das Tagesgebet, das der griechisch-orthodoxe Metropolit sprach, folgte die Ansprache der Präses der westfälischen Kirche, Annette Kurschus, über Offb 21. Sie fasst die Situation so in Worte: „Unbegreifliches ist geschehen." „Unbegreifliches wurde getan. Abgründe tun sich auf." Über diesen Abgrund könne kein Mensch eine Brücke schlagen. Das könne nur Gott selbst tun. Er müsse „das Unbegreifliche zu seiner Sache machen". Unser Weinen müsse zu seinem Weinen werden. Jede Träne, die vergossen werde, müsse er jetzt schon sammeln.

Kardinal Wölki, dessen Ansprache sich auf Kol 3,1–4 bezog, begrüßte die Versammelten mit den Worten „Liebe Schwestern, liebe Brüder" – und man konnte den Eindruck gewinnen, dass er damit nicht nur die Angehörigen seiner Konfession meinte, sondern alle Menschenkinder, die ihm zuhörten. Wie schon die Präses, die von einem „Zusammenrücken im Aushaltenmüssen" sprach, deutete auch der Kardinal angesichts der Schwachheit unserer Worte die leibhaftige Kopräsenz als Zeichen des Trostes oder doch zumindest des Willens zum Trösten. Seit 1.600 Jahren werde an diesem Ort gebetet und so könnten auch die, die nicht mehr beten könnten, zumindest zulassen, dass für sie gebetet werde. Auf die Festigung des „Bandes des Miteinanders" komme es jetzt an. Und die Opfer? Diese seien nicht einfach ins Nichts gegangen. Denn Gott gebe nichts und niemanden dem Vergessen preis. Gott bewahre das Andenken, dereinst auch unser eigenes Andenken. Kerzen seien in christlichen Kirchen Symbole für das ewige Leben. Und dann nahm der Kardinal eine bemerkenswerte Identifikation vor. Nicht nur die Angehörigen würden fragen: „Mein Gott, warum hast du mich verlassen?", so hätte schon Jesus gefragt, der sich sein Leiden auch nicht ausgesucht habe. Eine Analogie wird also hergestellt zwischen dem Opfer Christi und den Opfern des Flugzeugabsturzes. Das ist riskant, denn in der christlichen Dogmatik ist das Opfer Christi das Selbstopfer Gottes – keinesfalls war er wie die Passagiere und die Besatzung nichtsahnendes Opfer eines perfide geplanten Anschlages. Dennoch ist das Anliegen des Kardinals plausibel: denn nicht nur die Getöteten wurden in diesem Gottesdienst als Opfer angesehen, auch die traumatisierten Hinterbliebenen waren Opfer. Ihnen galt der Hinweis, dass Zustände der Verzweiflung, der Verlassenheit und des Zorns nicht gottlos sind, sondern von Gott als solche gewusst und gerechtfertigt sind. Um die Rechtfertigung der Opfer aber ist es einer zivilreligiösen Inszenierung allemal zu tun. Der Kardinal schließt seine Predigt nicht mit einem „Amen", sondern mit einer Übertragung des „Amen" ins Deutsche: „Ganz sicher!"

Als eine zivilreligiöse Kommunion lässt sich das Ritual des Weitergebens von kleinen Engeln aus Holz deuten. Während Engel in der theologischen Dogmatik ein Schattendasein fristen, spielen sie in der Frömmigkeitspraxis der Menschen eine wichtige Rolle. Da Menschen Engel bräuchten und nach ihnen suchten, seien alle aufgefordert, den Engel weiterzureichen, aber auch selbst anderen Engel zu sein. Nach dem aaronitischen und einem trinitarischen Segen verlassen die Liturgen den Altarraum unter den Klängen des Schlusschorals aus Bachs Johannespassion „Ach Herr lass' dein lieb' Engelein" und der Fernsehberichterstatter stellt fest: „Damit endet der ökumenische Gottesdienst und beginnt der staatliche Trauerakt." Ohne diese Feststellung hätte man den Wechsel vom kirchlichen zum staatlichen Zeremoniell nicht wahrnehmen können, denn sowohl die kirchlichen Redner wie auch die staatlichen reden vom selben Rednerpult aus.

Zunächst ergreift die Ministerpräsidentin von Nordrhein-Westfalen, Hannelore Kraft, das Wort. Betroffen, hilflos und wütend sei sie. Sie wünsche sich „so sehr", dass die Angehörigen das Mitgefühl spürten. Denn es gebe in allem Leid eine „tiefe menschliche Verbundenheit". Sie schloss mit den Worten: „Unser Herz ist bei Ihnen!" Menschliche Solidarität als Trostinstrument. Dann sprach Bundespräsident Gauck. Er wagt es, „die schreckliche Tat eines Einzelnen" zu benennen. „Uns fehlen die Worte für diese Tat." Fassungslosigkeit, Wut, Zorn, ungläubiges Erschrecken ergreife jeden, weil alle auf Vertrauen angewiesen seien. Deshalb handle es sich bei dieser „verstörenden Vernichtungstat" um einen „Vertrauensmissbrauch", der jeden von uns hätte treffen können. Aber vor „menschlicher Schuld" gebe es keine Sicherheit. Bei allem „Erschrecken über das Böse" habe diese Katastrophe aber auch gezeigt, dass Menschen zum Guten fähig seien, dass sie über sich hinauswachsen könnten und dass sie selbstlos helfen und einander verbunden sein könnten. Dann dankt er Frankreich und Spanien für Hilfe und Mitgefühl. Unter Anspielung auf die Heiligen Drei Könige wünscht er allen Anwesenden „einen Stern, der uns leitet und begleitet."

Mit weitaus weniger biblischer Semantik kommen die Regierungsvertreter Spaniens und Frankreichs aus. Das Datum des Flugzeugabsturzes bleibe im „kollektiven Gedächtnis Europas". Das Mitgefühl und die Solidarität mit den Opfern seien „europäisch" gewesen. Die enge Zusammenarbeit habe die europäische Wertegemeinschaft gestärkt. Waren die deutschen Redebeiträge noch sehr stark auf die aktuelle Trauersituation, vor allem der Hinterbliebenen, fokussiert, so kommt der zivilreligiöse Zweck der Feier im Kölner Dom in den Beiträgen aus Frankreich und Spanien unverblümt zum Vorschein: das Ritual dient der Wiederherstellung der europäischen Wertegemeinschaft, mit anderen Worten: der Wiederherstellung einer gesellschaftlichen Ordnung, die auf Vertrauen fußt und gerade deshalb allezeit gefährdet ist. Ganz zu Recht wies der Bundespräsident darauf hin, dass Flugzeuge Symbole für die Fragilität unserer gesellschaftlichen Existenz seien.

7 Der Mehrwert der Integration eines Gottesdienstes in eine zivilreligiöse Feier

Als die im Fernsehstudio des Westdeutschen Rundfunks anwesende Psychologin danach gefragt wurde, was sie an diesem Gottesdienst besonders beeindruckend fand, verwies sie auf die Fürbitte einer der Angehörigen. Diese sei schließlich die Einzige gewesen, die keine Rolle gespielt habe, sondern ganz authentisch gewesen sei. Wenn es sich aber so verhielt, dass die meisten eine Rolle spielten – nach welchem Drehbuch handelten sie? Was für ein „Trauerspiel" führten sie auf? Welchem Höhepunkt strebte die Inszenierung zu? Der Mehrwert eines Gottesdienstes gegenüber anderen öffentlichen Inszenierungen besteht schlicht darin, dass diese Kommunikationsform es erlaubt, die menschlichen Widerfahrnisse in das Licht göttlicher Verheißungen zu stellen. Ohne Peinlichkeit darf dort öffentlich von Gott geredet und so nicht nur ein Perspektiv-, sondern auch ein Subjektwechsel vorgenommen werden. Während politische Repräsentanten zwar einen Subjektwechsel von „Ich" zum „Wir" proklamieren können, bleibt es den Vertretern der Religionsgemeinschaften vorbehalten, den Subjektwechsel zwischen Mensch und Gott zu inszenieren. Während Politiker auf die Solidarität der Mitmenschen und Institutionen verweisen, ging die Präses der westfälischen Kirche in ihrer Ansprache so weit, Gott selbst in die Pflicht zu nehmen: Jetzt müsse er sich der Tränen annehmen, nicht erst am Jüngsten Tage. Dem Bundespräsidenten, immerhin einem gelernten Pfarrer, war es bei dieser Inszenierung nicht erlaubt, das Wort „Gott" zu verwenden. Der Stern, dem die Weisen aus dem Morgenland folgten, war das Äußerste, was er zu sagen wagte. Der Bundespräsident war der einzige, der angesichts der „verstörenden Vernichtungstat" des Piloten von „Schuld" und „dem Bösen" sprach. Im Gottesdienst selbst wurde von Schuld und dem Bösen nur andeutungsweise gesprochen, obwohl doch das Vaterunser mit seiner Bitte „[...] und vergib uns unsere Schuld, wie auch wir vergeben unseren Schuldigern" dafür einen Rahmen geboten hätte. Der Bundespräsident hingegen konnte als politischer Repräsentant nur kompensatorisch darauf verweisen, dass Menschen auch zur Liebe und zu Gutem fähig seien. Hätte man das Entsetzliche dieses Ereignisses nicht sehr viel drastischer bereits im Gottesdienst vor Gott bringen müssen? Wurde mit dem Verschweigen der Täter-Opfer-Differenz die Möglichkeit zur kathartischen Darstellung des ganzen Ausmaßes des Traumas nicht versäumt? Das ist der Preis des gegenwärtigen Opferdiskurses: die Täter und die Tat bleiben im Dunkeln, nur das Trauma zählt. Gleichwohl gelang in Köln nicht nur die Inszenierung der Verbundenheit aller Anwesenden als wesentlicher Quelle der Wiederherstellung einer imaginären Ordnung, es wurde darüber hinaus die Tragödie insofern transzendiert, als sie im Gottesdienst in Gottes Hand gelegt wurde. Darin besteht die Stärke der deutschen Form zivilreligiöser Feiern – ein Vergleich mit der „Hommage national" der französischen Regierung am 27. November 2015 im Gedenken an die Terroropfer vom 13. November im Hof des Invalidendoms, an dem sonst nur französische Soldaten geehrt werden, macht dies deutlich: die transzendierende Kraft der „Marseillaise" bleibt deutlich hinter Bachs Johannespassion zurück.

Zusammenfassung

Die Trauerfeier für die Opfer einer Tragödie, bei der ein psychisch kranker Copilot akribisch geplant 149 Menschen – Passagiere, seinen Kollegen und die Flugbegleiter – durch einen absichtlich herbeigeführten Absturz des Flugzeuges in den französischen Alpen mit in den Tod riss, wird darauf hin untersucht, welche Funktion dieses zivilreligiöse Ritual hatte, wie es im Einzelnen durchgeführt wurde und welche praktisch-theologischen Lehren daraus zu ziehen sind. Dabei wird die enge Kooperation zwischen Staat, Kirchen und Religionsgemeinschaften bei ihrem gemeinsamen Versuch, die imaginäre Ordnung des Gemeinwesens wieder herzustellen, besonders gewürdigt. Offen bleibt die Frage, wie öffentlich und rituell mit der Frage der Schuld umgegangen werden soll.

In German, "victims" and "sacrifices" are both called *Opfer*. A clear distinction cannot be made linguistically, only contextually. Blurring the line between "victim" and "sacrifice" is a phenomenon which caught the attention of social and cultural scientists recently. While societies in the 19th century tended to remember the heroic sacrifices of its members, the 21st century tends to remember the victims not only of natural disasters but also of genocide and terrorist attacks – and even of the actions of an obviously mentally ill pilot. An example for the new public sensitivity for victims is the *ökumenische Gottesdienst* and *Staatsakt* in April 2015 – not in a public building but in the Catholic dome of Cologne. Why and how do state and churches cooperate in order to remember the victims and in order to make some sense out of what had happened? This essay attempts to understand it as a civil religious ritual.

Hans-Martin Gutmann

Opfer, Scham und Schuld

Ein praktisch-theologischer Essay über den verändernden Blick Gottes

Opfer von Krieg, Terror und Armut kamen im Jahr 2015 zu Hunderttausenden nach Deutschland, um einen Verfassungsanspruch zu verwirklichen, der in Art. 16a GG so formuliert ist: „Politisch Verfolgte genießen Asylrecht." Die deutsche Bevölkerung reagierte ambivalent: auf der einen Seite die Angst vor Überforderung und Überfremdung, auf der anderen Seite das zuversichtliche Motto „Wir schaffen das!", das Signal „Refugees welcome!" und spontane Hilfsbereitschaft allerorten. Viele Menschen wollten etwas geben. Sie machten die Erfahrung, dass sie etwas geben können, dass Menschen mit Dankbarkeit auf diese Hilfe reagieren, dass ihre Solidarität wirklich gebraucht wird. Durch Geben-Können erfahren Menschen, dass sie handlungsfähig sind, dass sie für andere da sein können. Und sie erfahren zugleich darin eigene Selbstwirksamkeit, eigene Lebensmacht. Oft lebenslang verfestigte Scham über nicht gelebtes und nicht gewürdigtes Leben wird unterbrochen.

Das Überraschende war die Spontaneität des Engagements für die Bedrohten, das sich innerhalb weniger Tage ausbreitete wie eine Welle. Die Leute mussten das ja nicht machen, sie hätten alles den zuständigen Behörden überlassen können. Es handelte sich um die massenhafte Erfahrung und Inszenierung von *aimance* (Alain Caillé), von spontaner Solidarität, Liebenswürdigkeit und Güte. Was in den nächsten Monaten und Jahren daraus werden wird, das müssen wir abwarten und werden wir so oder so sehen. Es bleibt aber dabei, dass die Wochen spontaner Hilfsbereitschaft, wie Bundespräsident Gauck formuliert hat, ins kollektive Gedächtnis der Deutschen eingehen werden.

Das ist die eine, die helle Seite, die andere, dunkle Seite muss ebenfalls gesehen werden. Nazis zünden geplante oder auch bewohnte Flüchtlingsunterkünfte an und überziehen Menschen, die sich für Flüchtlinge einsetzen, mit Hassbotschaften. Angriffe auf Asylbewerber nehmen zu. Das Grundrecht auf Asyl wird oft nicht wie ein Rechtsanspruch behandelt, sondern wie eine beliebig kontingentierbare, den ökonomischen Gegebenheiten anzupassende Größe. Die Bundeskanzlerin, die dieses Grundrecht nicht ausgehöhlt sehen will, wird auf Titelblättern der Medien als komische Heilige dargestellt – als verwechsle sie Recht und Politik mit politisch nicht einklagbarer Nächstenliebe. Junge muslimische Männer und Frauen, die in Deutschland Erfahrungen von „Entwichtigung" gemacht haben, machen sich auf, um an den Massakerfeldzügen des IS in Syrien und Irak teilzunehmen. Erlittene Scham wird hier durch Verstrickung in Schuld beantwortet. Und in der Entwertung und im Töten anderen Lebens wird zugleich eigene Grandiositätserfahrung gesucht. Diese Leute *geben sich her* für Strategien tödlicher Selbstinszenierung, deren religiöse Begründung allenfalls zynisch ist.

Ob jemand selbstlos etwas gibt, sich hingibt oder aber sich für etwas hergibt und sich nach grandios-ekstatischen Gewalterfahrungen sehnt, hängt vom Umgang mit der eigenen Scham ab. Diese Spur soll im Blick auf den theologischen Opferdiskurs im Folgenden verfolgt werden. Verändert die Fokussierung auf die Scham den Blick auf das Opfer? Hat das rituelle Opfer, das die jüdisch-christliche Religionstradition in spezifischer Gestalt überliefert und zugleich mit vielen Religionen teilt, für diese Zusammenhänge einmal symbolische Lösungsmöglichkeiten angeboten? Kann „Opfer" zureichend und vollständig verstanden werden, wenn es als Ausdruck von Reziprozitätsverpflichtung verstanden wird (als Sühnopfer oder auch als Aufhebung von Gewaltreziprozität in Gabenreziprozität)?

1 Das Grundanliegen des biblischen Opferverständnisses

Die Haltung, in der das Volk Gottes seinem Gott opfert, heißt nicht: *Do ut des*, sondern: *do quia dedisti*. Ich gebe, weil Du, Gott, gegeben hast. Eine befreiende Einsicht: Menschen können Gott durch ihre Gaben nicht zur Gegengabe verpflichten. Es ist umgekehrt: Gott gibt. Gott gibt Leben, er verheißt Nachkommenschaft und Land, er gibt das Gesetz, den Weg zum rechten Leben. Gott ist Subjekt, nicht Objekt des Gebens. Wenn Menschen opfern, antworten sie auf diese vorgängige Gabe Gottes. Diese Einsicht hat erhebliche anthropologische und theologische Tragweite. Menschliches Geben ist Antwort. Menschliches Geben kann sich im kultischen Opfer als solche Antwort auf Gottes Geben an Gott selbst richten – oder als Weitergeben an die, die es notwendig brauchen.

So oder so, der zentrale Akt von menschlicher Seite, in dem Kontakt zum Geber des Lebens gesucht wird, ist Gegengabe, Wieder-Geben – und nicht die Tötung des Opfers. Es hat immer wieder Versuche gegeben, das Zentrum menschlicher Opfer-Handlung im ekstatischen Akt der Tötung zu suchen. Die Faszination durch das Aufquellen der blutgefüllten Organe als Möglichkeit, das Innere des Lebensstromes anzusehen, der Menschen mit allen Lebewesen verbindet, ist jedenfalls in jüdisch-christlicher Tradition nicht Mittelpunkt des Opfers. In jüdisch-christlicher Religionstradition ist Gott als der vorgestellt, der alles gibt und der dadurch Menschen zum Wiedergeben verpflichtet – oder zum Weitergeben an die, die es brauchen. Die Sozialgesetze der Thora, die Verpflichtung auf die Lebensperspektiven der Armen, der Fremden, der Witwen und Waisen, dies ist die notwendig hinzugehörende zweite Seite des kultischen Opfers in der menschlichen Verpflichtung, Gottes Geben durch Wieder-Geben zu beantworten.

2 Die riskante Reziprozität des Opfers

Das Schema der *Reziprozität* bietet sich als Reflexionsbasis des Opfers an. Menschen können nur leben, können nur dann Nahrungsmittel zu sich nehmen, ohne die sie nicht leben könnten, wenn zuvor anderem Leben das Leben genommen wurde. Dabei spielt es prinzipiell keine Rolle, ob Fleisch oder Pflanzen verzehrt werden. Auch Pflanzen sind lebendiges Leben, das im Akt der Zubereitung und Nahrungsaufnahme von Menschen verzehrt wird. Im rituellen Opfer geben Menschen in symbolischer Form an Lebensumwelten zurück, was sie von ihnen empfangen haben. Es macht also guten Sinn, die Institution des Opfers im Zusammenhang von Reziprozität und der in reziproken Beziehungsstrukturen beinhalteten Verpflichtungen zu lesen. Die Verpflichtung zu geben, anzunehmen und wiederzugeben weist auf eine grundlegende Dimension eines jeden traditionellen Verhältnisses der Menschen zu ihrer Lebensumwelt, zu ihren Göttern und Ahnen hin. Gegengabe, symbolisches Wiedergeben von Leben, das man zum eigenen Leben-Können empfangen und verbraucht hat, ist Zentrum des Opfers – in welcher religiösen Symbolisierungsform diese Beziehung sich auch immer zeigt.

Der Übergang von Gabe zur Gewalt ist in dieser Opfer-Vorstellung immer riskant. Dies gilt für ökonomische agonistische Tauschformen wie den ekstatisch-ruinösen Gabenaustausch („Potlatch“), die jederzeit in kriegerische Aktionen umschlagen können. Auch in der Moderne ist diese ruinöse, wechselseitig verpflichtende Verausgabung durchaus lebendig, wie man an den immer neuen Aufrüstungsrunden zwischen den großen Militärblöcken bis 1989 ablesen konnte. Und neue Entwicklungen in den internationalen Beziehungen zeigen, dass diese Form zerstörerischer Reziprozität mit dem Ende des „realen Sozialismus“ keinesfalls an ein Ende gekommen ist.

Riskant ist das Verhältnis von Gaben- und Gewaltreziprozität auch im rituellen Opfer dann, wenn tierisches oder gar menschliches Leben dargebracht wird. Die Rückgabe des Lebens an den Geber des Lebens hat dann die Schlachtung des Opfers zur Voraussetzung. Auch wenn nicht im Moment der Tötung der Mittelpunkt der Opferhandlung gesehen wird, sondern in der Gabe, in der Gegen-Gabe an den Geber des Lebens, ist grausame Gewalt im rituellen Opfer präsent. Dies ist die eine Seite des Risikos im Opfer, wenn man Opfer von der Gabenreziprozität aus versteht. Die zweite Seite des Risikos ist ebenso mächtig und präsent: Es geht um das Problem der Verschuldung.

3 Schuld als das Ende der Reziprozität

Gottes Gabe ist so groß, so überschwänglich, so überreich, dass die Verpflichtung zur Gegengabe von menschlicher Seite aus niemals vollständig erfüllt werden kann. Weder die Gabe am Altar noch die minutiöse Einhaltung der sozialgesetzlichen Forderungen der Thora könnten einen Ausgleich zwischen Gottes vorangehendem Geben und dem Wiedergeben von Seiten der Menschen erhoffen lassen. Der Riss zwischen Gottes Geben und menschlichem Wiedergeben, damit der Riss zwischen Gott und Gottesvolk, zwischen Gott und Menschen wird immer größer und kann von Seiten der Menschen aus nicht mehr geschlossen werden. Deshalb entsteht aus einem Verständnis des Opfers aus Reziprozitätsverpflichtung das Folgeproblem der Sünde und der Schuld der Opfernden.

Anders als bei *ökonomischen Schulden*, die durch Erfüllung der Verpflichtung zum Ausgleich prinzipiell *von Seiten der Schuldner* getilgt werden können, ist dies beim Problem der *Schuld* prinzipiell ausgeschlossen. Beim Problem der *Schuld* radikalisiert sich die Unmöglichkeit, zerrüttete Beziehung zwischen Tätern und Opfern durch Rückzahlungsverpflichtung lösen zu wollen. Anders als bei ökonomischen Schulden kann Schuld niemals von den Schuldnern aus gelöst werden. Schuldner können sich von Schuld nicht selbst freisprechen und sich durch „Wiedergutmachung“ nicht freikaufen. Auch im Strafrecht hat sich die Überzeugung durchgesetzt, dass ein Vergehen durch staatliche Bestrafung nicht „wieder gut gemacht“ werden kann. Mörder werden zur Vergeltung in Deutschland nicht hingerichtet. Nicht einmal Sühne, die eine individuelle Bußgesinnung voraussetzt, kann staatlich inszeniert werden. Der Staat kann durch das Strafrecht lediglich das Vertrauen in die Rechtsordnung stärken und präventiv tätig werden. Zur Versöhnung fehlen ihm die Mittel.

Die Propheten Israels haben auf diese Differenz in ihrer Kritik am kultischen Opfer aufmerksam gemacht (z.B. Jes 1,1ff.; Jer 7; Am 5,21ff.). Das Opfer kann die Schuld nicht „sühnen“, kann den Riss zwischen Gott und Menschen nicht schließen, kann die Sünde nicht aufheben. Das Problem der Schuld ist in Reziprozitätsbeziehungen niemals lösbar. Schuld kann niemals heimgezahlt, Schuld kann nur vergeben werden. Schuld ist nur von Seiten der Opfer aus in ihrer Dimension realistisch zu ermessen. Wiedergeben, Heimzahlen, „Wiedergutmachen" ist keine mögliche Haltung für die schuldig Gewordenen, und zwar deshalb, weil das gesamte Verpflichtungs- und Verhaltensrepertoire von Reziprozitätsbeziehungen am Problem der Schuld scheitert. Nicht Gegengabe ist gefordert, sondern Einfühlung in die Perspektive des Opfers, in die Perspektive dessen, an dem man schuldig geworden ist. In Wahrnehmung des Risses zwischen Gott und Mensch, in Wahrnehmung der Sünde heißt diese Perspektivenübernahme Glauben. Glauben an das Vergeben Gottes.

Notwendig und heilsam ist nicht die zureichende Gegengabe, heilsam ist auch nicht das Sühnopfer, das dem Geben Gottes in seiner Radikalität und Dimension angemessen wäre. Anselms *cur deus homo* und alle darauf aufbauenden Sühnetheologien versuchen, die Gottesbeziehung im Modus menschlicher Grandiositätssehnsüchte zu konstruieren. Denn die Vorstellung, dass nur der Mensch gewordene Gott in der Lage sei, die Gegengabe-Verpflichtung an Gott als dem Geber allen Lebens zu erfüllen, ist schnell als Versteckspiel menschlicher Sehnsüchte zu enttarnen. Welcher Mensch könnte dieses angebliche Spiel zwischen Gott und Gott erkennen und angemessen beschreiben? Heilsame Möglichkeit für das in-Ordnung-Bringen der Gottesbeziehung ist nicht die zureichende Gegengabe von Seiten der Menschen, sondern Glaube von Seiten der Menschen, der wiederum nicht einer Logik der Selbstreflexion folgt, sondern dem veränderten und verändernden Blick Gottes.

Gottes Geben ist so überschwänglich, dass menschliches Wiedergeben immer kümmerlich ist. Jeder Versuch einer Einhaltung aller sozialen und kultischen Regeln der Thora, dies hat der jüdische Rabbi Jesus von Nazareth ebenso gesehen wie der pharisäisch geschulte Intellektuelle Paulus, führt Menschen in die Größenphantasie, alles richtig machen zu können, verstrickt sie in Selbstbezüglichkeit, macht sie in sich selbst verkrümmt, *incurvatus in se ipsum*, wie der Reformator Luther anderthalb Jahrtausende später den Sachverhalt auf den Punkt gebracht hat. Gott will keine Opfer, Gott braucht keine Opfer - diese in der hebräischen Bibel ebenso wie im Neuen Testament immer wieder laut werdende prophetische Ansage folgt einer anderen Logik als der Logik der Reziprozität. Sie folgt der theologischen Logik des veränderten, verändernden Blickes Gottes.

4 Das destruktive Potential der Scham

Gegenwärtig ist in theologischen und anthropologischen, in philosophischen und psychologischen, in sozialwissenschaftlichen und literaturwissenschaftlichen Diskursen die Frage nach dem Zusammenhang von „Scham" und „Schuld" ein zentrales Thema. Scham kann für das menschliche Subjekt zerstörerischer sein als Schuld. Wer – wie der tragische Ödipus oder seine noch tragischere Mutter-Geliebte Iokaste in der griechischen Tragödie – dem „Tribunal der Blicke" des Chores, d.h. der Vielen ausgesetzt ist, wer wegen einer ohne Absicht begangenen Verfehlung vor diesem Tribunal der Blicke in Scham gestürzt wird, der stirbt den sozialen Tod, verliert das Gesicht so vollständig, dass Selbsttötung oder zumindest vollständiges Verschwinden von allen Bühnen sozialer Interaktion als einziger Ausweg bleibt.

Beschämung, die Konfrontation mit Scham vernichtet das menschliche Subjekt. Während Schuld – psychoanalytisch: die Verfehlung gegenüber den Forderungen des Über-Ichs – noch messbar wäre, juristisch durch Strafe verbüßt werden könnte, trifft Scham das menschliche Subjekt total, vernichtet es im Zentrum eigener Identitätsentwürfe. Wer mit Scham konfrontiert wird, scheitert nicht nur in den je und je zugemessenen sozialen Rollen. Das „Tribunal der Blicke" der Anderen, die das Subjekt mit seinem vollständigen Versagen, seiner Entwertung, seiner „Entwichtigung", seiner Nichtung konfrontieren, wird in der Widerfahrnis der Scham vom Subjekt selbst übernommen. Der von Scham überfallene Mensch sieht sich als ebenso wertlos, unwichtig, nichtig an. Die Fremdwahrnehmung wird zur Selbstwahrnehmung. Das Subjekt scheitert an seinem Ich-Ideal. Primärer Narzissmus, also die Fähigkeit, sich selbst zu lieben wird ebenso zerstört wie die Fähigkeit, Geliebtwerden zu erkennen und anzunehmen. Die *good enough mother* in weiblicher oder männlicher Gestalt kann nirgends mehr wahrgenommen oder angenommen werden.

5 Die Scham als Geist des Opfers

Beschämung und Scham sind in anthropologischen Reziprozitätstheorien ebenso zentral gestellt wie in der ersten biblischen Opfererzählung. In anthropologischer Perspektive hat bereits Marcel Mauss die Antriebskraft zum Wiedergeben darin gesehen, dass bei verweigerter Gegengabe das menschliche Subjekt – als Individuum, als Clanmitglied, als Repräsentant einer Ethnie – sein Gesicht verlieren, ein „verfaultes Gesicht" haben, den sozialen Tod sterben würde. Die Vermeidung von zerstörerischer Scham ist der Motor im Gabenaustausch. Der in der Mauss-Debatte immer neu aufbrechende Streit darüber, ob sich wirklich ein Geist, ein „hau“ ausmachen lässt, der den Verpflichtungszusammenhang sozialen Zusammenhalts zwischen den Tauschenden garantiert, wird durch diese Einsicht zumindest neu konturiert. Der Geist des Opfers ist die Scham.

Die erste biblische Opfer-Erzählung (Gen 4), die vom Einbrechen der Gewalt in die menschliche Sozialität erzählt, stellt implizit das Problem der Scham zentral. Kain kann nicht aushalten, dass Gott sein Opfer ohne erkennbaren Grund zurückweist. Diese Beschämung zerstört ihn als ökonomisch erfolgreich Handelnden ebenso wie als Gegenüber in der Gottesbeziehung. Sein Blick senkt sich. Scham zerstört ihn in den Grundfesten seiner Existenz. Scham wird total. Die Scham ist nicht auszuhalten. Der Ausweg, den Kain wählt, ist die Flucht in die Schuld. Er wählt die katastrophale, gewalttätige, aber gegenüber der Scham wenigstens eingrenzbare, erinnerbare, erzählbare und damit für das Leben-Können als Subjekt erträglichere Handlung der Schuld. Er tötet seinen Bruder. Diese Untat wird von Gott nicht reziprok beantwortet. Gott vernichtet den schuldig gewordenen Kain nicht. Er gibt ihm ein Zeichen. Er sieht ihn mit verändert-veränderndem Blick an, mit einem Blick, den Kain aushalten kann, unter dem er leben kann, ja zum Kulturgründer werden kann.

Auch die große Zerstörung in der alles vernichtenden Flut (Gen 6,5–9,28), in der Gott nach der Sintfluterzählung zunächst reziprok auf überflutende Gewalt in den menschlichen Gesellschaften durch eigenes zerstörerisches Handeln antwortet (Gen 6,13), wird nicht durch verändertes menschliches Handeln beendet, auch nicht durch ein Opfer, das Gott in seinem Zorn umstimmen könnte, sondern durch einen veränderten Blick Gottes – charakteristischerweise mit der gleichen Begründung, die auch für seinen Vernichtungsentschluss einstand: „Ich will hinfort nicht mehr die Erde verfluchen um der Menschen willen; denn das Dichten und Trachten des menschlichen Herzens ist böse von Jugend auf“ (Gen 8,21). Der verändernde Blick Gottes macht neues, verändertes Leben möglich.

6 Spuren der Scham in biblischen Texten

Nimmt man die Scham-Spur in biblischen Texten auf, stößt man immer wieder auf ihre das menschliche Subjekt zerstörenden Wirkungen. Was Gott ein „Gräuel“ ist, kann in biblischen Texten, in diesem Fall ganz analog zur griechischen Tragödie, nur mit dem Tod des in seinen Körperinszenierungen, sozialen Interaktionen oder seinen Handlungen in dieser Weise beschämend von Scham beherrschten menschlichen Subjektes beantwortet werden. Paul Ricoeurs Vorschlag, in der Entwicklung der Symbolik des Bösen mit der von außen kommenden, quasi dinglichen *Befleckung* als ursprünglicher Wahrnehmung des Zerstörerischen zu rechnen – weit vor den stärker beziehungsorientierten Dimensionen von Schuld und Schuldgefühl – entspricht der Einsicht in die tief wurzelnde Vorgängigkeit von Scham gegenüber Schuld.

Scham ist für die Sozialität des Gottesvolkes genauso zerstörerisch wie für das Individuum – man denke an Elia, der in einer ekstatischen Gewaltorgie, nachdem er im Streit um den richtigen Gott eigentlich schon erfolgreich war, ein Massaker an den „falschen" Propheten anrichtet und danach, mit Scham hierüber konfrontiert, nur noch sterben will (1 Kön 19,4). Die Propheten des Gottesvolkes machen immer wieder deutlich, dass die durch Scham zerrüttete Beziehungsfähigkeit zu Gott, zu den anderen und zu sich selbst durch rituelles Opfer nicht aufgehoben werden kann. Nötig ist eine veränderte Weise zu leben, die ihrerseits Antwort auf den verändernd-veränderten Blick Gottes ist: Das Tun des Gerechten fließt aus diesem Blick Gottes heraus, ist nicht mehr Ergebnis angestrengter Regelkonformität, weil und wenn, wie Jeremia verdichtet formuliert, Gott sein Volk verändert verändernd ansieht: „Ich habe dich je und je geliebt, darum habe ich dich zu mir gezogen *aus lauter Güte*" (Jer 31,3). In Resonanz auf dieses verändernde Anblicken Gottes, auf den „neuen Bund", verändert sich das menschliche Subjekt in seinem Personzentrum: „Ich will mein Gesetz in ihr Herz geben und in ihren Sinn schreiben, und sie sollen mein Volk sein und ich will ihr Gott sein. Und es wird keiner den anderen [...] lehren und sagen: ‚Erkenne den Herrn', sondern sie sollen mich alle erkennen, beide, Klein und Groß, spricht der Herr: *denn ich will ihnen ihre Missetat vergeben und ihrer Sünde nimmermehr gedenken*" (Jer 31,33ff.). Die dem verändert-verändernden Blick Gottes entsprechende Haltung bei den Menschen ist nicht rigide Regelkonformität, sondern Vertrauen in Gott und spontane Güte gegenüber den Mitlebenden. Das große Aufatmen, das Raum schafft, anders zu leben.

Gottes verändert-verändernder Blick verwandelt auch den in der Kreuzigung zerschlagenen und anscheinend endgültig beschämten Rabbi aus Nazareth. Am Ende seines Weges durch Galiläa wurde er als Messias zurückgewiesen und in Resonanz auf diese Beschämungserfahrung verfluchte er Jerusalem. In Jerusalem, wo ihn der sichere Tod erwartete, trat er provokativ auf (Mk 11,7ff.; 11,15–19); trat dann in die Rolle des schuldlos für andere Leidenden und sich Hingebenden ein (nach Jes 52,13–53,12) und erlebte sich schließlich am Kreuz vollständig von Gott verlassen (Mk 15,34). Der Streit darüber, ob das Kreuz beschämendes Gräuel oder Symbol der Befreiung ist, wird bereits in der ersten Generation der Gemeinden mit ihrer skeptischen Umwelt geführt. Wenige Jahre nach diesem Ereignis kann Paulus schon schreiben: „Wir aber predigen den gekreuzigten Christus, den Juden ein Ärgernis und den Griechen eine Torheit; denen aber, die berufen sind, Juden und Griechen, predigen wir Christus als Gottes Kraft und Gottes Weisheit" (1Kor 1,23f.). Für die damals lebenden Zeitgenossen war die Rede davon, dass die Kreuzigung eines Menschen eine heilsame Bedeutung haben könnte, eine Zumutung oder schlicht Blödsinn. Die Kreuzigung Jesu war jedenfalls für seine Freunde und Freundinnen, die ihre Lebensplanungen für diesen Rabbi hingegeben hatten, so beschämend, dass sie Jesus verrieten, verleugneten, sich in alle Winde zerstreuten. Nicht die Lebenshingabe Jesu am Kreuz, nicht sein – wie der Hebräerbrief formuliert – ein für alle Mal zureichendes Selbstopfer wirken befreiend. Befreiend wirkt erst und dann wirklich der verändert-verändernde Blick Gottes. Er lässt den Gescheiterten und Beschämten nicht allein. Er erweckt den Gekreuzigten aus dem Tod. Seine Freundinnen und Freunde, die mit dieser Wirklichkeit konfrontiert werden, finden ebenfalls aus ihrer Scham, ihrer Angst, ihrer depressiven Selbstbezüglichkeit zurück ins Leben. Sie kehren zurück nach Jerusalem. Ein ungeheurer Energieschub wird freigesetzt. Die gute Botschaft verbreitet sich in den städtischen Zentren des östlichen Mittelmeerraumes und perspektivisch über den bewohnten Erdkreis: Gott sieht die Menschen und seine Geschöpfe zärtlich an. Seine Liebe ist voraussetzungslos. Sie verlangt keine Gegengabe. Es gibt keinen Grund mehr, Scheitern als Scham zu empfinden. Der gottlose, in seine depressive Weltabgewandtheit verstrickte Mensch wird gerechtfertigt und so aus seiner Situation befreit. Leben wird möglich, lebendige Beziehung, Empathie und Engagement für die, die es brauchen, aus spontaner Güte und nicht aus rigide empfundener Verpflichtung, empfangenes Gutes „wieder gut machen" zu müssen.

7 Aufatmen jenseits des Reziprozitätsparadigmas

Das Vertrauen auf den verändert-verändernden Blick Gottes kann zu einem individuellen wie kollektivem Aufatmen beitragen. Allerdings darf die Erinnerung daran nicht selbst rigide und selbstbezüglich werden. Einförmigkeit ebenso wie ein theologischer oder liturgischer „Waschzwang" sind kontraproduktiv. Der biblische Erzählstrom ist ebenso vielstimmig wie die Gestaltfindung christlichen Lebens und gottesdienstlicher Liturgie. Die Abendmahlsliturgie der protestantischen Tradition enthält beispielsweise viele Texte, die den Reziprozitätscharakter der Gottesbeziehung unterstreichen: „Für dich gegeben." Dies ist ein Beispiel für viele, an dem Sichtweisen wie die in diesem Beitrag vorgestellte rebellisch, rigide und möglicherweise selbst fundamentalistisch werden könnten. Ich plädiere deshalb dafür, im Umgang mit Gottesdienstformen, mit religiösen Praxisformen überhaupt, aber auch mit Theologien der Vielstimmigkeit biblischer Texte zu folgen. Denn das ist doch das befreiend Überraschende: Selbst so rigide theologische Redaktionen wie die nachexilische deuteronomistische Geschichtsschreibung lassen Texte stehen, auch wenn sie ihnen theologisch keinesfalls genehm sind. Oder auf einen aktuellen liturgischen Vorstoß bezogen: Natürlich kann man in einem protestantischen Gottesdienst einmal eine symbolische Fußwaschung inszenieren. Aber die Vorstellung, dies als heilsamen Gegenentwurf zum Abendmahl zu verstehen, überschreitet die Grenze zur Rechthaberei. Es sei denn, man wollte damit die Grenze zum Komischen überschreiten. Humor und Sinn für Skurrilität sind im innerprotestantischen ebenso wie im interreligiösen Diskurs erlaubt oder sogar erwünscht als eine heilsame Resonanz auf den verändert-verändernden Blick Gottes, unter dem menschliche Scham zerschmilzt und Aufatmen möglich wird.

Jenseits binnenkirchlich liturgischer Debatten kann das Vertrauen auf den verändert-verändernden Blick, mit dem Gott seine Menschen und alle seine Geschöpfe ansieht, ohne ökonomische, soziale oder religiöse Vor- und Gegenleistungen zu fordern, eine heilsame, Rigidität verflüssigende Stimme im Konzert zivilgesellschaftlich-demokratischer Akteure sein. Dazu müssten sich die Kirchen aber wirklich auf den Kontakt mit den gesellschaftlichen Bewegungen einlassen, die der gegenwärtigen Explosion fundamentalistischer Geltungsansprüche alternative Haltungen, Einstellungen und Handlungsperspektiven entgegenzusetzen versuchen. In den Auseinandersetzungen über den angemessenen Umgang mit den Asylsuchenden wird denen, die die Flüchtlinge willkommen heißen, gerne vorgeworfen, sie wären ja nur deshalb so fremdenfreundlich, weil sie sich ihrer Väter und Mütter schämten und deren Fehlverhalten überkompensieren wollten. Von einer authentischen Hilfsbereitschaft und Freundlichkeit könne also gar keine Rede sein. Das ist seit jeher das finstere Argument jener, denen gesellschaftliches Engagement Angst macht und die eine ihnen nicht genehme Offenheit für Veränderung delegitimieren wollen. Es ist ein Versuch, Scham zu erzeugen – eine Scham, die hemmt, die zögern lässt, die Selbstzweifel nährt. Es wäre also durchaus ein wichtiger Beitrag der Kirchen, die Menschenfreundlichen unter den Deutschen so zu stärken, dass sie sich für ihre Hilfsbereitschaft nicht auch noch entschuldigen müssen. Den Kirchen kommt da – neben der praktischen Hilfe – eine diskursstrategische Bedeutung zu. Sie können und müssen die Schamzumutung zurückweisen und die Perspektive Gottes, die die Dinge in ein anderes Licht rückt, stark machen. Das Zurückweisen unangemessener Rechtfertigungsimperative unter Berufung auf den verändert-verändernden Blick Gottes könnte so ein wichtiger Beitrag zur Entwicklung einer neuen politischen Spiritualität sein.

Zusammenfassung

Die Verschiebung des inhaltlichen Fokus vom Thema „Schuld“ hin zum Thema „Scham“ eröffnet eine neue Perspektive auf die Wahrnehmung der Beziehung zwischen Gott und Mensch im Verständnis des Opfers.

The shift of the focus from the topic “fault” to “shame” opens up a new perspective on the perception of the relationship between God and man in the understanding of sacrifice.

II. Dokumentation

Volker Gerhardt

Das Göttliche als Sinn des Sinns*

1 Ausgangspunkt im Sinn

In drei Monographien Wilhelm Gräbs steht der Begriff des *Sinns* im Titel.[1] Der Terminus ist, wie in zahlreichen Aufsätzen Gräbs, ein diagnostisches Mittel, um „Transformationen des Religiösen" in der modernen Lebenswelt zu erfassen. Doch mit der kulturtheoretischen Analyse der gegenwärtigen Lage des Glaubens kommt eine systematische Leistung des Sinnbegriffs zum Vorschein, die den Rahmen einer Diagnostik des zeitgenössischen Bewusstseins sprengt: Der Sinn tritt als fundierendes Element des Glaubens in den Blick, so wie er bereits auf einem ersten Scheitelpunkt der Moderne von Schleiermacher als „Sinn fürs Unendliche" gefasst worden ist. Damit wird nicht nur eine historisch-kulturelle, sondern vor allem auch eine theoretische Perspektive eröffnet, deren Reiz darin liegt, der Theologie zu einer besonderen Lebensnähe zu verhelfen.

„Lebensnähe" ist hier durchaus wörtlich zu verstehen, denn der alle Theologie tragende Glauben wird auf seinen Ausgangspunkt im sinnlichen Dasein des Menschen bezogen, ohne von den ebenfalls auf den Sinn gegründeten Leistungen des Erkennens und Verstehens abgetrennt zu werden. Wer vom Sinn spricht, darf an Weltorientierung und Letztbegründung, an das immer auch intellektuell bestimmte Streben nach höchsten Zielen sowie an die alles umfassenden Zwecke denken. Nur darf er dabei nicht vergessen, dass selbst die subtilen Neigungen spekulativer Gotteserkenntnis ihren Ursprung in den *Leistungen unserer Sinne* haben.

Diese Leistungen gehen von *Empfindungen* und *Wahrnehmungen* aus, um von ihnen über das *Erleben* und *Fühlen* zu *Einsichten* und *Erkenntnissen* überzugehen, die ihrerseits die Voraussetzungen für den *verstandenen* oder *verstehbaren Sinn* zu schaf-

---

* Festvortrag zur Akademischen Geburtstagsfeier zu Ehren von Wilhelm Gräb am 21. August 2013 im Tieranatomischen Theater Berlin.

1 W. Gräb, Lebensgeschichten – Lebensentwürfe – Sinndeutungen. Eine Praktische Theologie gelebter Religion, Gütersloh 1998 (^{2}2000); ders., Sinn fürs Unendliche. Religion in der Mediengesellschaft, Gütersloh 2002; ders., Sinnfragen. Transformationen des Religiösen in der modernen Kultur, Gütersloh 2006.

fen vermögen. Zum *Sinn* gehört somit alles, was überhaupt *Bedeutung* für uns haben kann. Und solange etwas *Bedeutung* hat, bleibt es auch an einen *Sinn* gebunden.

Das muss auch für den *Glauben* gelten. Wollten wir ihn von allem Sinn freistellen, wäre es sinnlos, überhaupt von Glauben zu sprechen. So weit gehen selbst die Kritiker des Glaubens nicht; sie räumen ja gerade mit ihrer Kritik des religiösen Glaubens einen Sinn des Glaubens ein und können es nur dadurch für kindisch, abwegig oder gefährlich halten, den Glauben an einen Gegenstand zu hängen, den es nach ihrer Meinung gar nicht gibt. Sie leugnen Gott oder das Göttliche und lehnen vielleicht auch die institutionellen Erscheinungsformen des religiösen Glaubens ab, zweifeln offenbar aber nicht am Wert oder an der Funktion des Glaubens. Damit belassen sie ihm einen *Sinn*, mit dem er im Zentrum einer jeden möglichen Selbst- und Welterfahrung des Menschen steht. Es wird sich zeigen, dass sie mit diesem Zugeständnis dem religiösen Glauben näher stehen, als es nach dem Wortlaut ihrer Kritik und wohl auch nach ihrem Selbstverständnis als religiöse Phlegmatiker, Agnostiker oder Atheisten zu erwarten ist.

2 Die alle humanen Kräfte einbindende Perspektive des Sinns

Unter diesen Bedingungen kann ich meinen geschätzten theologischen Kollegen Wilhelm Gräb gar nicht besser ehren, als durch die Skizze einer philosophischen Theologie, die auf den Begriff des Sinns gegründet ist. Dabei ist mir bewusst, dass die mit meinen bescheidenen philosophischen Mitteln ausgeführte rationale Auszeichnung des Glaubens nicht zu den bevorzugten Übungen der protestantischen Dogmatik gehört. Aber innerhalb der Grenzen meiner akademischen Disziplin kann ich nun einmal nicht anders, als auch die theologischen Fragen innerhalb der Grenzen der Vernunft zu traktieren. Ich behaupte ja nicht, dass dies alles ist, was sich über den Glauben, über Gott und das Göttliche sagen lässt.

Gleichwohl bilde ich mir ein, dass die Rückbindung des Glaubens in das Spektrum der spezifisch menschlichen Lebenskräfte im Ergebnis nicht dazu führen muss, meinen eigenen, wesentlich durch eine liberale lutherische Erziehung vermittelten und inzwischen durch die Lektüre des Johannes-Evangeliums und der Briefe des Apostels Paulus geprägten christlichen Glauben zu verleugnen. Im Gegenteil: Vor dem Hintergrund der philosophischen Tradition, in der ich mich zwischen den Polen von Platon und Kant bewege, fällt es mir leicht, den sowohl durch Jesus Christus wie auch durch seinen Apostel Paulus existenziell bezeugten und historisch versicherten Dreiklang von Glauben, Liebe und Hoffnung zur Grundtonart des Humanen zu rechnen.

Dabei steht das Humane nicht von Natur aus fest. Es muss vielmehr vom Menschen selbst im größtmöglichen Gleichgewicht mit sich und seiner Welt errungen und immer wieder neu gesichert werden. Das geschieht auf der Basis und im Medium seines Sinns, der sich möglichst bruchlos in seinen *physiologischen, sozialen, psychischen, semantischen* und *rationalen* Leistungen zu einem Ganzen fügen sollte, das dann selbst wiederum in einem *intellektuellen Sinn* kulturell und individuell so verstanden werden sollte, dass daraus ein Lebensentwurf hervorgeht, dem man in Übereinstimmung mit sich und anderen folgen kann. Daran haben das *Können* und das *Wissen* der Menschen einen unverzichtbaren Anteil. Aber wer immer deren Anteil betont, sollte wissen, dass sie keineswegs alles bieten können, was der Mensch vom Leben und von sich selbst verlangt.

Denn wer wirklich etwas weiß, weiß zugleich, wie wenig es im Vergleich zu dem ist, was er wissen müsste, um sich rundum versichert und selbstgewiss auf das Kommende einzustellen. Deshalb fordert gerade ein um fundierte Erfahrung, rationale Erklärung und intellektuelle Einsicht bemühtes Leben die *Ergänzung durch Glauben, Liebe und Hoffnung*.

Auch das ist nicht einfach ein Faktum, das der Mensch an sich vorfindet: Es ist eine substanzielle Ergänzung, die niemals als bloßer Ersatz verstanden werden darf. Für sie gibt es *gute Gründe*, die für jeden offensichtlich sind, der verständig und vernünftig zu leben sucht. Denn er kann nicht an der Tatsache vorbei, dass jede Erkenntnis, so unverzichtbar sie sein mag, auch ein Beweis für die existenzielle Unzulänglichkeit des Wissens ist.

Schon Sokrates und Platon haben deutlich gemacht, dass die Vernunft nicht wirksam werden kann, wenn sie nicht von der *Liebe*, von der auf *Beständigkeit setzenden* (und damit *hoffenden*) *Tugend* sowie von der *Begeisterung für das Allgemeine*, als das man das Göttliche verstehen kann, getragen ist. Diese Begeisterung ist *pistis*, der verehrende Glauben an das, was uns innerlich und äußerlich umfasst und allemal größer und tiefer ist, als wir bloß mit dem Blick auf gegebene oder selbst gemachte Sachverhalte verstehen können. Folglich ist die auf die Vernunft gegründete Theologie nicht einfach nur offen für den Glauben, sondern sie setzt ihn als ihr bewegendes Moment voraus. Wer den Glauben nur als eine „Option" empfiehlt, verkennt nicht nur seinen existenziellen Charakter, mit dem er uns auf Ziele und Zwecke vertrauen lässt, die wir unter allen Bedingungen selbstbestimmten Handelns benötigen: Er verkennt auch die Logik, mit der gerade die Defizite des den Menschen konstituierenden Könnens und Wissens uns zum Glauben nötigen.

3 Worüber man jetzt nicht sprechen muss[2]

„Skizze" ist meine Geburtstagsrede übrigens nicht im Sinn eines Plans, der noch auszuführen wäre. Ein Geschenk, das mit der Einladung zur gemeinsamen Arbeit verbunden ist, mag pädagogisch sinnvoll sein, passt aber nicht zum gegebenen Anlass, so sehr in gewissen philosophischen Schulen das gemeinsame Basteln zur Hauptbeschäftigung geworden ist. Skizziert wird vielmehr eine vorläufig abgeschlossene Überlegung, die alsbald, auch mit einer Danksagung an Wilhelm Gräb versehen, als Buch erscheinen wird.[3] Der Titel des Vortrags entspricht dem Titel der Monographie, die freilich ein wenig mehr enthält, als hier gesagt werden kann.

So sind für den heiter gestimmten Geburtstagsgruß alle zeitkritischen Bemerkungen beiseitegelassen, mit denen man sich gegenüber seinen säkularisationsversessenen Zeitgenossen behaupten muss, um überhaupt die Chance zu haben, für voll genommen zu werden.[4] Damit entfällt für heute auch die unerlässliche Auseinandersetzung mit Nietzsches zeitgemäßer Gott-ist-tot-These, die zwar aus einer tiefen Empfindung für die menschliche Reichweite des Gottesproblems stammt, aber von einem das rationale Denken selbst in Mitleidenschaft ziehenden Zweifel an der Tragfähigkeit von Wissen und Wahrheit angeleitet und insofern irreführend ist.[5]

---

2 Dieser Teil wurde im mündlichen Vortrag nur angedeutet. Auch sonst wurde nicht jeder Passus des vorliegenden Textes wörtlich ausgeführt.

3 V. Gerhardt, Der Sinn des Sinns. Versuch über das Göttliche, München 2014.

4 Das hat sich mit dem Stimmungsübergang zur „postsäkularen" Gesellschaft nicht wesentlich geändert. Verändert hat sich die Intensität der wissenschaftlichen, vornehmlich der soziologischen, politologischen und historischen Beschäftigung mit den Religionen. Das ist erfreulich, aber man hat nicht den Eindruck, dass damit auch die Bereitschaft größer geworden ist, die religiöse Botschaft in ihrer existenziellen Bedeutung ernster zu nehmen. Das ist bei den mit guten Gründen auf Wissenschaft, Technik und kalkulierendes Wirtschaften eingestellten Zeitgenossen so lange nicht zu erwarten, als die Religion unter dem Verdacht steht, primär nicht-rationale Einstellungen des Menschen anzusprechen – erst recht dann nicht, wenn die Religionen (durch ihre Praxis oder durch ihr demonstriertes Selbstverständnis) ein Beispiel dafür geben, dass sie auf bloßen Ängsten oder Stimmungen beruhen.

5 Wenn Nietzsche sich zu der Auffassung versteigt, der „freie Geist" dürfe noch nicht einmal gegenüber sich selbst wahrhaftig sein (weil er dann ja „moralisch" bleibt) (FW 344), kommt es zu der jeden Leser erschütternden Implosion der großen Ansprüche auf Selbstüberwindung, die es noch nicht einmal erlaubt, aus aufrichtigen Motiven verfolgt zu werden. Dann ist schon deshalb kein Platz für einen Gott, weil sich der Mensch vor ihm zur Wahrhaftigkeit verpflichtet sehen könnte. Wenn allein Gott als die Instanz angesehen wird, vor der sich der Mensch zur Wahrheit erzieht, muss er verschwinden, weil er die angeblich im Wahrheitsanspruch liegende Selbstentfremdung des Menschen perpetuiert. Zu diesem Doppelfehler Nietzsches, der eine erschre-

Entfallen müssen auch die Erwägung zur Herkunft des genuin philosophischen Gottesbegriffs, der sich in einer unvermuteten Parallele zwischen Heraklit und Parmenides aufzeigt und in beiden Fällen das Göttliche im gleichermaßen *logischen* wie *sozialen Allgemeinen* erkennen lässt. Platon hat das erkannt und ist in der Lage, in einer alle Lebensbereiche umfassenden Beschreibung die überall gegenwärtige Wirksamkeit Gottes aufzuzeigen. Angefangen von der Faszination durch das *Schöne*, über die nur in der aufmerksamen *Anwesenheit des Anderen* mögliche *Selbsterkenntnis*, über das Verlangen nach *Wirksamkeit* und *Bildung*, die Bedeutung des *Guten* und des *Einen*, die *Ordnung des Wissens* sowie die *technische Entstehung des Kosmos*, schließlich die alles Handeln tragende *Nähe zwischen Seele und Gott* bis hin zu der über den Tod hinausreichenden und „Unsterblichkeit" genannten *Tugend* des Einzelnen, ist Gott die Leitidee allen Denkens und Strebens. Niemand braucht das Göttliche so sehr wie der Mensch, der nach Platon zunächst nicht mehr als seine *Erkenntnis* und die mit ihr verbundenen technischen Fähigkeiten hat. Erst später, nachdem sein Wissen zu einer Macht geworden ist, die ihn selbst bedroht, empfängt er von den Göttern die *Scham* und das *Recht* – wesentlich um vor sich selbst geschützt zu sein.[6] Erst dann wird er zum Glauben fähig.

Im Buch über den *Sinn des Sinns* werden nur zehn elementare Bedeutungen des Gottesbegriffs bei Platon aufgezählt, und es bleibt dem Leser überlassen, seine Schlussfolgerung über die historischen Folgen dieser philosophischen Theologie in Antike und Gegenwart zu ziehen.

Der christliche Glauben ist eine dieser Folgen, wie man an so gut wie jedem Knotenpunkt seiner Wirkungsgeschichte zeigen kann: angefangen bei *Jesus Sirach*, den *Briefen des Paulus* und dem *Johannes-Evangelium* und fortgesetzt von den Kirchenvätern, vornehmlich von *Origines* und *Augustinus*, dann von den *Neuplatonikern*, aber auch innerhalb der *Scholastik*, von ihren großen *mystischen Antipoden* sowie von *Nikolaus von Kues*, um von ihr aus eine Modernisierung einzuleiten, für die *Erasmus*, *Montaigne* und *Leibniz* noch in unserer Gegenwart erhellende Beispiele geben.

Vor diesem Hintergrund darf auch *Luther* nicht ausgeschlossen werden, gerade weil seine theologische Stärke im Beharren auf dem Ursprung des *Wortes* und der *Botschaft* liegt, die, wie ich überzeugt bin, nicht nur durch ihre zivilisatorische Leistung, sondern vor allem durch ihre Eigenständigkeit gegenüber dem Wissen und der darauf gestützten weltlichen Macht gegründet ist. Auf dieses Selbstbe-

---

ckende Geringschätzung der zwischenmenschlichen Kommunikation erkennen lässt, siehe die Einleitung zu Gerhardt, Sinn des Sinns (s. Anm. 3), 17f.

6 Platon, Prot. 320d–322d.

wusstsein des Glaubens kann sich nur gründen, wer einen praktischen Begriff von der Unverzichtbarkeit des Wissens und der Wissenschaft hat. Dieses Bewusstsein teilt Luther sowohl mit den Kirchenvätern wie auch mit den Mystikern, aus denen er die Kraft gewinnt, mit einer durch die Schrift geläuterten und gestärkten Überzeugung gegen jene anzutreten, von denen er den Eindruck haben musste, dass sie ihre eigene Lehre nicht achten.

Nur an einem historischen Punkt wird es im Buch etwas ausführlicher: wenn ich an *Kant* zu zeigen suche, dass er mit seiner Kritik der Gottesbeweise den Glauben vor den falschen Ansprüchen des Wissen sichert, um in seiner Postulatenlehre in der Lage zu sein, dem Glauben tatsächlich den „Platz" zu verschaffen, der unerlässlich ist, wenn man das Wissen an seine moralisch und existenziell höchst begrenzte Leistungsfähigkeit erinnert.[7]

Es ist gewiss nicht Kants Erfindung, die Reichweite des Wissens zu begrenzen. Aber er ragt heraus, weil er eine auf dem methodologischen Niveau der neuzeitlichen Wissenschaft vollzogene Trennung vornimmt und sich dabei einer Rhetorik bedient, die auch jene überzeugt, die sie in der Sache gar nicht verstehen: Auf der *linken* Buchseite zu behaupten, dass es Gott geben *muss*, um darunter schlüssig zu beweisen, dass es ihn gar nicht geben *kann*, und auf der gegenüberliegenden *rechten* Buchseite in paralleler Argumentation das genaue Gegenteil zunächst zu *behaupten* und ebenso schlüssig zu *widerlegen* ... – das prägt sich ein und scheint das Gottesproblem ein für alle Mal zu erledigen.

Doch es ist ein schlechtes Zeugnis für den Leser, wenn er darüber vergisst, warum Kant so verfährt: Er will das Bewusstsein für die praktische, d.h. für die lebensweltliche Bedeutung des Gottesbegriffs schärfen und somit jedem Einzelnen mit Blick auf seine eigene Lebensperspektive die *Unverzichtbarkeit eines Glaubens* kenntlich machen, der seinem Handeln (sowie dem darauf bezogenen Wissen) überhaupt erst einen *Sinn* verleihen kann.

Mit der Aussicht auf den Sinn und mit der Unterscheidung zwischen Glauben und Wissen ist der systematische Ausgangspunkt der Überlegung erreicht: Das „Glaubst du noch oder denkst du schon?" der Giordano-Bruno-Stiftung, operiert mit der gedankenlosen Alternative, mit der sich der populäre Agnostizismus der Gegenwart einen epochengeschichtlichen Vorsprung zu sichern versucht. Tatsächlich aber macht die Frage nur offenkundig, dass Witz auch dort entstehen

7 Dazu neuerdings: P. Rohs, Der Platz zum Glauben (Ethica 25), Münster 2013. Ferner umfassend aufschlussreich: R. Langthaler, Geschichte, Ethik und Religion im Anschluss an Kant. Philosophische Perspektiven „zwischen skeptischer Hoffnungslosigkeit und dogmatischem Trotz", 2 Bde., Berlin 2014.

kann, wo man etwas nicht versteht. Wer aus Denken und Glauben eine Alternative macht, scheint mit beidem nicht recht vertraut zu sein.

4 Wissen und Glauben im Medium des Sinns

Wer Glauben und Wissen so gegeneinander stellt, wie es im Werbespruch der Bruno-Stiftung geschieht,[8] weiß offenbar nicht, wie eng beide bereits in ihrer Funktion verbunden sind. Denn man muss es als eine *Strukturbedingung des menschlichen Weltverhältnisses* ansehen, dass Glauben und Wissen nicht zu trennen sind. Würden nicht so viele Autoren ihre Kritik an der Religion und speziell am Glauben an Gott auf die behauptete Unvereinbarkeit von Glauben und Wissen gründen, müsste man deren notwendige Verbindung für offensichtlich halten. Also helfe ich durch *fünf kurze Bemerkungen* nach:

Erstens: Von Glauben kann man nur sprechen, wo Wissen ist. Beide gehören historisch und systematisch in ein und denselben Zusammenhang. Es ist daher noch nicht einmal möglich, im Glauben eine evolutionäre Vorform des Wissens zu sehen, die eines Tages ganz durch Wissen abgelöst werden könnte.

Den Grund dafür kann man dem *zweiten* Satz entnehmen: Alles Wissen zieht Glauben nach sich. Da Wissen niemals alles umfasst und sich seiner Natur nach auch fortwährend erweitert, sich wandelt und sich nicht selten widerlegt (was selbst wiederum nur durch Wissen erfolgen kann!), kommt es niemals an ein Ende. Folglich wird auch immer ein Glauben nötig sein, um handeln, wünschen und hoffen zu können.

Drittens: Wissen setzt Glauben voraus. Man kann auf kein Wissen bauen, ohne an seine Leistung insgesamt und seine Bedeutung in jedem Einzelfall zu glauben.

Viertens muss man auch an die Bedeutung des Unterschieds zwischen Wissen und Glauben glauben, unabhängig davon, ob man ihn definieren kann und ob man ihn akzeptiert oder am liebsten negieren möchte.

Und *fünftens* setzt auch jeder Glauben Wissen voraus. Nur wer weiß, was Wissen heißt, kann ein Verständnis für seinen Glauben und für den Glauben anderer haben.

Das Einzige, was diese Feststellungen in Zweifel ziehen könnte, bezieht sich auf das Verständnis des Begriffs des Glaubens. Die fünf Feststellungen würden vermutlich breite Zustimmung finden, wenn man statt „Glauben" „Überzeu-

8 Es handelt sich um den um seinen Witz gebrachten IKEA-Slogan: „Wohnst du noch oder lebst du schon?" (dazu Gerhardt, Sinn des Sinns [s. Anm. 3], 40).

gung“ sagte. Vielleicht ist jemand auch eher davon überzeugt, dass Wissen nicht alles ist, wenn man „Glauben“ durch „Vertrauen“ ersetzt, erst recht wenn man „Erwartung“, „Einstellung“, „Zuversicht“ oder „Hoffnung“ an seine Stelle rückt.

Mir ist das alles recht, wenn nur zugestanden ist, dass sich gerade im Gebrauch des Wissens zeigt, dass es auf Bedingungen aufruht, ohne die es für den Menschen wertlos wird. Das Wissen verlangt bereits in seinem epistemischen Einsatz nach einer affektiven Fundierung, ohne die es dem Menschen nichts bedeutet. Und wir brauchen nur des Näheren zu prüfen, um welche Fundierungsleistungen es in welchen Kontexten geht, um am Ende festzustellen, dass es im Dickicht von Überzeugungen, im Dämmerlicht von Erwartungen oder im wohligen Schatten des Vertrauens mindestens eine Einstellung gibt, für die es keinen besseren Ausdruck als den des *Glaubens* gibt. Und das ist dann der Glaube an einen *alles tragenden Grund*, aus dem wir den *Sinn unseres Daseins* schöpfen.

Diesen Grund kann man gar nicht anders als *göttlich* nennen und das Vertrauen in ihn erfüllt die Bedingungen eines *religiösen Glaubens*, der auch unabhängig von einer historischen Kirche und einer bestimmten Konfession gegeben sein kann. Er ist vor den anderen ihm verwandten Haltungen dadurch ausgezeichnet, dass er das *begriffliche Element des Ganzen* darstellt, dem der Gläubige selbst *ganz* zugehört. Der religiöse Glauben ist die existenzielle Einstellung zum Ganzen des Daseins, in dem alles überhaupt erst seine Bedeutung erlangt. Das *Göttliche* zeigt ebendiese alles umfassende Bedeutung an und *Sinn* ist das Medium, in dem der Mensch diese Bedeutung so zu erfassen vermag, dass sie ihm etwas bedeutet.

In dieser Dimension des Sinns sind seine leiblichen und seelischen Momente gegenwärtig. Aber in der Betonung des *Ganzen*, der *Einheit* und der *Bedeutung* tritt der *Anteil unseres Begriffsvermögens* hervor. Ohne das Fundament eines *Wissens*, auf das ich baue, aber das sich gerade in den entscheidenden Momenten als unzureichend erweist, und ohne die *Vernunft*, die mir die alles einschließenden *Begriffe* geben muss, damit die umfassende Zurechnung in einer als sinn- und bedeutungsvoll vorgestellten Bewegung überhaupt *gedacht* werden kann, ist der Glauben an das Göttliche ohne jeden Gehalt.

5 Dimensionen des Sinns

In der skizzierten Bestimmung des Glaubens sind affektive und intelligible Momente verbunden. Diese Verbindung ergibt sich im Medium des *Sinns*. Damit könnte sich der Verdacht bestätigen, der dem schillernden Begriff aus der Sicht mancher Logiker und Analytiker entgegengebracht wird. Trotz der von Gottlob

Frege vorgeschlagenen Präzisierung im Gebrauch von „Sinn" und „Bedeutung"[9] haben sich, gerade auch bei seinen Interpreten,[10] die Unterschiede wieder verwischt. Dem Begriff haftet nicht selten etwas verklärend Geheimnisvolles oder aber etwas Kunstgewerbliches an. Gleichwohl gibt es eine beachtliche Literatur, die vielfältige Einsichten vornehmlich in die Rede vom „Sinn des Lebens" eröffnet.[11] In der Tat umfasst der Begriff des Sinns ein breit gefächertes Bedeutungsspektrum, das die Voraussetzung seiner weitreichenden systematischen Tragfähigkeit ist.

Im Deutschen steigt der Begriff des Sinns erst spät in die Region der umfassenden Vernunftbegriffe mit metaphysischer Reichweite auf.[12] Lange Zeit blieb er an das gewiss nicht unerhebliche und zum Glück auch nie verlassene Bedeutungsfeld leibhaftiger Funktionen und elementarer seelischer Leistungen gebunden. So meint „Sinn" das *Sinnesorgan* und *das, was es leistet.* Auge und Ohr, Nase, Zunge, Gaumen und Haut sind Sinne im organischen Zusammenhang. Sie haben eine spezifische Empfindlichkeit für Vorgänge in der Umgebung des Körpers, die sie reizen und dem Körper als Ganzem etwas für ihn Belangvolles übermitteln, so dass er, wenn bestimmte Schwellenwerte überschritten sind, *von sich aus* reagieren kann. So können auch die Rezeptoren für die Lage im Raum oder für eine körperinterne Störung, die als Schmerz, Schwindel oder Übelkeit empfunden wird, als „Sinne" bezeichnet werden.

Die Plastizität unserer Sprache zeigt sich darin, dass die Verwendung des Ausdrucks „Sinn" nicht auf die physiologischen Organe beschränkt bleibt, sondern auch das bezeichnen kann, was sie im Gesamtzusammenhang eines Organismus nach Art einer Botschaft vermelden. Wer ein feines Gehör, ein scharfes Auge und oder eine empfindliche Zunge hat, verfügt damit auch über einen „ausgeprägten" Sinn, womit nur noch zum Teil das Organ und zum anderen Teil bereits die von ihm übermittelte Sinnesleistung gemeint ist.

---

9 G. Frege, Über Sinn und Bedeutung, ZPPK 100 (1892), 25–50; ders., Funktion, Begriff, Bedeutung. Fünf logische Studien, hg. und eingeleitet von G. Patzig, Göttingen 1962, 38–63.

10 M. Dummett, Frege. Philosophy of Language, London 1973 (²1981).

11 V. Frankl, Der Mensch vor der Frage nach dem Sinn. Eine Auswahl aus dem Gesamtwerk, München 1979; C. Fehige/G. Meggle/U. Wessels (Hg.), Der Sinn des Lebens, München 2000; W. Schmid, Dem Leben Sinn geben. Von der Lebenskunst im Umgang mit Anderen und der Welt, Berlin 2013.

12 Dazu V. Gerhardt, Sinn des Lebens. Über einen Zusammenhang zwischen antiker und moderner Philosophie (Teil I), in: V. Caysa/K.D. Eichler (Hg.), Praxis – Vernunft – Gemeinschaft. Auf der Suche nach einer anderen Vernunft, Weinheim 1994, 371–386; ders., Über den Sinn des Lebens (Teil II), Zeitschrift für Philosophische Praxis (1994), 25–31; ders., Art. Sinn des Lebens, in: HWPh 9 (1995), 815–824.

Doch darauf bleibt die Bedeutung nicht beschränkt: Auch das, was der Organismus aus dem sinnlichen Reiz in seiner zentralnervösen Verarbeitung der übermittelten Sinnesdaten für sich im Ganzen macht: also sowohl die alarmierende Empfindung wie auch die ihn im Ganzen vielleicht wieder beruhigende Wahrnehmung – einschließlich des damit zurückkehrenden versicherten subjektiven Gefühls. Alles das kann ebenfalls als *Sinn* bezeichnet werden.

Allein damit erfährt der Begriff eine geradezu schwindelerregende Bedeutungserweiterung: Er bezeichnet das Organ *an* oder *in* einem Körper, ist Ausdruck für dessen Empfindlichkeit und Empfänglichkeit im Ganzen, wird zum Terminus für die Reizbarkeit überhaupt sowie zum Wort für das, was der Körper daraus als den ihn im Ganzen betreffenden sinnlichen Eindruck macht, und bringt schließlich auch noch die mentale Befindlichkeit zum Ausdruck, in der sich der Körper mit oder nach der Reizverarbeitung befindet. Mit Blick auf diese Vieldeutigkeit könnte man geneigt sein, sich den weiteren Gebrauch des Wortes „Sinn" im psycho-organischen Kontext zu verbieten.

Doch dem alltäglichen Sprachgebrauch ist das noch nicht vieldeutig genug: Im Zusammenhang der körpernahen Verwendung des Wortes steht auch die Ausweitung auf das, was der Körper aus der sinnlichen Befindlichkeit seines mehr oder weniger bewussten Gesamtzustands an äußeren Konsequenzen zieht. Der „Sinn" ist das, wonach es jemanden gelüstet; und so tut er, wonach ihm der „Sinn steht". Auf diese Weise gibt der Sinn auch die Richtung vor, in die sich jemand bewegt. Und was dem Menschen recht ist, muss allen anderen sich um ihn herum bewegenden Dingen billig sein: So bewegt sich alles, was sich dreht, entweder im „Uhrzeigersinn" – oder ihm entgegen. *Senso unico* ist in Italien der Ausdruck für die Einbahnstraße; in ihr haben sich alle Fahrzeuge in einer Richtung zu bewegen. Der Sprung von innen nach außen könnte nicht größer sein.

Aber der Begriff des Sinns macht einen noch viel größeren Sprung mit seiner Übertragung auf die dominierenden Richtungen, in die Menschen sich unter jeweils gegebenen Bedingungen bewegen. Diese Erweiterung vollzieht sich mit der partiellen Ersetzung des mit der Ökonomie groß gewordenen Wertbegriffs durch den Sinn. So wird im Übergang vom 18. zum 19. Jahrhundert nicht nur nach dem „Wert", sondern auch nach dem „Sinn des Lebens" gefragt. In diesem Gebrauch des Begriffs erschließt sich der Begriff eine *soziale* Sinndimension, die Menschen in ihrem Denken und Fühlen, im Sprechen und Handeln zu sich verstehenden und sich verständigenden Einheiten gemeinsamen Lebens verbindet. Und was die einen in dem von ihnen gemeinten Sach- oder Weltbezug *verbindet*, kann die anderen in mehr oder weniger entschiedener Art voneinander *trennen*. Kooperation und Konfrontation vollziehen sich, ganz gleich, ob es um einzelne Individuen, verschiedene Gruppen oder Kulturen geht, im Medium des jeweils gemeinten Sinns.

Der Reichtum mundaner und sozialer Sinnbeziehung entfaltet sich freilich erst vor dem Hintergrund der in nahezu allem gegebenen Differenzen zwischen *objektivem* und *subjektivem* Sinnerleben. Man kann in Arbeit, Kampf oder Spiel im Licht der von allen verstandenen Aufgabe ursprünglich mit anderen verbunden sein; dann ist man in einem von der Sache und den gesellschaftlichen Bedingungen vorgegebenen Sinn mit seinesgleichen verknüpft. Aber eben dabei hat jeder die Möglichkeit, sich seinen eigenen Teil zu denken. Er kann die Belastung durch die gemeinsame Aufgabe als Zumutung erfahren oder die Bindung an die anderen als schwer erträgliche Einschränkung empfinden. Er kann auch alles, was er mit äußerer Anteilnahme zu erledigen hat, mit größtem Widerwillen oder mit Gleichgültigkeit über sich ergehen lassen, sich bei alledem aber seinen eigenen Teil denken und daran gerade in der Abweichung Gefallen haben. So multipliziert sich der soziale Sinn in der Pluralität des psychischen Erlebens, durch die sich das Pluriversum des Sinns unablässig vergrößert. Der *physiologisch* vorgegebene und sich *sozial* unendlich ausbreitende Sinn wird unter den Bedingungen seiner sich vielfältig brechenden, ablenkenden und steigernden *psychischen* Differenzierung zum Spiegel möglicher Welterfahrung überhaupt.

Der größte semantische Sprung findet aber dort statt, wo der Wechsel von innen nach außen vollzogen wird, so dass der Sinn gar nichts mehr mit der Empfindung, dem Gefühl oder dem Wertbewusstsein zu tun hat, sondern einfach *Bedeutung* meint – so als sei sie eine Eigenschaft der Dinge und Ereignisse. Sie erlaubt es uns, mit den Dingen *sachlich* (und damit immer auch *technisch*) umzugehen. Sinn ist dann nicht mehr nur das, was wir empfinden, erleben und erfahren, sondern auch das, worauf sich die objektive Verarbeitung erlebter Sinnbezüge in einer vom Menschen vollkommen unabhängig erscheinenden Abstraktheit bezieht – eben auf das, was etwas als Gegenstand des Erkennens, Denkens und Sprechens „ist".

Aber es ist nicht nur das: Als äußerster Sinn des Sinns ist die uns allen vertraute *hermeneutische Sinndimension* hinzuzufügen, also jene, in der wir einen Sinn in einem Kontext verstehen, zu dem wir als sinnverstehende Wesen selbst gehören. Erst damit haben wir alle gebräuchlichen Verwendungsweisen von Sinn beisammen.

Der Begriff des Sinns ist somit alles andere als eindeutig. Seine Vieldeutigkeit entfaltet sich in einem Zusammenhang, der sich etymologisch nachvollziehen und sachlich rekonstruieren lässt. Dabei ist es ein glücklicher Umstand, dass in der sich über mehrere Jahrhunderte hinziehenden und in verschiedenen europäischen Sprachen zu verfolgenden Geschichte des Begriffs dessen Herkunft nicht vergessen wird. Im Gegenteil: Er bleibt mit offensichtlicher Lebendigkeit erhalten und trägt den sich weit ausspannenden Bedeutungsfächer mit solcher Prägnanz, dass die systematische Interpretation sich fast von selbst ergibt.

6 Die drei elementaren Formen des Sinns

Nach dem Gesagten dürfte es offenkundig sein: *Wir leben im Sinn*, weil alles, was wir an uns selbst – aber auch an anderen Lebewesen – erleben, an einen *physiologisch* getragenen, *sozial* vermittelten, *psychologisch* vertieften, *semantisch* umgesetzten, *rational* verknüpften und *intellektuell* als Ganzem erschlossenen und somit *hermeneutisch verstandenen Sinn* gebunden ist. Das gilt für jeden Sinnenreiz, für jeden eigenen Bewegungsimpuls, jede soziale Empfindung, sämtliche Gefühle, jede sachliche Bedeutung und für den im Ganzen einheitlich erweiterten Zusammenhang, den wir zwar nicht empirisch belegen und auch nicht als real existierend beweisen können, der aber weder unseren Intuitionen noch unserem Wissen entgegenstehen darf. Als *sinnvoll* – auch im Ganzen einer Welt, zu der wir mit der Einheit unserer Person gehören – kann nur etwas erlebt und gedacht werden, dass unserem Wissen und unserer Selbsterfahrung nicht widerspricht. Das gilt auch für den *Glauben*, in dem wir uns diesem Ganzen vertrauensvoll überlassen.

Nun ist es aber so, dass die philosophische Karriere des Sinnbegriffs dies alles eher unerwähnt voraussetzt und den Sinn vornehmlich auf der höchsten Ebene der Bewertung und Gewichtung des Daseins zur Geltung bringt. Darin wird wesentlich eine *Leistung der Vernunft* namhaft gemacht, die dann keineswegs nur als erschließendes und Zusammenhänge herstellendes Vermögen angesehen wird. Man betont dann umso stärker ihre *verstehende* und *vernehmende* Kraft im „Horizont" des Sinns.

Sie ist es, die im Verein mit ihrer abstrahierenden, konstruierenden und totalisierenden Leistung *Orientierung* ermöglicht, von der nur gesprochen werden kann, sofern ein danach verlangendes Wesen *seinen Standpunkt kennt* und ihn, in *Anbetracht seiner Bedürfnisse* und *seiner Handlungsmöglichkeiten*, auf das erkennbare *Insgesamt von Bedingungen* bezieht, unter denen es etwas erkennen kann und aus eigenem Impuls handeln will.

Dieses den Menschen nicht nur normalerweise bewegende, sondern in extremen Lagen oft noch gesteigerte Verlangen nach Orientierung setzt *Gewissheiten* voraus, die keinen Gegenhalt in einem sicheren *Wissen* haben. Zwar könnte das auf sein Bewusstsein gestützte menschliche Wesen ohne Wissen gar nichts Ausdrückliches tun, aber in dem, was es dann tut, kann es stets nur von *begrenzten*

Tatbeständen des Wissens ausgehen. Im Übrigen muss es auf das *vertrauen*, worauf es setzt. Es muss davon *überzeugt* sein, dass die Gesetze der Kausalität auch in Zukunft weiterwirken, dass das Gelernte, trotz des fortgesetzten Verfalls der jeweils gegebenen Kenntnisse, weiterhin trägt und dass die Personen, trotz der schrecklichen Träume, von denen sie heimgesucht werden, und inmitten aller Ängste, die sie durch den Tag begleiten, auch beim nächsten Termin noch an dem interessiert sind, wovon zuvor die Rede war.

Die Liste der Probleme, in der alles vermerkt ist, wovon wir überzeugt sein müssen, um absichtsvoll handeln zu können: ein Ja-Wort geben, Kinder erziehen oder ein wissenschaftliches Vorhaben in Angriff nehmen, geht gegen unendlich. Deshalb erspare ich mir weitere Aufzählungen und gebe nur *drei Elementarformen von Überzeugung* an, ohne die wir, wohlgemerkt: so wie wir uns verstehen, nicht handeln könnten. Fehlt auch nur eine dieser drei Formen basaler Überzeugung, bricht das System eines rationalen menschlichen Verhaltens zusammen.

Da sie alle von einer Form ursprünglichen Selbst- und Weltvertrauens handeln, ist es mir vorab wichtig, darauf zu bestehen, dass es allemal um *affektive Leistungen* geht. Ferner lege ich Wert auf die Feststellung, dass diese Leib und Seele verknüpfenden Motionen und Emotionen die Bedingungen eines vernunftgeleiteten Lebens sind. Dass ihr Ausfall ruinöse Folgen für die gesamte eigenständige Lebensführung eines Menschen hat, muss nicht eigens hervorgehoben werden. Aber da die Zweifel an der Gegenwart Gottes und an der Bedeutung des Glaubens an ihn ausschließlich aus der Position sich durchweg für aufgeklärt und vernünftig haltender Individuen stammen, begnüge ich mich damit, auf die Unverzichtbarkeit affektiver Antriebe für das rationale Verhalten des Menschen hinzuweisen: Ohne die Integrität unserer leibhaftigen Gegenwart, ohne prärationale Überzeugungen und ohne den emotionalen Beistand des Vertrauens wären die Leistungen der Vernunft nicht mehr als ein in sich kreisendes mentales Karussell, das beliebige Totalitäten erzeugen, aber niemandem ernsthaft etwas bedeuten könnte.

„Niemandem" – „ernsthaft" – „etwas": Das ist terminologisch gemeint. Denn damit sind die drei Elementarformen des Vertrauens kenntlich gemacht: Sie müssen sich auf *etwas* beziehen und das ist in der Grenzfunktion die *Welt*. Ohne Weltvertrauen ist kein verständiges und erst recht kein vernünftiges Leben möglich.

Das vom Wissen geleitete Handeln muss – von den Situationen des Spiels und der ästhetischen Simulation abgesehen (die freilich ihren eigenen Ernst benötigen) – *ernsthaft* sein. Auf die Grenzfunktion des Wissens bezogen heißt das: Das Wissen muss sich an die interne Bedingung seiner eigenen Möglichkeit halten und – mindestens in jedem Zweifelsfall – auf *Wahrheit* ausgerichtet sein. Also gehört das *Vertrauen in die Wahrheit* zu den basalen Konditionen der Kognition, ohne selbst Kognition zu sein.

Die Explikation von *niemand* schließlich verweist auf niemand anderen als *auf mich selbst*: Es muss *jemand* da sein, der das Wissen hat, der es anwendet, der davon etwas erwartet und sich notfalls zutraut, es *kritisch zu prüfen*. Kurz: *Jemand, der sein eigenes Urteil hat*. Und das ist das jeweilige *Selbst*, das in seiner soziofunktionalen Einbindung in der Regel daran erkannt werden kann, dass es „ich" zu sich sagen kann und sich eben damit von jedem Selbst, das ebenfalls „ich" zu sich sagt (und ihm insofern prinzipiell entspricht), aufgrund seiner leibhaftigen raum-zeitlichen Anwesenheit abgrenzen kann. Dieses Selbst, das ich nicht ohne Grund in seiner *physischen, sozialen, psychischen* und damit immer auch *semantischen Fragilität* benannt habe, braucht ein *Vertrauen in sich selbst*, um in der *Welt* (und notfalls mit *vollem Ernst*) auf sein Können und Wissen setzen zu können.

Damit sind die drei Pfeiler des Vertrauens benannt, ohne welches es nicht zu einem Verhalten kommen kann, das den Titel des *Mundanen, Rationalen und Humanen* verdient. Und wenn einem daran gelegen ist, darin selbst wiederum eine Einheit namhaft zu machen, die auf einem Vertrauen der Vernunft beruht, müsste auch der entschiedenste Skeptiker eingestehen, dass es nicht unangemessen ist, das überwältigend Große, Schwerwiegende, Bedeutungsvolle dieses Ganzen als das *Göttliche* anzusprechen.

7 Selbstachtung als Grundbedingung des Glaubens an das Göttliche

So kurz der Abriss der vorgetragenen Überlegungen auch ist: Der Grund für das Verständnis der Formel vom *Göttlichen als dem Sinn des Sinns* ist gelegt. Ich hoffe, es gelingt in der gebotenen Kürze, ihren Gehalt und ihre Reichweite zu umreißen:

Bis zu diesem Punkt bin ich mit der begrifflichen Arbeit bis zum *Welt- und Selbstvertrauen* gelangt, das ohne ein Vertrauen in die tragende, klärende und schlichtende Funktion der *Wahrheit* nicht zu haben ist. Und der Skeptiker könnte einwenden, dass die Demonstration zunächst nur für das *Vertrauen*, vielleicht sogar nur für die *Überzeugung* reiche. Vom *Glauben im religiösen Sinn* sei noch nicht hinreichend gesprochen worden und von *Gott*, darin wären sich die Phlegmatiker, Agnostiker und Atheisten vermutlich einig, sei noch gar keine Rede gewesen. Jedenfalls nicht mit Gründen, die sie veranlassen könnten, anders über ihn zu denken.

Tatsächlich sollte vom Göttlichen ausführlicher die Rede sein, wenn die Botschaft auch die Skeptiker erreichen soll. Und das sollte sie durchaus! Denn deren Einwänden verdankt die rationale Theologie ihre wichtigsten Impulse, was nicht heißt, dass sie es darauf anlegen sollte, weiterhin von ihren Kritikern verworfen zu werden.

Um den Kritikern näher zu kommen, spreche ich zunächst von der *Selbstachtung* als der Grundbedingung eines rationalen Glaubens an das Göttliche. Dann lege ich den Sinn und die Bedeutung der Rede vom *Göttlichen* so aus, dass auch ein Agnostiker keinen Einwand haben dürfte. Denn für das Verständnis des religiösen Glaubens reicht die *Selbstachtung* in ihrer Verbindung mit der staunenden *Bewunderung des Ganzen der Welt* vollkommen aus. Schließlich ist es die *Welt*, die sich niemals vollständig begreifen lässt und die es jedem dennoch ermöglicht, in unbedingter Weise von seiner *Selbstachtung* auszugehen. In und mit ihr aber nimmt jeder für sich selbst eine *unbedingte Bedingung* heraus, die auch der Welt nicht abgesprochen werden kann, weil sie es ist, die jeden Einzelnen (einschließlich seiner Ansprüche an sich selbst) ermöglicht. Ein sich selbst genügender Grund der Welt aber ist eben das, was die Philosophie als „absolut" und somit als „göttlich" versteht. Der junge Kant hat die göttliche Macht durch nichts anderes als durch ihre „Allgenugsamkeit" definiert.[13] Ist das einsichtig gemacht, kann abschließend verständlich werden, was es bedeutet, im Göttlichen den *personalen Gott* zu adressieren.

Es ist zwar ungewöhnlich, aber nicht ausgeschlossen, vom „Glauben" an die *Welt* oder vom „Glauben" an die *Wahrheit* zu sprechen. Es gibt Philosophen wie Nietzsche, die den Glauben an die Wahrheit für ein weltgeschichtliches Unglück halten, und es gibt andere Denker, die meinen, man müsse diesen an sich durchaus berechtigten Glauben hintanstellen, sobald die Interessen eines Volkes, einer Klasse oder einer Religionsgemeinschaft berührt sind.[14]

Mir liegt gar nichts daran, den Formeln vom *Glauben an die Welt* oder vom *Glauben an die Wahrheit* zu einem terminologischen Rang zu verhelfen. So zu reden,

---

13 I. Kant, Der einzig mögliche Beweisgrund zu einer Demonstration des Daseins Gottes (1763), in: Kants Werke (Akademie-Textausgabe), Bd. 2: Vorkritische Schriften 1757–1777, Berlin 1968, 63–164: 154.

14 So ist es zum Beispiel im Streit um Hannah Arendts Buch über den Eichmann-Prozess gewesen. Dass auch Hans Blumenberg zu ihren Kritikern gehört und den „Absolutismus" der Moral sowohl mit Blick auf Hannah Arendt wie auch in Auseinandersetzung mit Sigmund Freuds „Der Mann Moses" scharf verurteilt hat, gehört zu den Überraschungen, die uns sein Nachlass beschert. Dazu A. Meyer, Der Feind und die Notwendigkeit des Mythos. Ein Schlüsseltext für Hans Blumenbergs Verhältnis zum Judentum, Neue Zürcher Zeitung, 1. März 2014, S. 29.

kann sogar befremdlich wirken, weil dem Glauben, so wie der Begriff im religiösen Kontext verwendet wird, etwas zutiefst *Persönliches* eingewirkt ist. Eben das kann man vermissen, wenn es um *Welt* oder um *Wahrheit* geht, denn in ihrem Fall stehen die sachliche und die methodische Relation im Vordergrund, soviel Mut und Aufrichtigkeit zuweilen auch nötig sind, dem Glauben an die Wahrheit zu folgen.

Anders ist es im Selbstverhältnis des *Selbstvertrauens*, das sich nur im *Glauben an sich selbst* manifestieren kann. Jemand, der an sich selber glaubt, überwindet die Unsicherheit, mit der jeder wissende Mensch jederzeit zu leben hat. Wer trotzdem den Glauben an sich selbst nicht verliert, setzt die Selbstüberwindung in die Energie seines konzentrierten Daseins um. Er *glaubt an sich* als Grund für das, was er für möglich hält. Er ist nicht nur von seiner Wirksamkeit überzeugt und vertraut nicht allein in seine eigenen Kräfte; sondern im Glauben an sich selbst macht er sich selbst zu einer *Größe, mit der die Welt aus seinem eigenen Anspruch zu rechnen* hat.

Gesetzt, wir können nicht nur so sprechen, sondern wir halten es auch für möglich, dass einer, der in diesem Sinn an sich glaubt, seine Kräfte zur bestmöglichen Entfaltung bringt; gesetzt, wir können darüber hinaus auch zugestehen, dass, wo dieser Glaube an sich selber fehlt, wohl kaum mit einer günstigen Entfaltung einer Persönlichkeit zu rechnen ist: Spätestens dann haben wir einen *positiven Begriff des Glaubens* gewonnen, der alles das, was wir über die affektiven Grundlagen des Wissens sagen können, in *individualisierender Weise zuspitzt* und zur *personalen Steigerung* der jeweiligen Fähigkeiten beiträgt.

Damit wäre der strikte Wortgebrauch des „Glaubens" im Fall des Selbstvertrauens gerechtfertigt: Er ist Ausdruck einer *personalen Beziehung*, die ausdrücklich *angenommen* und *anerkannt* wird, so dass die Konzentration der eigenen Kräfte zur Maxime werden kann. Tatsächlich finden wir einen solchen Glauben in der Wertschätzung der *Selbstachtung* vor! Und wenn die Vernunft von uns verlangt, die Menschheit in der Person eines jeden Menschen zu achten, wird augenblicklich klar, welche *Reichweite die Achtung vor dem einzelnen Menschen* hat und welcher *Rang der Selbstachtung* zukommt: Nur wo sie gegeben sind, kann ich wirksam zur Achtung anderer verpflichtet werden; also ist sie der *Ursprung für die Selbstauszeichnung der Menschheit* überhaupt.

Der Anspruch auf Selbstachtung ist somit auch frei von dem Verdacht, er sei nur die Funktion eines „starken Ego". Eine solche Annahme stammt aus einer absurden Verkennung menschlicher Größe; sie verwechselt die Selbstschätzung mit der Rücksichtslosigkeit in der Selbstbehauptung eigener Interessen.[15]

---

15 So geschieht es im letzten Buch von F. Schirrmacher, Ego. Das Spiel des Lebens, München 2013.

Selbstachtung hingegen sucht den von jedem anzuerkennenden *unbedingten Wert der eigenen Persönlichkeit* zu wahren. Sie setzt einen nicht durch äußere Mittel zu relativierenden *Wert der Person* voraus. Sie kann zwar auch von anderen geschätzt und geschützt, geachtet und gewürdigt werden, aber als diese sich selbst achtende Person steht sie selbst in der alleinigen Verfügung ihrer selbst. Auch wenn sich ihre Abhängigkeit von äußeren Bedingungen letztlich als größer und ihre Kräfte sich schließlich als zu schwach erweisen sollten, bleibt doch der *unbedingte Anspruch* bestehen. Im Begriff der *Würde der Person* ist er heute grund- und menschenrechtlich anerkannt. Folglich stellt die sich selbst achtende Person den einzigen unhintergehbaren Grund ihrer Menschlichkeit dar.

8 Die Welt als der Spiegel des menschlichen Sinns

Was Menschheit bedeutet, kann man letztlich nur dem exemplarischen Fall einzelner Personen entnehmen. Sie entreißen die Selbstschätzung der Menschheit dem kruden Speziesismus, mit dem heute die Wertschätzung des Humanen und des Humanismus als purer Gattungsegoismus desavouiert und moralisch geächtet wird.[16]

Aber so viel Glauben für die Selbstachtung der eigenen Person auch erforderlich sein mag: Wir können weder staunend noch bewundernd noch andächtig vor uns selber stehen! Eine Haltung dieser Art verlangen uns nur Erscheinungen ab, die *zur Welt* gehören – und dies in der Regel wohl auch nur, wenn in ihnen die Welt in charakteristischer Weise selbst zum Ausdruck kommt. In der *symbolischen Welterfahrung*, so wie sie uns im Erleben der Kunst, im ertragenen Anblick übermächtiger Naturgewalten, angesichts des unscheinbar Kleinen oder in der anteil-

---

16 Peter Singer (Praktische Ethik, Stuttgart 1994) ist der philosophische Wortführer dieser derzeit einflussreichen Bewegung, die im Menschen lediglich ein in seinen Gattungsgrenzen befangenes biologisches Wesen sieht, das letztlich nur den Imperialismus seiner organischen Natur vollstrecken kann. Damit wird jede bereits sachlich über die Gattungsgrenzen hinausreichende menschliche Leistung (wie das Erkennen, das Denken und das sachhaltige Wissen) in ihrer Eigenart negiert. – Es liegt mir fern zu bestreiten, dass sich der Mensch in seiner Selbstbehauptung rücksichtslos gegenüber anderen Lebewesen verhalten kann, verhalten hat und weiterhin verhält. Aber man darf die Fähigkeit des Menschen, sein eigenes Verhalten kritisch zu bewerten und nach Handlungsalternativen zu suchen, nicht übersehen – vor allem dann nicht, wenn man sich, wie Peter Singer, vornehmlich durch Kritik an der Menschheit profiliert. – Es würde an dieser Stelle zu weit führen, auch den Glauben an eine göttliche Instanz als einen Beleg für den konstitutiven Antispeziesismus des Menschen heranzuziehen. Er sei hier nur erwähnt, weil darin ein weiterer Hinweis auf die enge Verbindung zwischen Wissen und Glauben liegt.

nehmenden Betrachtung des Scheiterns menschlicher Größe widerfährt, ist etwas von dem gegenwärtig, das wir uns als eigene Konsequenz abverlangen, was aber nur im *Sinnspiegel der Welt* erfahren werden kann.

Erst in dieser sinnhaften Beziehung auf die alles enthaltende, alles tragende und alles bedingende Welt kann der *Glauben an sich selbst* eine Sicherheit gewinnen, die dem Einzelnen hilft, Lagen der extremen Unsicherheit und des existenziellen Zweifels ohne Identitätsverlust, das heißt: als mit sich selbst einige Person zu überstehen. Nur: eine Welt, in der das möglich ist, lässt sich nicht als bloßer Sachverhalt adressieren.

Natürlich ist es einem kühlen Beobachter in methodisch erzeugter, objektiver Einstellung möglich, die Welt in ihrem bloßen Dasein aufzufassen. Niemand kann verbieten, sie nach Art eines übergroßen Behälters aufzufassen, der einfach nur *da* ist und in dem sich jeder Betrachter selbst als ein vergleichsweise kleiner Teil befindet. Dann gibt es zwar die bekannten perspektivischen Probleme, wie etwas *von innen* gleichwohl als ein Ganzes, gleichsam *wie von außen*, begriffen werden kann. Wie also ein Mensch die Distanz gegenüber einem Ganzen aufbringen kann, zu dem er selbst voll und ganz gehört. Doch damit ist der Charakter der Welt als epistemischer Sachverhalt nicht tangiert. Da wir ein Ganzes, erst recht das Ganze der Welt, nur in begrifflicher Abstraktion erfassen können, reicht der zu jedem Denken ohnehin gehörende Stellungswechsel im Denken allemal aus, sich die Welt als riesiges Behältnis oder als unendliches Areal vorzustellen, zu dem jeder Denkende als Mensch zwar voll und ganz, im Denken, aber nur experimentell, scheinbar wie zur Probe, lediglich zeitweilig und wie zufällig gehört.

Ganz anders ist es jedoch, wenn mir die Welt als ein Ganzes vor Augen steht, das mir in seinen staunenswerten Ansichten einen Spiegel meiner Sinnerwartungen vor Augen hält. Dann wird sie in ihren bewundernswerten und schrecklichen, ihren schönen und erhabenen, ihren herausfordernden und beängstigenden Aspekten zum *Ganzen*, aus dem ich selbst *als Ganzer* die Kraft und den Mut beziehe, mich noch in der größten Randständigkeit und Schwäche *als Einheit* zu bewahren und zu bewähren. Darin liegt die ursprüngliche Bedingung meiner Bedeutung für die Welt und zugleich die elementare Voraussetzung der Bedeutung der Welt für mich.

Die theologische Pointe dieser Verbindung von Selbst- und Weltbegriff liegt darin, dass sich der Mensch in seiner Selbstachtung *als Person* begreift, die im Ganzen der Welt nach einer Einheit sucht, die ihr (als personaler Einheit) entspricht. Die Einheit wird erfahren, wo immer die Welt sich *in Analogie zur Person* denken lässt. Und das ist der Fall, wo sich in ihrer Verfassung oder ihren einzelnen Erscheinungen ein *Ausdruck* findet, der dem *Eindruck* eines Menschen zu korrespondieren vermag. Dann weiß und fühlt sich die Person der Welt nahe, kann auf die Angemessenheit ihres Tuns und Lassens setzen und darf hoffen, dass sie nicht vergeblich lebt. Denn sie lebt in dem Bewusstsein, in der Welt nicht fremd, vielleicht sogar willkommen zu sein. Zumindest kann sie die Erwartung haben, als unverwechselbares Individuum ein gleichwohl integraler Teil des Ganzen zu sein.

In diesem Bewusstsein stellt sich der Glauben ein, der uns die Zugehörigkeit zum Ganzen nicht nur fühlen lässt, sondern zur Gewissheit macht. In der Sprache der Frömmigkeit ist das der Augenblick der „Seligkeit", den wir, wenn wir ihn im Leben nicht erfahren, auch für die Ewigkeit nicht wünschen können.

Die strukturelle Analogie liegt darin, dass die Person für den mit ihren Gründen und Zielen verfolgten *Sinn* eine für diese Gründe und Ziele *offene Welt* vorfindet. Damit ist nicht unterstellt, dass die Welt selbst nach Gründen verfährt, dass sie Zwecke hat und einer leitenden Idee untersteht. Sie wird auch nicht selbst nach dem Vorbild einer Person gedacht. Es genügt, ihr eine Verfassung zuzuschreiben, die den Sinn des Menschen nicht nur ermöglicht (denn das tut sie offenkundig), sondern ihm auch weiterhin Raum gibt. Also wird eine Kompatibilität von Selbst und Welt zugrunde gelegt, die, unter der Bedingung personaler Selbstachtung, als eine Begünstigung des Menschen – zwar nicht begriffen, aber eben doch *geglaubt* werden kann.

Mit Blick auf die Kritik am vermeintlichen speziesistischen Anthropomorphismus des Glaubens ist es heute nicht unwichtig zu betonen, dass der Glauben nicht auf eine privilegierte Gunst für den Menschen setzt: Durch seinen Bezug auf die Welt ist er auf das Ganze menschlicher Lebensbedingungen gerichtet. Dazu gehört die Artenvielfalt der Biosphäre nicht weniger als die Pluralität der humanen Lebenswelt. Also kann der aus der Verantwortung für das eigene Leben stammende Glauben das Gute für den Menschen nur in Verbindung mit allem wünschen, das ihm sein Dasein und seine Zukunft ermöglicht. Eine Sonderstellung des Menschen ist allein durch sein *Wissen von der Komplexität seines Daseins*, von der daraus folgenden *Zuständigkeit für seine eigene Lebensführung* sowie der *Einsicht in das Unzureichende seiner eigenen Fähigkeiten* begründet. Wenn er sich in seiner intellektuell erzeugten existenziellen Not nach einer (vorrangig emotionalen) Hilfe umtut, über die er nicht aus eigener Kraft verfügen kann, kommt ihm der (ohnehin in jedem Handlungsvollzug benötigte) Glauben zu Hilfe und gibt ihm einen Trost, der aus dem Jenseits seines Wissen stammt, aber gleichwohl mit seinem Wissen und seinem Selbstverständnis als Person kompatibel sein muss – und damit auf etwas zielt, was selbst ganz und gar zur Welt gehört.

In dieser Korrespondenz von einer dem Menschen offenstehender Welt und einem weltoffenen personalen Selbst liegt die Bedingung für ein Leben, das gelingen können soll. Und einer solchen ihn tragenden, ihn fördernden und zugleich herausfordernden Welt hat sich der Mensch, gleichsam vor sich selbst, würdig zu erweisen, indem er sie schätzt und ehrt und alles in seinen Kräften Stehende tut, um sich in möglichst großer Übereinstimmung mit ihr zu erhalten und zu entfalten.

9 Das Göttliche im Ganzen der Welt

In der beschriebenen Einheit von Mensch und Welt kann das erlebte Ganze als *göttlich* gedacht werden und den weitaus größeren Teil der Attribute auf sich ziehen, die in der Geschichte der Theologie Gott und den Göttern zugeschrieben worden sind. Nur von *einer* Zumutung sollte man die so ermittelte göttliche Instanz entbinden, nämlich von der, sie *außerhalb* der Welt zu suchen! Das Göttliche liegt zwar jenseits des Horizonts unseres Wissens, aber es zeigt sich uns nur in der Welt *und* Selbst umfassenden und allen Sinn in sich freisetzenden *mundanen Präsenz des Ganzen*. Es ist die Göttlichkeit dieses Ganzen, in dem sich unser Sinn erfüllen kann. Denn nur so gehören wir dem geglaubten Grund oder dem Zweck des Ganzen vollkommen zu. Der Seelenfrieden liegt im Bewusstsein der Übereinstimmung mit den die Welt ausmachenden Kräften. Auch den Lebensmut wird man schwerlich aus etwas schöpfen können, das gar nicht zur Welt gehört. Und da es nicht den geringsten sachlichen oder logischen Anlass gibt, einen außerhalb der Welt liegenden Grund oder Ursprung anzunehmen, kann nur die alles einschließende, Welt *und* Selbst durchdringende Verfassung des Göttlichen unseren Ansprüchen auf Vollkommenheit genügen. Die Analogie zwischen Selbst und Welt gilt auch hier: Keine menschliche Person kann einverstanden sein, wenn ihr die eigenen Gründe, aus denen sie handelt, nicht selbst zugeschrieben werden.

In der das Göttliche auszeichnenden Einheit von Welt und Selbst, der die strukturelle Analogie zwischen dem Ganzen der Welt und der Einheit der Person zugrunde liegt, wird auch verständlich, warum der Sinn des Menschen in der Welt nicht nur seine *Erfüllung*, sondern auch sein *Kriterium* findet: Die Einheit, die ein Mensch in seinem stets gegebenen inneren Widerspruch sucht, kann ihr Vorbild in der Einheit eines mundanen Ganzen finden, das selbst aus widerstreitenden Kräften und scheinbar unversöhnlichen Gegensätzen besteht. Auf keiner der beiden Seiten kann von einem harmonischen Ganzen die Rede sein. Bei einer Person kann der erfahrene Gegensatz der wichtigste Antrieb zum eigenen Handeln sein, spätestens dann, wenn die Aufgabe es fordert. Dann kommt es darauf an, alle Kräfte zu bündeln mit sich selbst einig zu sein. Nach demselben Modell deuten wir die polaren Kräfte der Natur, sobald sie sich in einzelnen Phänomenen und Effekten konzentrieren und uns in Korrespondenz zu der ihnen von uns selbst entgegengebrachten Einheit entgegentreten.

So erübrigen sich sowohl der metaphysische Dualismus, wie auch die in vielem so bequeme Aufteilung der Welt in gute und böse Mächte. So naheliegend eine Zwei-Welten-Lehre dem Menschen zunächst erscheinen mag: Sie würde auch das Göttlichen in zwei Teile spalten und brächte einen Gott in größte Verlegenheit. Will man das vermeiden, kann man sich auch hier vom Begriff der Person leiten lassen und das *Gute* in der Übereinstimmung ihrer Gründe mit den weltlichen Kräfte denken. Das so verstandene Gute liegt dann in der gelingenden Partizipation des Menschen an der von ihm erkannten Einheit der Welt. Und wenn das Prinzip der Ethik darin zu finden ist, als Individuum mit sich und seinen vernünftig gerechtfertigten Gründen einig zu sein, fügt der Glauben dem die Erwartung einer Teilnahme und Teilhabe am Ganzen hinzu. Die wiederum erlauben es dem Einzelnen, auch über sein individuelles Daseins hinaus auf den Bestand seiner personalen Konstellation zu hoffen. So kann er sich im Ganzen gerechtfertigt sehen und auf das setzen, was sich in guter sokratischer Tradition bis heute „Unsterblichkeit" nennen lässt.[17]

Als Teil des Ganzen hat sich der Mensch so zu verhalten, dass sein Sinn darin nicht nur *verstanden*, *vertieft* und *gefestigt*, sondern auch *verbreitet*, *vervielfältigt* und zur gegenseitigen Stärkung *bekräftigt* werden kann. Der auf Öffentlichkeit angelegte *Sinn des personalen Selbst* dient der weiteren *Öffnung der Welt*, nicht aber ihrer metaphysischen Überwindung. Der *Sinn des Sinns* liegt in der weltoffenen Stimmigkeit, damit in einer sich steigernden Vielstimmigkeit, von der sich die beteiligten Individuen in ihrer eigenen Lebendigkeit begünstigt sehen. Es ist zwecklos, den Sinn dort suchen zu wollen, wo er prinzipiell unmöglich ist – nämlich im Jenseits der Welt, in der sogar Ort und Zeit und Gegenständlichkeit ihren Sinn verlieren.

Zum ursprünglichen Weltbezug des Göttlichen gäbe es viel zu sagen. Hier muss die Bemerkung genügen, dass mit der Betonung der Zugehörigkeit des Göttlichen zur Welt keine Positivierung verbunden ist. Es geht nicht darum, dem Göttlichen den Status eines Sachverhalts zu verschaffen, wohl aber darum, seine *unverzichtbare Gegenwärtigkeit* verständlich zu machen. Gott, das bringen unzählige Zeugnisse der religiösen Überlieferung zum Ausdruck, ist allgegenwärtig und jeder Zeit in der Lage, sich seinem Volk und seinen Propheten – und über sie sich letztlich jedem einzelnen Menschen – mitzuteilen. In großer Not, nach überstandener Gefahr, im Moment großen Glücks – aber auch zu den im Ritus festgeleg-

17 Siehe dazu Gerhardt, Sinn des Sinns (s. Anm. 3), 88f. und 103ff.

ten Zeiten – kann sich jeder Gläubige an ihn wenden. Um diese Möglichkeit im Verkehr zwischen Gott und Mensch zu verstehen, kann man von der *symbolischen Präsenz des Ganzen* in einem einzelnen Ereignis sprechen.

Diese sich von Fall zu Fall äußernde Allgegenwart des Göttlichen braucht man nicht auf ausgezeichnete Tatbestände zu verdichten, die dann in Gefahr geraten, zum Ersatz oder zum ständigen Vertreter des Göttlichen zu werden. Um die Positivierung des Göttlichen zu vermeiden, reicht es aus, von der tief in das Bewusstsein des Einzelnen hineinreichenden *Öffentlichkeit des Göttlichen* zu sprechen. Damit wird deutlich, dass die göttliche Sphäre nichts und niemanden ausschließt, zugleich aber jedem Individuum die Freiheit lässt, in seinem besonderen Fall die Allgegenwart als singulär bedeutungsvoll zu begreifen.

Um diese Charakterisierung des Göttlichen angemessen zu verstehen, braucht man nur zu wissen, dass jedes menschliche Bewusstsein essenziell öffentlich ist, aber zu seinem individuellen Selbstbewusstsein nur gelangt, wenn es sich in die Privatsphäre seiner Subjektivität zurückziehen kann.[18] Die Einzigartigkeit Gottes liegt darin, dass er auch im Innersten eines Menschen gleichsam persönlich angesprochen werden kann, ohne dass die zwischen menschlichen Personen zu wahrende Privatheit aufgehoben wird. Möglich ist das dadurch, dass Öffentliches und Privates sich, wie Objektives und Subjektives, wechselseitig bedingen.

10 Der Gott im Göttlichen

Die Intimität, zu der die Menschen in ihrer Zwiesprache mit Gott fähig sind, rührt an ein weiteres Problem, das nie entstehen könnte, wenn die Gläubigen Ernst damit machten, das Objekt ihres Glaubens tatsächlich ins Jenseits ihrer Welt zu verlegen: Sie sprechen Gott an, als sei er eine *Person*, und verstehen seine Zeichen so, als habe er sich mit seinem Wort wie ein *Vater* an sie gerichtet.

Tatsächlich dürfte sich der größte Gegensatz zwischen einer rationalen Theologie philosophischer Provenienz und den religiösen Gotteslehren im jüdisch-christlichen und moslemischen Überlieferungszusammenhang mit der Frage auftun, ob die den Gedanken des Göttlichen tragende Strukturanalogie zwischen Welt und Selbst erlaubt, von einem *personal verfassten Gott* zu sprechen. Machen wir daraus eine dogmentheoretische Frage nach der Art, ob Gott eine Person ist, kann es in der Tat keine Gemeinsamkeit geben. So, wie uns die disziplinäre Beschränkung

18 V. Gerhardt, Öffentlichkeit. Die politische Form des Geistes, München 2012; ders., Die Öffentlichkeit Gottes, Vortrag in der Universität Köln am 8. Mai 2014.

die These verbietet, dass die Welt einen Sinn *hat*, so ist es ausgeschlossen, das Göttliche selbst konzeptionell *als Person* zu begreifen. Die Philosophie hätte auch keine guten Gründe, das Ganze des Daseins *als Werk* zu beschreiben, das ein personal verstandenes göttliches Wesen nach Art eines ingeniösen Technikers *geschaffen* hat.

Gleichwohl ist das Verhältnis von Mensch und Welt auf Sinnerwartungen gegründet, die erkennen lassen, wie weit sich der Mensch auf die Welt einlassen muss, um in ihr mit Aussicht auf Erfolg handeln, seine Zukunft planen und auf Glück hoffen zu können. Dabei stellt er sich die Welt als eine Bühne vor, auf der er tätig sein und verstanden werden kann. Die Gegenwart wird immer von neuem als Ausgangspunkt einer gestalteten Zukunft angesehen, obgleich es weder für den Neuanfang in der Geschichte noch für deren aussichtsreiche Fortsetzung irgendeinen positiven Beweisgrund gibt. Wer will, kann die bereits in jeder Überzeugung, erst recht im Selbst- und Weltvertrauen wirksamen Projektionen mühelos auch als *Illusionen* demaskieren.

Jeder Glauben, ob mit oder ohne Lehrgebäude, ob mit oder ohne Kirche, lässt sich ideologiekritisch als reines Bewusstseinstheater entlarven, das sich von den kulissenschiebenden Mächten bereitwillig täuschen lässt. Auch eine Theologie, die sich um eine Rekonstruktion eines alle individuellen und kulturellen Aktivitäten anleitenden Anspruchs auf Sinn bemüht, hat mit diesem Vorwurf zu rechnen.[19]

Dennoch bleibt es richtig, dass sich ohne Sinn nicht menschlich leben lässt. Wenn sich aber durch den Aufweis der tief ins organische Dasein hinabreichenden Wurzeln des Sinns sowie im Bewusstsein der wechselseitigen Angewiesenheit von Wissen und Glauben zeigt, dass es selbst eine Illusion ist, apodiktisch zwischen bloßer *Faktizität* und reiner *Normativität*, zwischen gegebener *Objektivität* und angenommener *Subjektivität* oder auch nur eindeutig zwischen *Welt* und *Mensch* unterscheiden zu können, dann müssen wir uns eingestehen, dass wir als selbstbewusste Personen und kulturell anspruchsvolle Subjekte stärker in den Weltzusammenhang eingelassen sind, als es nach den auf methodologischen Unterscheidungen beruhenden Kategorien der Wissenschaft zu erwarten ist.

Wollen wir der uns tragenden lebensweltlichen Realität im Einklang mit unserem kulturellen Selbstverständnis, das die *Kunst* als eine *Realität*, die *Wissenschaft* als eine unverzichtbare *Aufgabe* und die *Erziehung* der Kinder als *Notwendigkeit* begreift, theoretisch gerecht werden, haben wir auch dem in jedem bewussten Le-

---

19 Auf die Tatsache, dass eine solche Kritik auch dem Kritiker den Boden unter den Füßen wegzieht, gehe ich hier nicht näher ein. Es genügt darauf hinzuweisen, dass der Kritiker sich, wie der radikale Skeptiker, selbst widerlegt. Denn er muss in seiner ideologiekritischen Position sowohl selbst von „etwas" ausgehen, wie auch selbst auf „etwas" abzielen. In beiden Annahmen darf er nach seinen eigenen Maßstäben auch nicht mehr als bloße Illusionen namhaft machen.

bensakt erfolgenden Ausgriff auf ein Ganzes in uns und in der Welt einen lebensweltlichen Ort zuzuweisen. Das gelingt, wenn wir den Glauben als Begleiter des Wissens ernst nehmen – und dies nicht nur dort, wo wir glauben, dass alles schon irgendwie weitergeht, dass Wissen besser als Nicht-Wissen ist und die Zivilisation der Barbarei letztlich überlegen sein muss.

Der ernst genommene Glauben ist die Klammer zwischen den sinnlichen Antrieben und den vernünftigen Ansprüchen; er bindet das Wissen an das Leben und zwar in der doppelten Leistung des Glaubens an das Wissen wie auch des Glaubens über die Grenzen des Wissens hinaus. Der Glauben hat den großen Vorzug, trotz seiner durch das Wissen vorgegebenen Präferenz für das Allgemeine, letztlich sowohl auf die Empfänglichkeit wie auch auf die Verständigkeit des Individuums angewiesen zu sein. Damit ist er, vermutlich noch vor der Kunst (und obgleich die schwärmerischen wie auch die machtbesessenen religiösen Bewegungen das Gegenteil zu beweisen scheinen) der wichtigste *Mediator der Individualität*.[20]

Wenn wir also dieser das Wissen sowohl tragenden wie auch überschreitenden Rolle des Glaubens durch die Rede vom Göttlichen im Sinnzusammenhang von Mensch und Welt Rechnung tragen, dann kann die Philosophie schwerlich in der Rolle eines Zensors überzeugen, der es Gläubigen verbietet, im Göttlichen mehr zu sehen als bloß eine strukturelle Korrespondenz. Wenn der philosophische Begriff des Göttlichen die humane Disposition anerkennt, in der Welt und in dem sich in ihr selbstbewusst bewährenden Individuum mehr zu erfassen, als nach dem Umfang empirischer Begriffe darin aufgefunden werden kann, und wenn schließlich die Strukturanalogie soweit trägt, dass in der Annahme einer universellen Öffentlichkeit des Göttlichen sogar noch Raum für eine individuelle, ja, intime Ansprache des göttlichen Gegenüber ist, stünde ein neuer Streit um das Iota bevor, in dem unsinniger Weise verhandelt werden müsste, was Gott *ist*: Eine *Struktur* oder eine *Person*?

Unter dem Anspruch rein begrifflicher Rekonstruktion, kann nur von einer Struktur die Rede sein. Wir brauchen Platz für den Glauben, wann immer wir in sicheren Grenzen wissen und mit vernünftigen Gründen handeln wollen. Das ist

20 Siehe dazu V. Gerhardt, Individualität. Individuum/Individualisierung/Institution/Universalität, in: W. Gräb/B. Weyel (Hg.), Handbuch praktische Theologie, Gütersloh 2007, 64–76; ders., Die Religion der Individualität, in: R. Schröder/J. Zachhuber (Hg.), Was hat uns das Christentum gebracht? Versuch einer Bilanz nach zwei Jahrtausenden, Münster 2003, 15–34. Auf die Rolle, die Schleiermacher in der Betonung der Individualität des Glaubens spielt, habe ich mehrfach hingewiesen. Siehe dazu V. Gerhardt, Die Individualität des Glaubens. Ein Vorschlag im Anschluss an Schleiermacher, in: W. Gräb/L. Charbonnier (Hg.), Individualität. Genese und Konzeption einer Leitkategorie humaner Selbstdeutung, Berlin 2012, 292–328.

eine strukturelle Bedingung, die zum humanen Weltverhältnis gehört, und mit ihr gehört auch das Göttliche notwendig zur Welt. Dies umso stärker, je mehr wir uns auf das zu stützen suchen, was wir wissen.

Doch unter Berufung auf dieses Ergebnis dekretieren zu wollen, wie derjenige, der in seinem Glauben lebt, mit dem Göttlichen zu verkehren hat, wäre eine kleinliche Rechthaberei gegenüber jenen, die sich ihren religiösen Glauben bewahrt haben. Deshalb sage ich: Wer die Imaginationskraft aufbringt, im Göttlichen den Gott anzubeten, der soll es tun, solange er daraus keine Machtansprüche gegenüber anderen ableitet. Niemand kann so weit gehen, aus seiner persönlichen Beziehung zu einem von ihm geglaubten Gott ein Privileg abzuleiten, das ihn anderen überlegen macht.

11 Die individuelle Freiheit des Glaubens

Wichtiger als die aus methodologischen Gründen exekutierte Ausgrenzung ist es, die Reichweite des Glaubens zu ermessen: Er umfasst die *Welt als Ganze* und sucht sie, intellektuell wie emotional, als das anzunehmen, was sie uns *bedeutet*. Göttlich, so habe ich zu zeigen versucht, ist das, was uns die Welt eröffnet, was uns – in exemplarischer Verdichtung oder im symbolischen Verweis – als Fingerzeig auf ein mundanes Ganzes erscheint, dem wir selbst als personale Einheiten zugehören. Das im Glauben angenommene Bewusstsein dieser Zugehörigkeit kann uns bescheiden machen; es kann uns auch unsere Verantwortung in der Welt vor Augen führen. Sehen wir im geschichtlichen Rückblick, dass die Religionen in so gut wie allen Weltgegenden (und nicht selten im Widerspruch zur Botschaft ihrer Gründer) mit todbringender Gewalt aufgetreten sind, kann nur Bescheidenheit und ein radikaler Verzicht auf politische Machtansprüche die Folge sein.[21]

In jedem Fall hilft uns der religiöse Glauben, die Welt selbst als den sinnstiftenden Horizont anzusehen, der uns die Orientierung für unser Leben gibt und uns anzeigt, wie wir uns selbst im Ganzen unseres endlichen Daseins zu verstehen haben. Als endliche Lebewesen, die bereits ihr Selbstverständnis als Personen auf ihre exemplarische Zugehörigkeit zur Universalität der Menschheit gründen, finden wir in der Entsprechung zum Bedeutungsraum des Wirklichen insgesamt die Sinnkoordinaten für eine Lebensführung, von der wir hoffen können, dass sie im Ganzen nicht widersinnig und nicht verwerflich ist, sondern sich in den Bahnen der stets gesuchten und lediglich im Formalen gesicherten Wahrheit bewegt.

---

21 Dazu in Gerhardt, Sinn des Sinns (s. Anm. 3), 42.291.297ff.

Die damit gewonnene Einsicht verbietet es, die Welt und das Göttliche *in eins* zu setzen. Der *Pantheismus* ist bestenfalls eine Vorstufe zum religiösen Glauben, kann aber nicht sein Inhalt sein. Denn er bietet dem Gläubigen nicht die *Distanz*, die er zum erlebten, erfahrenen und (in Teilen) erkannten Ganzen sehr wohl hat. Folglich gewährt er ihm auch nicht die *Freiheit*, die er gerade in seinem Glauben braucht. Deshalb ist es elementar, zwischen der *Welt* und ihrer *Bedeutung* für den denkenden und handelnden Menschen zu unterscheiden.

Mit dieser Unterscheidung aber wendet der Mensch die aus seiner Selbsterfahrung vertrauten Unterscheidungen sowohl zwischen *Sachverhalten* und ihrem *Sinn* wie auch zwischen *Taten* und ihren *Gründen* an und überträgt sie auf die Welt. Also denkt er die Welt als das Ganze, das mit der Bedeutung für ihn auch entsprechende *Gründe* hat, die seinen eigenen Gründen korrespondieren.

In der Rede vom Göttlichen einer Welt, die ihre Bedeutung für uns hat, sind die für das menschliche Wissen und Handeln wesentlichen Unterscheidungen zwischen *Ursache und Wirkung*, *Grund und Folge* und eben auch *Tatsache und Bedeutung* unterstellt. Gesetzt, einer hat das Bedürfnis, diese Unterscheidungen nicht nur als Merkmale des menschlichen Selbst- und Weltverhältnisses anzusehen, sondern sie als Eigenschaften auf das Ganze der Welt zu übertragen, gibt er der Welt selbst den Charakter einer Person. Zwar muss er sie damit nicht selbst für einen ins Große gerechneten Menschen halten. Aber er kann das, was er in ihr als Grund, Ziel und verständige Disposition annimmt, in ein dialogisches Verhältnis zu sich setzen und sich an das göttliche Ganze wenden, als sei es selbst eine Person, die dem ratsuchenden Individuum eine Rat gebende Auskunft erteilen kann. In diesem Fall kann die Welt, die uns in ihrer uns tragenden, fördernden und tröstenden Bedeutung ohnehin als göttlich entgegenkommt, vom Hilfe und Beistand suchenden Gläubigen wie seinesgleichen angesprochen werden.

Man muss nicht eigens betonen, dass dieses Verlangen nach dialogischer Zwiesprache mit dem Ganzen durch kein Wissen abgedeckt ist. Hier ist eine Imagination im Spiel, die alles übersteigt, was im Umgang mit seinesgleichen an wechselseitigen Projektionen nötig ist. Es gibt aber keinen Grund, jemanden als rückständig, unterentwickelt oder als naiv zu verurteilen, wenn er sich als das Ganze, als das er sich wunderbarer Weise selber erfährt, jenes Ganze, als das sie Welt begreift und das er braucht, um überhaupt handeln und hoffen zu können, die Unbefangenheit bewahrt, als *seinen Gott* anspricht. So muss es im Glauben auch die Freiheit geben, sich das Göttliche so vorzustellen wie es der eigenen Vorstellungswelt entspricht. Allerdings sollte jeder wissen, dass der Glauben nicht vor Zweifeln bewahrt und sich kritische Einwände gefallen lassen muss.

Die Annahme des Göttlichen lässt sich mit der gleichen Evidenz ausweisen, wie das Erleben des *Schönen* oder des *Erhabenen*. Folglich kann vom Glauben an das *Göttliche* mit guten philosophischen Gründen gesprochen werden. Im Göttlichen aber den mit „Du" ins Vertrauen gezogenen *Gott* anzunehmen, ist ein *Akt des individuellen Glaubens*, den jeder in seiner Lebenslage und aus seinem individuellen Lebensimpuls heraus tun muss. Hier versagen die zwingenden philosophischen Gründe und verlangen eine freie Entscheidung, die bereits durch das Glück des Glaubens belohnt werden kann, ohne auf Beweise – im Diesseits oder im Jenseits des Lebens – angewiesen zu sein.

12 Das Existenzielle der Sinnfrage

Um am Ende wenigstens anzudeuten, dass man sich Gott und dem Göttlichen nicht allein unter den Bedingungen der Abstraktion nähern kann, will ich mit einem zeitgeschichtlichen Hinweis und einer existenziellen Frage schließen: Das 20. Jahrhundert hat uns in erschütternder Weise vorgeführt hat, wie einzelne Menschen, verfolgt, verhaftet, vollkommen allein und die sichere Vernichtung vor Augen, dennoch mit der Gewissheit in den Tod gehen konnten, *nicht sinnlos zu sterben*.

Nehmen wir nur die drei Sätze aus dem letzten Brief Helmuth James von Moltkes an seine Frau, geschrieben am Tag seiner Hinrichtung, am 23. Januar 1945:

> Ich bin nicht unruhig oder friedlos. Nein, kein bisschen. Ich bin ganz bereit und entschlossen, mich Gottes Fügung nicht nur gezwungen, sondern willig und freudig anzuvertrauen und zu wissen, dass er auch unser, auch Dein, mein Liebstes, Bestes will.[22]

Wie sind solche Sätze möglich? Eine Antwort, von der ich glaube, dass sie sich philosophisch begründen lässt, liegt darin, dass ein sich selbst achtender Mensch *wahrhaftig* auf die *Welt* bezogen ist und darin *vertrauensvoll* auf das Ganze setzen kann, dem er sich aus *freien Stücken* selbst zurechnet und das er daher so auffassen kann, als gebe es selbst noch in seinem Sterben einen Sinn, der im Ganzen begründet ist. Hier wird der Glauben an sich selbst, in Verbindung mit dem Vertrauen in die Welt und unter dem Anspruch der Wahrhaftigkeit, so auf das Ganze des Daseins bezogen, als habe es selbst den Sinn, aus dem man leben und allemal sterben muss.

---

22 H.J. und F. von Moltke, Abschiedsbriefe Gefängnis Tegel. September 1944–Januar 1945, München 2011, 537.

Wüssten wir nicht, dass dieser Glaube an den *Sinn im Ganzen*, den man als die Bedingung des eigenen Lebenssinns zu begreifen hat, tatsächlich die Kraft hat, die Schwierigkeiten des Daseins mit Zuversicht, mit Hoffnung oder wenigstens getröstet zu bestehen, lohnte es sich nicht, darüber zu sprechen. Dann wären jene im Recht, die sagen, man brauche erst dann an Gott zu glauben, wenn er uns bessere Evidenz für sein Dasein bietet.

Wer aber so spricht, glaubt offenbar, Gott müsse es wie eine für sich bestehende Entität innerhalb oder außerhalb des Weltalls geben. Doch das ist eine kindliche Vorstellung, die eine naive *Unterschätzung der göttlichen Gegenwart* darstellt. Ein Gott, der seinen Namen verdient, muss *in allem* sein, denn er muss auf alles angesprochen werden können. Er muss der *Grund von allem* sein, wenn wir ihn als den Sinn und Zweck des Ganzen anrufen. Deshalb muss er auch in jenen sein, die auf seine Hilfe hoffen.

Diese Bedingung erfüllt er, wenn er als das Ganze begriffen wird, zu dem wir selbst gehören. Und wenn wir selbst in diesem Ganzen mit unserer Vernunft und unserem Sinn möglich sind, kann auch kein Kategorienfehler darin liegen, das Ganze selbst als Bedingung oder als Träger dieses Sinns anzusehen. Die Differenz, die wir hier zwischen dem Ganzen und seinem für uns (als des Sinns bedürftigen) personalen Wesen machen, bewahrt uns vor dem alles nivellierenden Pantheismus. Er steht überdies zu dem (in jedem Glauben liegenden) Mut, vom eigenen Verlangen, von der eigenen Not und der eigenen Erfahrung auszugehen, um im Ganzen einen Sinn zu suchen, der niemals bloß eine Aussicht nur für *ein* Individuum oder nur für *eine* Spezies bietet. Der im Göttlichen oder in Gott gefundene Sinn muss eine Perspektive für alle und alles eröffnen, wenn er eine wahrhaft menschliche Hoffnung erfüllen will.

Ob es aber jemandem wahrhaftig gelingt, in seinem personalen Sinnverlangen das Ganze so anzusprechen, als komme es ihm mit seinem umfassenden Sinn gleichsam persönlich entgegen, muss philosophisch offenbleiben. Es ist eine Frage der religiösen Vorstellungskraft, die auf vielen historischen, kulturellen und persönlichen Bedingungen aufruht und über die der Philosoph zu schweigen hat. Weiß er doch selbst noch nicht einmal, worauf das immer wieder enttäuschte und dennoch immer wieder neu entstehende Interesse an seiner eigenen Obsession, der Philosophie, eigentlich beruht. Immerhin kann er dem religiösen Menschen versichern, dass sein Glaube innerhalb der Grenzen der philosophischen Vernunft, nicht nur nicht zu tadeln, sondern vielmehr zu wünschen ist. Aus der Sicht der Philosophie ist das Eingeständnis zu machen, dass jeder, der auf selbstverantwortliche Weise Ziele anstrebt, deren Bedingungen und Folgen stets nur über Mutmaßungen zu ermitteln sind, den Glauben braucht, wenn er nicht einfach nur auf einen *Verdacht* hin leben will.

So gesehen ist es mir auch philosophisch möglich, mit einem theologischen Wort Wilhelm Gräbs zu schließen:

> Das Wort „Gott" allererst verweist auf den unbedingten, im Gefühlsbewusstsein auf unmittelbare Weise vorprädikativ präsenten Sinngrund. „Gott" ermöglicht die Benennung des Grundes im Bewusstsein.[23]

In dieser „Benennung" des Grundes kann die *rationale Theologie philosophischer Provenienz* durchaus auch *prädikativ* und mit *logisch ausgewiesenen* Argumenten hilfreich sein. Denn es gibt *rationale Gründe* dafür, dass sich das Wissen nicht nur nicht genügt, sondern dass es aus eigener Logik den Glauben braucht, um dem Menschen auf der Höhe seiner intellektuellen Kräfte das Vertrauen in sich selbst und in die Welt zu geben – ein Vertrauen, das er benötigt, um mit sich und der Welt einig zu sein.

Zusammenfassung

Der Begriff des Sinns ist eine zentrale Kategorie in der Theologie Wilhelm Gräbs, die sich durch ihre Aufmerksamkeit für die kulturellen Rahmenbedingungen des menschlichen Daseins auszeichnet. Im vorliegenden Text wird dieser Zugang Gräbs in einer philosophischen Reflexion auf die Konditionen des menschlichen Erlebens aufgenommen und weitergeführt. Es wird gezeigt, wie umfassend die Leistung des Sinns im Kontinuum menschlicher Selbst- und Welterfahrung ist; ferner wird kenntlich gemacht, dass es in allen sinnlichen und geistigen Leistungen, um Ganzheiten des Leibes, der Person, des sozialen Umfelds und der Umwelt geht. Also kann man den Sinn als die verständige Offenheit des Menschen für das Ganze seines Daseins bezeichnen. Von da aus sind es nur noch kleine systematische Schritte, um den Sinn als das Sensorium für das alles umfassende, alles tragende und alles bedeutende Ganze des Weltzusammenhangs auszuzeichnen. Die Doppeldeutigkeit des Sinnbegriffs vorausgesetzt, kann somit das Göttliche als der Sinn des Sinns angesehen werden. Und angesichts der Tatsache, dass sich ein Mensch in der Vielfalt seiner Selbst- und Weltverhältnisse als Person bezeichnen kann, kann auch das göttliche Ganze als personal verfasst begriffen werden.

23 Gräb, Sinnfragen (s. Anm. 1), 33.

Sense is a central category of Wilhelm Gräb's theology, which puts its attention on the cultural conditions of the human existence. This article takes up Gräb's acquisition in a philosophical reflexion of the conditions of human experiences and carries it forward. It is shown how broad the achievement of sense is in the continuum of human self and world experience. It is made clear, that all sensuous and mental achievements are about the wholeness of the body, the person, the social surrounding and the environment. The sense can be described as the sensible openness of the human for the wholeness of their existence. From there it is only small systematic steps to label the sense as the feel for the all-embracing, all supporting and all important whole of the world context. If the double meaning of the word sense is presupposed, the godly can be seen as the sense of the sense. In light of the fact, that the human in the diversity of their self and world relation can be called a person, so can the godly whole be grasped as one.

III. Biographie im Kontext

Dietz Lange

Transcending Social, National, and Religious Divisions[1]

Basic Issues in the Work of Nathan Söderblom

1 Introductory Remarks

Nathan Söderblom was concerned with transcending, not eliminating or abolishing, divisions. This implies a resolute stand against any kind of social uniformity. A totally unified society without some sort of social strata was Karl Marx's vision of a dictatorship of the proletariat. Uniting the world under the aegis of a world government was the goal of some American liberals in the 1940s. A unified ecclesiastical organization and doctrine is the Roman Catholic ideal of a single Christian church under the sole authority of the Pope. Finally, the even more fanciful idea of uniting all hitherto existing religions into one single community may have been the dream of some of the participants of the World Congress of Religions in 1893. None of these theories of a principally monolithic social unity is, in Söderblom's mind, compatible with the realities of history. Efforts to implement them nonetheless either lead to violent coercion or rely on the viability of dishonest compromises. History is the realm of different single and collective individuals, and it will remain so. The task posed by this fact is therefore neither to ignore nor to overcome those persistent differences, but to transcend or reconcile them, so that the various social groups can become partners in a peaceful common life and fruitful interchange.

This is the area of Nathan Söderblom's lifelong activities. Being both an historian of religion, a practical churchman, and an ingenious communicator, not an ivory tower theorist, he was singularly qualified for contriving strategies of transcending the virulent and potentially dangerous divisions of his time.

I shall divide my lecture into four parts. First, I shall enumerate very briefly the decisive biographical incidents of Söderblom's transcending seemingly insurmountable boundaries, both in a geographical and a spiritual sense. Second, I shall

1 The following article is based on a guest lecture on July 1, 2015, for the project "Baltic Borderlands. Shifting Boundaries of Mind and Culture in the Borderlands of the Baltic Sea Region" of the International Research Training Group (*Graduiertenkolleg*) of the German Research Foundation (*Deutsche Forschungsgemeinschaft*). This is why it has been conceived in English.

deal with the basic categories of his social theory, which he began to develop as a pastor in France, and their application to the social problems of that time. Third, I shall look at some of the implications of his phenomenology of religion. Finally, I shall outline what theologians nowadays know best about the man, viz. his ecumenical work and his peace efforts both during and after the Great War, for which he was awarded the Nobel Peace Prize in 1930.

2 Biographical Notes

Nathan Söderblom was born in the tiny village of Trönö in Hälsingland, Northern Sweden, on January 15, 1866, as a son of the manse, and he died in Uppsala on July 12, 1931. His father Jonas, an intelligent but theologically extremely conservative man, belonged to the "new-evangelical" Lutheran revival movement of Carl Olof Rosenius. He was an effective preacher, extremely self-disciplined with an ascetic streak, and a dutiful servant of his congregation, devoted to his family but rigorously pursuing his principles. His spouse Sophia, Nathan's mother, was the daughter of a Danish doctor, interested in poetry, and a gentle person, a much better pedagogue than her husband was. It is probably from her side of the family that Nathan inherited his fabulous gift of communicating with people from all walks of life. This capacity was the fundamental prerequisite for all the bridges he was to build in his lifetime, which are the subject of this lecture.

The three brothers of Nathan's mother were traveling the seas as sailors and sea captains. The stark contrast of their occupation with the remote rural environment and a rather Spartan upbringing may have fostered something of an adventurous spirit in the young boy. Besides, his brilliant mind must have felt somewhat encaged by the spiritual narrowness of his home, in spite of his mother's wider range of interests. Therefore, his enrollment as a student at Uppsala University at the early age of 17 will have meant a kind of liberation for him, despite his life-long intense adherence to his faith. He thus became able to bridge in his own thinking the chasm of liberal theology and the Lutheran and revival traditions. For the time being, however, the young student's enthusiastic encounter with the latest publications in German critical exegesis and history of doctrine caused a deep spiritual crisis, as well as a fierce conflict with his father. The result of all this was a considerable widening of horizon and a quite liberal outlook on theology. Söderblom's additional study of the history of religions, which later became his field of scholarly endeavors, enhanced this development even further. These changes in his own religious outlook notwithstanding, he never lacked respect for a conservative theologian's conscience.

Another experience of limitations transgressed had at least as deep an impact on Söderblom. That was his participation as a Swedish delegate in an international student conference in Northfield, Mass. in 1890, organized by the famous American evangelist Dwight L. Moody. Not only was this his first journey abroad, but also did he for the first time come in contact with Christians of a background other than his native Lutheranism. This conference was thus to become the first step towards his ecumenical work.

In later years, two more, much longer stays abroad made him the consummate cosmopolitan he was. The first of these was his seven-year sojourn as a pastor of the Scandinavian congregation in Paris from 1894 to 1901. He had arrived there newly-wed, and five of the couple's children were born here. Thus, the family had some of its very roots in France and the riches of French cultural life. It was there that he completed his doctoral thesis under the Calvinist theologian Auguste Sabatier. Its original subject was the ancient Zoroastrian idea of life after death; he had extended it, however, into what was his first comprehensive specimen of comparative religion. It was in Paris too, that he became deeply involved in the severe social problems of his time. Besides, he encountered the ugly face of anti-Semitism in the ill-famed Dreyfus affair. This was the scene in which he developed the basic ideas of his social philosophy.

Having returned home, Söderblom became a professor of the history of religions at the theological faculty of his alma mater, Uppsala University. The designation of his chair even allowed him to offer courses on a whole range of theological subjects, well beyond his proper field of research. That was to remain a characteristic of his work throughout his scholarly life.

Many years later, from 1912 to 1914, he spent his second stint abroad, this time in Leipzig, where he held the university's first chair in his field of studies. He enjoyed the friendly reception by his colleagues and the lively response of his students there, and the years in this country brought about the peak of his academic career. However, both he and his wife deeply abhorred the extreme German nationalism and militarism at the eve of the Great War. Its effect on him was only to strengthen his cosmopolitan stance. From the day of the war's outbreak, he became an untiring champion for peace and international understanding. This included his drive for radical improvement of the relations between Christian churches, in which the nationalism of their respective nations was deeply entrenched, apart from their other differences in mentality, theology, and polity.

To sum it up: Söderblom was a multi-talented person who was well versed in many fields, not only in theology and the history of religions, but also in philosophy, history in general, literature, the fine arts, and music. Besides, he was a shrewd practical man: an empathetic pastoral counselor, a canny church politician, and capable organizer. In all these respects, he continually crossed boundaries that other people would take care to heed. In the remaining parts of this lecture we shall examine the most important of these boundaries more systematically. The first of these has to do with social policy.

3 Social Rifts

Söderblom's parishioners in the French capital were mostly poor, so that a large part of his activities there consisted in social work. Having spent so much of his time in Swedish university circles, this was a new experience for him. Even more serious was his confrontation with the appalling exploitation of manual labor he witnessed while spending his summers as a chaplain to Scandinavian sailors in the harbor of Calais. He personally helped where he could, but he also felt the need to search for solutions of the problem on a larger scale. His insights made him very sympathetic to the French socialists and their leader Jean Jaurès who had organized a great international conference in Paris in the year 1900. Even before that he had been able to attend the Erfurt conference of the so-called Evangelic-Socialists (*Evangelisch-Sozialer Kongress*) in 1896. There he came greatly to admire that group's speaker, Friedrich Naumann, as opposed to that leader's more conservative predecessor Adolf Stoecker, whose anti-Semitism he detested.

Söderblom did not leave it to others to do something about the social misery. Rather, he expounded his own ideas on the subject in an interesting 70-page article on "Religion and Social Development" published in 1897.[2] In this essay, he sets out by stressing religion's independence of both metaphysics and morals, as Schleiermacher had done, but then goes on to describe two alternative types of religion, "theocracy" and "economism". The former is the most common form of religion. It claims immediate responsibility of religious institutions for all political and economic decisions. By the latter Söderblom means Marxism's utopia of a workers' paradise, a theocracy without a God, as it were. He considers both forms of a

2 Cf. N. Söderblom, Religionen och den sociala utvecklingen, in: S. Fries (ed.), Religionsvetenskapliga kongressen i Stockholm 1897, Stockholm 1898, 76–143; German trans.: Die Religion und die soziale Entwicklung (SGV 10), Freiburg i.Br. 1898.

functionalized religion as fundamentally erroneous. His own point of departure is Protestant Christianity, which he conceives of as a personal religion, not a primarily institutional one. That means that the social activity of the individual Christian does not consist in obedience to a set of commandments issued by a church, but in living under the immediate guidance of God's love. This love does not substitute but qualify his or her personal responsibility in the social realm.

One will easily recognize this as Söderblom's version of the Lutheran doctrine of the two governances. However, neither does he share Luther's own view of the social order as serving primarily the negative purpose of fending off evil, nor does he agree with contemporary Lutheranism's complete separation of things religious and political. He does consider any political decision a matter of carefully weighing options against one another by means of reason and imagination. However, it is equally obvious for him that a Christian's ultimate motive in all his activities, political ones included, must be sacrificial love. As cases in point, Söderblom cites Jesus's option for the poor and Luther's initial support in 1525 for the peasants' demands. This does not imply partisanship in favor of one particular class of society. The goal can only be equal justice for all. In pursuit of that goal, church and state have to cooperate in mutual independence. Yet, even though social groups and large corporations play a decisive role in shaping social conditions, primary responsibility even in this field lies with the interaction of individuals. For it is only the individual conscience through which sacrificial love can become an effective social force. In this way, social analysis and religious conviction coincide.

Of course Söderblom is fully aware of the fact that the mark of social reality in his epoch is class struggle more often than organic development, and he is enough of a realist to know that there will never be a society without competition or contest. He therefore appreciates much of what the British Social Darwinist Benjamin Kidd says on this point in his book "Social Evolution".[3] His own Swedish word for this aspect of social life is *tävlan*, which comprises the whole range from a harmless sporting contest to armed conflict. His point is that neither should social conflicts result in violence and chaos, nor should one try to avoid conflicts altogether. Negotiation is the only feasible method; strikes are part of such a procedure. This implies a clear refutation of both Kidd's Darwinism and Marxist promotion of the class struggle. Söderblom does agree with much of Karl Marx's analysis of social conditions, but rejects both his vision of the future and revolution as a means. Instead, he conceives of a social process as evolutionary. In other words, contest must

3 B. Kidd, Social Evolution, London 1894.

be coupled with cooperation, its dialectical opposite. This thesis we shall have to keep in mind as being the basic principle of Söderblom's entire social theory.

Söderblom does not stop with general rules but presents a host of specific demands, such as the protection of a free Sunday, thorough improvement of working and housing conditions for laborers, reduction of working hours, abolition of child labor, adequate payment, etc. He thus chimes in with other social reformers of his day, trying to show ways to bridge the deep chasms of contemporary society. He was to continue his social engagement on a larger scale when he had become Archbishop of Sweden. One example is his public support of the laborers during the general strike of 1909.

This combination of religious ideas and social analysis occurs again in a book on the Sermon on the Mount, also written in the Paris years (1898).[4] Naturally, however, the religious aspect is in the foreground here. I want to stress only one point that is important in the present context. New Testament research in those years had discovered the eschatological character of Jesus's preaching. Johannes Weiß and Albert Schweitzer had found out that Jesus had reckoned with the demise of the world within a short time. They concluded from this that he had an ascetic attitude towards the world and therefore was not interested in propagating any thoroughgoing changes in its conditions. Since Doomsday has not in fact occurred, Weiß and Schweitzer continued, modern Christians would have to abandon Jesus's asceticism. Instead, it was their duty to take a more positive and active stand, trying to improve living conditions according to the commandment of love.

Söderblom agrees with these two scholars on the importance of eschatology for Jesus as well as on the judgment that he was wrong in predicting the near end. However, he strongly contradicts their conclusion that Jesus's attitude was therefore completely otherworldly for two reasons. (1) The temporal element in Jesus's attitude was not the decisive one. (2) The parables of Jesus and many other sayings clearly show that he had in fact a very positive attitude towards natural life. Söderblom's favorite proof is the image of Christians being the salt to the world (Matt 5:13). In other words, Jesus expected his disciples to inject God's love into human relations as well as into social processes, so that God may thereby bridge divisions between humans. One prerequisite for this is respect for public law, which Söderblom also attributes to Jesus. By means of such a synthesis of sacrificial love with

4 Cf. N. Söderblom, Jesu bergspredikan och vår tid, Stockholm 1898; cf. also J. Weiß, Die Predigt Jesu vom Reiche Gottes, Göttingen 1892; A. Schweitzer, Geschichte der Leben-Jesu-Forschung, Tübingen [2]1913, 631–642; N. Söderblom, Jesus oder Christus? Die Naherwartung im Evangelium (Jesus eller Kristus? Den snara väntan i evangeliet), in: id., Ausgewählte Werke, vol. 3: Jesus in Geschichte und Gegenwart, ed. D. Lange, Göttingen 2014, 23–47.

public virtues, he contradicts the radical stance of Tolstoy, whose pacifism he otherwise respects for its deep religious roots.

With the image of the salt to the world, Söderblom linked his dialectic of contest and cooperation to a religious foundation. That foundation he later came to call Holiness, or the Divine, which is both inaccessible and inescapable. When God himself becomes the anchor of human faith, it results in sacrificial love, which then acts as a mediator towards peaceful cooperation in social processes.

4 Religious Pluralism

On the face of it, this seems to be a different issue altogether. Social groups competing on economic or political interests should try to achieve their goals, if possible, by negotiating some sort of compromise. In most cases, this turns out to be the only road to resolving existing tensions and thus to amelioration. Religion, on the other hand, has to do with ultimate concerns that are unnegotiable by definition. This factor can fuel a fanaticism making for the particular viciousness and brutality that make interreligious conflicts so infamous. It would seem that only the dilution of religious intensity in the wake of the European Enlightenment and the corresponding rise of a secular state could guarantee peaceful coexistence of different religions, simply by spreading tolerance.

However, writing before the rise of modern fundamentalism, Söderblom does not touch the problem of religiously motivated tyranny or violence in this context. Rather, he limits his discussion of the relation between state and religion to conditions in the Western world. In this context, he claims that the state church system could be a useful antidote to any kind of Christian theocracy, provided that state jurisdiction is not permitted to meddle in the church's internal affairs. As for conflicts between different religions in a given country, he would probably argue that a secular state should try to enforce a peaceful solution, but that its authority in this case was limited. This is so because any secular approach to the problem leaves the decisive factor out of account, viz. the very essence of all religion, its being humans' relation to Holiness. Even if the secular approach may work to a certain extent in a society that takes holiness either for a human fabrication or for something of only secondary importance, there are in all religions serious believers who would deny the state an authority superior to God himself.

Anyway, on this issue Söderblom is primarily concerned with looking for a specifically religious resource for peaceful coexistence. He locates it in the very essence of vital religion itself, i.e. its relation to holiness.[5] This relation has its roots in some kind of divine revelation. Söderblom assumes that this is true of all religions, not just of Christianity.[6] For him as an historian of religion, this appears to be the only way to understand their common characteristics, unless one deems them to be the product of fiction. This does not mean, however, that any religion as such is "revealed". All religions as historical entities are nothing but human reflections of divine revelation and therefore fallible, Christianity included. Religion's understanding of its founding revelation as expressed in its texts, rites, and institutions is symbolic in nature, as Söderblom stresses in accordance with his French teacher Auguste Sabatier. A symbol is not identical with what it refers to. In other words, any claim of a religion to be holy and infallible in itself, or to be in charge of Holiness, to possess the exclusive authority of distributing it to its followers, is a contradiction in itself. It is this self-contradiction, which makes religion a prime source of conflict. The truth is that humans are in God's grip, not vice versa.

The initiative to overcome the infinite chasm between the Holy One, or God, and human beings thus rests exclusively with God's revelation. Yet his way of ruling the world remains concealed for human eyes at the same time. That insight should help believers to season their eagerness in promoting their own religion with composure. For they can now, for all their serious engagement, leave the outcome of the contest between religions to God instead of forcibly or even violently trying to resolve it themselves. This would by no means prevent a Christian from being personally convinced that in the end, Christianity shall be vindicated.[7] Söderblom himself, following both nineteenth-century theological tradition and the revivalist student movement of his youth, seems to have hoped for a Christian world in real history. However, his primary concern is with a peaceful way of trying to bridge the gap between people of different religious outlook. If God has made himself known some way or other in any one religious tradition, he himself is the ultimate bridge between religions. It seems obvious that the attitude of composure could become a specifically religious resource for an ethics of contest and cooperation.

---

5 For this concept, cf. N. Söderblom's article on "Holiness", in: ERE 6 (1913), 731–741; id., Das Werden des Gottesglaubens, Leipzig ^{2}1926, 162–181.344f.; as well as my biography, Nathan Söderblom und seine Zeit, Göttingen 2011, 247–262.

6 Cf. N. Söderblom, Uppenbarelsereligion, Stockholm ^{2}1930, 20f.; German trans. in id., Ausgewählte Werke, vol. 1: Offenbarung und Religion, ed. D. Lange, Göttingen 2011, 65f.

7 Cf. N. Söderblom, Studiet av religionen (^{2}1916), in: id., Om studiet av religionen, ed. E. Ehnmark, Lund 1951, 49–146: 103; German trans. in id., Ausgewählte Werke, vol. 1 (see n. 6), 212f.

The motive required for such an ethics is an attitude of respect for the other person as such, i.e. for his or her "otherness". Beside the insight into the relativity and fallibility of one's own thought and activities, two mutually supportive factors contribute to this view. One of them is Christian love that accepts the other person as he or she is. The other is the ethos of the historian of religion who recognizes both the interrelatedness of religions and the impossibility of objectively solving the problem of their competing truth-claims – in other words, the scholar's ethos of respect for reality, as Söderblom put it. That respect for reality always had for him a religious connotation, guided by faith in God's creation and providence. So those two factors actually coincide.

Söderblom has drawn the practical consequences from this reasoning most succinctly in his writings on Christian missions. As he frequently reminds us, the findings of Christian missionaries had long been the basis of all knowledge of other religions. The value of that knowledge heavily depends on the empathy of those who wrote about the subject. Conversely, the same empathy must shape any missionary effort itself. Söderblom thus became one of the first and most outspoken critics of the fateful amalgamation of Christian missions with colonial exploitation and cultural patronizing, let alone the ruthless collective eradication of people unwilling to convert to Christianity. He insists that Christianity is neither identical with Western (or indeed any) culture, nor should it be contaminated by lust for power. It is a religion of the cross, imbued by the love of God. Missionaries must try to convince, not coerce, try to understand, not exert pressure on the adherents of another religion. In other words, they must not superimpose their own culturally tinged religious views on the minds of those people but try to incorporate the Christian faith into indigenous culture without, of course, simply assimilating it.[8]

Söderblom's concern with a peaceful religious pluralism had its counterpart in a rigorous opposition to any kind of religious or pseudo-religious fanaticism. He would never compromise with the fierce nationalism or anti-Semitism of his time. On the contrary, he attacked it head-on. Equally forceful was his criticism of the secular superficiality and nonchalance towards religion that were prevalent in so many Western countries even one hundred years ago. In both respects, his theory of pluralism apparently has not lost any of its relevance.

Nonetheless, one could raise one serious objection to this concept. It doubtless allows for an astounding and impressive combination of deep commitment to

---

8 Cf. N. Söderblom, Missionens motiv och kulturvärde (1906), in: id., Ur religionens historia, Stockholm 1915, 170–199; id., Missionens dårskap (1916), in: id., Tal och skrifter, Stockholm 1933, 117–122.

one's faith on the one hand and openness for worldly concerns on the other. However, the question is whether it can be universalized as a model on a global scale. Does it not all too obviously bear the stamp of its European, Christian, even liberal Protestant author? My question of course reflects the situation of a religiously pluralistic age with strong fundamentalist currents. Söderblom in his time was anxious to preserve the religious and ethical resources gained from the experience of the Thirty-Years-War in an only minimally pluralistic Europe, before fundamentalism played a significant role. Today, in many countries, e.g. in the Near East, fundamentalist exclusiveness is threatening adherents to other religions and even other versions of one and the same religion. It also poses a seemingly insurmountable obstacle to the establishment of a secular, democratic state which would be able to reign in religious strife or to prevent religiously motivated terror. However, in my view, the solution to this pressing problem which is haunting us today must be found somehow along the lines of Söderblom's thought, distant as that goal may seem. For it appears to provide the best strategy available even for a non-Christian context.

5 Christian Unity

In order to understand Söderblom's view of the unity of Christianity, it is well to remember that as an historian of religion, he was thoroughly familiar with one basic fact in his field of research. That is, that every world religion has in the course of its history split into a number of different communities, be it Judaism, Islam, Buddhism, or Christianity. In fact, Christianity, from the early separation of the Pagan-Christian from the Jewish-Christian community onwards, never did possess the monolithic structure the Roman Catholic Church claims for itself. It is therefore fair to predict that ecumenical enthusiasts, Protestants in particular, will be yearning in vain for any such outcome in the future. Söderblom has maintained time and again that such differentiation in itself is not a disaster or a "scandal" at all but a perfectly normal development in the history of any large community. Sometimes even a new split may become necessary, such as the rise of the Protestant church in the sixteenth century. What he fought against was the self-righteousness and the resulting lack of mutual respect of Christian factions, their polemics, and even wars against each other, as well as their discrimination and violence against so-called heretics in their own ranks. This last point even had a personal note for him, since Alfred Loisy, the most important representative of Roman Catholic modernism at the beginning of the twentieth century, who as such was excommunicated early on, had become a good friend during his tenure as a pastor in Paris. This issue even prompted a whole book on the modernist movement,[9] which is probably still the best treatment of it but has unfortunately never been translated from the Swedish original.

As for the divisions between Christian churches, one can distinguish two kinds that were prevalent at Söderblom's time. One was that between the main denominations, especially between Roman Catholicism and Protestantism, which had turned into open hostility in the wake of the declaration of papal infallibility on the one hand and the German *Kulturkampf* on the other. Even the sometimes strained relations between the mainstream churches and the so-called "Free Churches" like Baptism, Pentecostalism, etc., should be mentioned. Add to this the anti-church legislation initiated by French "laicism" (radical secularism). The second division was that along national lines. It had been a long-standing problem between Eastern Orthodox churches, for one thing. Far more dramatic and dangerous was the entanglement of European churches, particularly in Germany and France, in the prevailing fierce nationalism before, during, and after the Great War.

None of these problems existed separately all by itself; rather, they permeated each other. Söderblom therefore had to tackle them simultaneously. We have already seen that he never aimed at one single super-church. Even less did he think of leveling national peculiarities by a supra-national government, even though during the war, he once dreamed of a United States of Europe.[10] Concerning the churches, he insisted that their unity was in fact already in existence in the shape of their common faith in Jesus Christ and their commitment to Christian love. Each denomination in its own particular way has to let both of these become a living reality. Analogously in the field of politics, Söderblom was convinced, like Schleiermacher, that the nation could not be the final point of reference. Rather it has to make its specific contribution to the common good and cultural life of the world community.

Söderblom's main adversary, both in the field of politics and within the churches, was nationalism as an ideology. On this issue, he easily became passionate, even downright polemical, in spite of his usual self-discipline. A pertinent example is his sermon entitled "The Two Gods" in the early days of the Great War.[11] It forcefully castigates any belief in a nation-God as idolatry. His words are particularly

9 Cf. N. Söderblom, Religionsproblemet i katolicism och protestantism, Stockholm 1910.

10 Cf. N. Söderblom, Svenska kyrkans kropp och själ, Stockholm 1916, 157 n. 1.

11 N. Söderblom, De två gudarne, in: id., När stunderna växla och skrida, vol. 2, Uppsala [3]1935, 103–112; German trans. in id., Ausgewählte Werke, vol. 2: Christliche Frömmigkeit und Konfessionen, ed. D. Lange, Göttingen 2012, 127–137.

sharp when dealing with Germany, whose excessive nationalism he had personally experienced in his Leipzig years until just a few weeks previously. However, he did not spare the Entente either. He condemned the German violation of Belgian neutrality and its policy of scorched earth in Northern France on the one hand, but with equal severity the drastic rulings of the Versailles treaty after the war. He surely would have attacked the great political ideologies of the twentieth century just as vigorously, had they already exhibited their destructive potential at his time.

Particularly relentless was his criticism of the churches riding the crest of that wave of nationalism, as it was evident in war sermons as well as public proclamations. One such document, the "Appeal of German Churchmen and Professors" of September 4, 1914, to Söderblom's chagrin even bore the signatures of some famous theologians that he otherwise much admired, like Adolf von Harnack.[12] However, Söderblom as a Swede, being a citizen of a neutral country, did not stop with criticizing the warring nations. For good measure, he also leveled pointed criticism at the self-righteousness of the neutrals. His own goal was to transform the churches into a vanguard for the reconciliation of the nations after the war.

Söderblom's tone is markedly different when he deals with relations between the churches on the religious level. This is so because in this case he could appeal to the common basis of faith in Jesus Christ and the resulting agape. For this relationship, he once again uses the by now familiar dialectic of contest and cooperation. However, in secondary literature on Söderblom we time and again find the opinion that, although in the early years of his ecumenical activities he had propagated a "unity in variety", i.e. unity of faith and love, variety of organizational and doctrinal matters, he later preferred one single church organization. Even his biographer Bengt Sundkler seems to relativize Söderblom's "federalist" approach in this way.[13]

As a matter of fact, this interpretation cannot be upheld. It is true, a few sentences do occur in his writings that could lend themselves to such a view. If we look at the total of his countless writings on the subject, however, these instances appear to represent no more than infelicitous formulations. The litmus test for this question is the Faith and Order conference in Lausanne in 1927. There Söderblom had to put up with a large delegation of High Church Anglicans who strongly favored the uninterrupted apostolic succession of bishops as the *sine qua non* for

12 Cf. "Aufruf deutscher Kirchenmänner und Professoren: An die evangelischen Christen im Ausland", reprint in: G. Besier (ed.), Die protestantischen Kirchen Europas im Ersten Weltkrieg. Ein Quellen- und Arbeitsbuch, Göttingen 1984, 42–45.

13 Cf. B. Sundkler, Nathan Söderblom, Stockholm 1968, 273.

church unity, which in fact is the Roman Catholic idea of the church. Söderblom, on the contrary, unequivocally insisted on his concept of "unity in variety".[14] He thereby knowingly jeopardized the success of the conference. It did indeed fail in the end. This being one of Söderblom's latest official statements on matters ecumenical, it seems obvious that those Protestants in our own time, who are yearning for an organizational and doctrinal unity of the church, cannot refer to his authority.

As for Söderblom's view on the Roman church itself, Friedrich Heiler's contributions have long dominated pertinent research, at least in Germany. Heiler believed that Söderblom had in mind a synthesis of Protestant and Roman Catholic church ideals, and that he was deeply disappointed when the Vatican declined his invitation to send delegates to the ecumenical conference in Stockholm in 1925.[15] The truth is, however, that such a synthesis was just Heiler's own dream. He had converted from Roman Catholicism to Protestantism under Söderblom's influence, yet always retained his emotional attachment to his old religious home. Söderblom himself, on the contrary, had never wavered in his opposition to the Roman claim to being the only true church. He was quite aware of the fact that he was *persona non grata* in the Vatican.[16] Therefore, his hopes for a positive response from Rome to his invitation were dim at best. He probably sent it just in order not to leave anything untried.

For his own ecumenical theory, Söderblom introduced the term "evangelic catholicity". By that he meant that the large Christian churches, the Roman, the Eastern Orthodox, and the Protestant churches all laid legitimate claim to universality (catholicity). Therefore, they should peacefully coexist with equal rights as members in some future federative union of the churches, each retaining their own traditions, guided by mutual respect and Christian love.[17] Söderblom thereby in effect conceived, as early as in 1919, the idea of a World Council of Churches, based on the model of the Federal Council of Churches in the United

---

14 Cf. N. Söderblom, The Unity of Christendom and the Relation thereto of Existing Churches, in: H.N. Bate (ed.), Faith and Order. Proceedings of the World Conference, Lausanne, Aug. 3–21, London ²1928, 321–331, esp. 331.

15 Cf. F. Heiler, Evangelische Katholizität, Munich 1926, esp. 152.163.172–175.

16 Cf. N. Söderblom, Brev – Lettres – Briefe – Letters. A Selection from His Correspondence, ed. D. Lange, Göttingen 2006, no. 212 (to Gottfrid Billing, Aug. 11, 1923).

17 Cf. N. Söderblom, Christian Fellowship or the United Life and Work of Christendom, New York 1923, 115–180; id., Från Upsala till Rock Island. En predikofärd I Nya Världen, Stockholm ²1924, 45–48.

States – almost 30 years before its actual installation.[18] Moreover, in his Munich lectures of 1923 on the "Types of Christian Devotion", he suggested that even the Vatican consider agreeing to the idea of evangelic catholicity[19] – thereby expressing his vague hope that such a turnabout might come true after all in some distant future. At the time he made it, however, Rome had made it abundantly clear by a decree of the Holy Office in 1919 that it would not permit Catholics to participate in any ecumenical activity organized by some church body other than the Vatican itself.[20]

How then did Söderblom go about implementing his ideas on the church as a vanguard for the reconciliation of the nations and on evangelic catholicity, from confrontation towards cooperation, in practical terms? It was a long and arduous road, which I cannot here describe in detail. It began in 1909 with Swedish-Anglican negotiations on the common celebration of the Lord's Supper, which finally came to fruition in 1922. A much more publicized action was the Peace Appeal of September 1914, signed by the Scandinavian bishops. The founding conference of the World Alliance for Promoting International Friendship through the Churches, in Constance, Germany, from August 2 to 3, 1914, probably served as an incentive for his intensified ecumenical and peace activities from then onwards. This pacifist organization continued to be instrumental in the early efforts to achieve ecumenical understanding, partly under Söderblom's leadership. As early as in 1917 he first tried to organize an international conference of what was to become the Life and Work branch of the ecumenical movement. This attempt failed, as did several others later on, because of the war situation. Even after the war, he had to overcome countless obstacles posed by stubborn nationalist sentiments among church leaders on all sides. Only when he had succeeded in excluding from the agenda the sensitive question of which side had been guilty of the war, did he manage to convene the now famous Life and Work conference in Stockholm from August 19 to 30, 1925. Its primary task was to find ways and means to overcome the lingering hostilities and the enormous misery left by the war, both material and spiritual.

Has this conference been a success? Certainly not in terms of any tangible practical measures taken. The final resolution the conference issued remained quite

18 Cf. N. Söderblom, The Church and International Goodwill, The Contemporary Review 116 (1919), 309–315.

19 Cf. N. Söderblom, Religionsgeschichtliche Betrachtung der christlichen Frömmigkeitstypen (1923), Vorlesungen in München 7.–9.5.1923, 3rd lecture: Vorlesung am 9. Mai 1923. Über die Einheit, in: id., Ausgewählte Werke, vol. 2 (see n. 11), 274–304: 299.

20 Cf. the Decree "De participatione catholicorum societatis 'Ad procurandam Christianitatis unitatem'", in: AAS 11 (1919), 309–316.

vague and non-committal. It would be unfair, however, to chide it for this deficiency. It was, after all, the first truly ecumenical conference on social problems ever. It had assembled delegates from all over the world, except communist Russia. In particular, it was the first time that churchmen from the warring nations had gathered and had discussions going on in a peaceful way. That in itself must be called a success, even more so, as the issues at stake were quite controversial in nature.

That is true in particular for the two topics that were pivotal to the meeting. One of them was international relations, centering on the role of the League of Nations. The French and the Anglo-Saxons were definitely in favor of that association, the Germans deeply skeptical. Behind this fact lay the time-honored contrast between the Western European idea of a social contract on the one hand and the German idea of the nation as an organic unit or "order of creation" on the other. The gap between these two views proved to be unbridgeable for the time being.

The other basic topic was the notion of the Kingdom of God. Should one conceive of it as a goal of Christian ethics as the Anglo-Saxon followers of the Social Gospel understood it to be, or does God alone bring it about without any human participation as conservative German Lutherans asserted? Many speakers attempted to mediate between the opposing factions. Yet even in this case, no agreement came about. In fact, this issue has remained unsolved in the ecumenical movement until the present day, in spite of all the changes in outlook that have taken place since that conference.

Söderblom's own position was an intermediate one. With regard to the political issue, he was closer to the Anglo-Saxons, inasmuch as he set great hopes in the League of Nations, even though he was quite aware of its weaknesses. Nonetheless, he considered it a continuation of divine creation, in a characteristic modification of the German position of the nation as an "order of creation". A "social contract" would not be sufficient to bring about the momentous change in international attitudes which the situation required. Rather, the League needed a religious basis, which he explained in terms of the Christian idea of God's fatherhood and human siblings' duty of love.[21] He thus still seems to envisage a specifically Christian solution for the most pressing political problem of his time, even though he would have strongly dissuaded the churches from acting as political negotiators, let alone claiming political power for themselves.

---

21 Cf. N. Söderblom, Evangelisk katolicitet, in: E. Lehmann et al. (eds.), Enig kristendom (Kyrkans enhet 7), Stockholm 1919, 114.

As for the notion of the Kingdom of God, Söderblom sided with the German Lutherans, insofar as he attributed it solely to the activity of God. However, this did not mean for him that the Christian ought to leave the political world to its own devices. Instead, Christian love definitely has political consequences, engaging for reconciliation and more justice. After all, this was the very core of the conference.

This lecture would not be complete without at least a short reference to Söderblom's humanitarian activities. They began with his generous giving to needy people in his Paris congregation. They continued on a large scale when he was Archbishop and in charge of the Swedish church's social welfare organization. He repeatedly collected huge sums for its purposes from wealthy people, with a personal charm that it was hard to withstand. Hence his nickname as one of Sweden's foremost beggars. During the war when even Sweden was suffering from shortages, he would send trucks to the countryside to collect foodstuffs for starving people in the cities. He organized quite a few sojourns on the countryside for starving children, even from Germany. Collaborating with the Red Cross, he organized aid for prisoners of war from all the warring nations. He also played an important role in all kinds of aid measures for Lutheran countries that were hard-hit by the war. Not to mention the countless small gifts he spontaneously gave to individual needy persons in his own city.[22] These are but a few examples. This human face of his work was what made even his attempts at reconciliation between social classes, nations, and churches so trustworthy.

Abstract

The Swedish cosmopolitan, historian of religion, and churchman Nathan Söderblom is known for his peace efforts around World War I and for convening the ecumenical conference in Stockholm in 1925, which he meant to serve as a vanguard for the reconciliation of the nations. According to him, religions and Christian denominations represent specific relationships to Holiness but are not in themselves holy. They should therefore relate to each other in both peaceful contest and cooperation on social issues. The author deems this to be a long-term goal even in an age of fundamentalism.

---

22 Cf. S. Runestam, I kärlekens tjänst. Från Nathan och Anna Söderbloms humanitära verksamhet, Uppsala 2013.

Der schwedische Kosmopolit, Religionshistoriker und Kirchenmann Nathan Söderblom ist bekannt durch seine Friedensbemühungen rund um den 1. Weltkrieg und als Organisator der ökumenischen Konferenz in Stockholm 1925, die er als Vorhut für die Versöhnung der Völker gedacht hat. Für ihn repräsentieren Religionen und christliche Denominationen bestimmte Beziehungen zum Heiligen, sind aber nicht selber heilig. Sie sollten sich daher in friedlichem Wettbewerb und Zusammenarbeit im sozialen Bereich zueinander verhalten. Der Verfasser hält dies für ein langfristiges Ziel selbst in einem Zeitalter des Fundamentalismus.

Autoren dieses Heftes

PROF. DR. PHIL. DR. THEOL. CHRISTOPH AUFFARTH
Universität Bremen, Institut für Religionswissenschaft, Sportturm, Postfach 330 440, 28334 Bremen

PROF. DR. CHRISTIAN A. EBERHART
Program Director of Religious Studies, Department of Comparative Cultural Studies, University of Houston, 3623 Cullen Boulevard, McElhinney Hall 233, Houston, TX 77204-5020, USA

PROF. DR. DR. H.C. VOLKER GERHARDT
Humboldt-Universität zu Berlin, Institut für Philosophie, Unter den Linden 6, 10099 Berlin

PROF. DR. HANS-MARTIN GUTMANN
Universität Hamburg, Fakultät für Geisteswissenschaften, Fachbereich Evangelische Theologie, Institut für Praktische Theologie, Sedanstraße 19, 20146 Hamburg

PROF. DR. DR. H.C. DIETZ LANGE
Insterburger Weg 1, 37083 Göttingen

PROF. DR. MARIUS TIMMANN MJAALAND
Academic Director of PluRel, University of Oslo, Faculty of Theology, PO Box 1023 Blindern, NO-0315 Oslo, Norwegen

PROF. DR. ROLF SCHIEDER
Humboldt Universität zu Berlin, Theologische Fakultät, Unter den Linden 6, 10099 Berlin

PROF. DR. BERNHARD SCHLINK
Humboldt-Universität zu Berlin, Juristische Fakultät, Unter den Linden 6, 10099 Berlin

Unser nächstes Heft widmet sich dem Thema „Xenophobie/Migration/Fremdheitserfahrung“: HEINRICH BEDFORD-STROHM (München), Ethisch-theologische Aspekte der Migration – UTA HEIL (Wien), Die Völkerwanderung - (k)eine Mastererzählung für die Gegenwart – JOSEF PILVOUSEK (Erfurt), Die Kirche, die aus dem Osten kam – DANIEL LOUW (Stellenbosch), Between Xenophobia and Xenodochia in an Operative Ecclesiology. The Plight of Refugees and Migrants as Challenges to a Diagnostic Approach in a Pastoral Hermeneutics of Caregiving – ULRICH DEHN (Hamburg), Fremdwahrnehmung und Migration aus Sicht der interkulturellen Theologie und der Religionswissenschaft – MARKUS ZEHNDER (Basel), Bibelwissenschaftliche Klärungen zur Migrationsdebatte – KONRAD OTT (Kiel), Der „slippery slope“ im Schatten der Shoa und die Aporien der bürgerlichen Gesellschaft angesichts der Zuwanderung

Rezensiert wird in der BThZ nur auf Beschluss und Anforderung des Herausgeberkreises. Es wird deshalb gebeten, keine unverlangten Rezensionsexemplare zuzusenden, da diese nicht zurückgesandt werden können.